地域を価値づける まちづくり

尾道を蘇らせた移住者・
空き家再生・ツーリズムの分析

望月 徹
Toru Mochizuki

ナカニシヤ出版

まえがき

1）小豆島（しょうどしま）を訪れて

2022年9月、私は小豆島を訪れ、瀬戸内国際芸術祭（以下、瀬戸芸）を初めて鑑賞した。2010年に総合ディレクターに北川フラムを起用して始まった瀬戸芸は、開催年の春、夏、秋に100日間ほど、とり行われる。私が訪れた2022年は第5回目の開催にあたる。瀬戸芸といえば直島を想起される方も多いのではないだろうか。草間彌生の赤いかぼちゃや安藤忠雄の地中美術館がその象徴である。とくに巨大な赤いかぼちゃは、草間独特の水玉模様に意匠され印象的で記憶に残る。しかし、直島以外にも大小さまざまな島々が芸術祭の会場となり、面積規模で見れば「小豆島」が一番大きい。

そして、この訪問で、「オリーブ・寒霞渓（かんかけい）・二十四の瞳」という、これまでの小豆島に対する私のステレオタイプなイメージは一変した。このイメージの転換の理由は、本書のテーマでもある「地域の価値」の議論と大いに関係を持つ。

2）「価値づけ」とは何か

いきなり抽象的な議論が始まり、驚かれる読者のみなさまもいるのではないかと思うが、まず、本書の理論的な背景およびそのポイントについて説明しておきたい。そこで、ここでは、本書のテーマの一つである「価値づけ」について簡潔に概観しておくことにしよう。

近年、「価値づけ研究」（valuation studies）が世界的にも注目され、数多くの研究が行われている。大半が事例分析を中心とした経験的な研究だが、理論枠組としては、いずれもフランスで生まれたコンヴァンシオン経済学（バティフリエ 2006）およびアクターネットワーク理論（ラトゥール 2019）がベースになっている。本書は、前者のコンヴァンシオン経済学に依拠した研究成果をまとめたものである。

まず、そもそも価値には判断が伴うということがコンヴァンシオン経済学の研究の前提となっている（オルレアン 2013）。また価値とは、所与のものではなく構築されるもの、すなわち、価値づけられるものである。そして価値は、価値づけの主体、価値づけの客体、価値を生む状況や文脈の三つの要素から成る（Heinich 2020）。価値づけの対象は集合的活動であり、そこには各主体を超えて存在する基準の共有が含意されている。

本書で用いる方法論としては、第１章および第５章で説明する「生産の世界」論の可能世界や、豊穣化の経済の「四つの価値付与形態」が相当する。日本においてこれらを手早く理解するには、立見（2019）が最も適切なテキストであり、本書も多くを立見（2019）に依拠している。

コンヴァンシオン経済学では、相互行為を調整する共通の価値基準、つまり慣行（convention）の存在を前提とし、具体的な状況において、各主体は、これらの共有する基準を引照・解釈し、判断すると考える。この引照・解釈、判断がテスト（試練）であり、ここにおいて質的規定（qualification）が行われる。これが価値づけ、価値付与であり、慣行（convention）により主体間の相互行為は調整される。コンヴァンシオン経済学により、主流の経済学では隠蔽されていた事物本来の価値、使用価値が可視化されることになる。同時に、没却されていた「価値の評価（assessment）」と「価値の生産（production）」の諸過程（processes）も顕在化される（Vatin 2013）。

もちろん主流の経済学は、故意にこれらを隠蔽・没却したのではない。いずれも需要と供給の交差から得られる価格＝交換価値のなかに埋没しただけのことである。主流の経済学の「価値の実体仮説」は、質（使用価値）はもとより、評価と生産のプロセスを捨象しブラックボックス化する。資本主義において交換価値がヘゲモニーを確立したことに伴う必然といえよう。

上述した質の慣行によるテスト（試練）に作用するのが、価値づけの権力と社会関係の作用の帰結としての価値づけの主体である。価値づけの権力は、人々の間、諸装置の間に局所的に配置される（山本 2023）。そして、本書ではこれら一連の理論枠組を地域の価値分析へ接合することを試みたい。

3）小豆島における瀬戸芸による価値付与

さて、話を瀬戸芸、そして私が訪れた小豆島に戻そう。小豆島は西部の土庄町と東部の小豆島町の二つの町で構成される。芸術祭では小豆島のさまざまな地域で、アジアの作家を中心に意欲的な作品が展示されていた。たとえば、姫路から近い小豆島町東北部の福田には、小学校跡地にアート拠点の「葺田の森テラス」が設けられ、集落の人々と密着した創造活動が実施されている。鑑賞者はこの福田の日常を非日常として見る。

一方、土庄町の土庄港では、「迷路のまち」のワンダーランドが、鑑賞者を迎えてくれる。港から北東の山間部へ進むと肥土山・中山地区に辿り着く。中山には、棚田100選でも知られる「千枚田」がある。規模は大きく縮小したものの、豊穣を寿ぐ農村歌舞伎も地域の伝統として継承されている。ここは、小豆島の中でも水に恵まれた地域で、「こまめ食堂」の「棚田のおにぎり定食」が人気で、美味しい水はもちろん飲み放題である。

この中山の谷筋に展示されているのが、台湾の作家、ワン・ウェンチー（王文志）の4000本の竹から編まれた直径15メートルの籠（球体）『ゼロ』である。小川のせせらぎやそよぐ風を感じながら千枚田の景色を堪能する時間は至福のひとときで、心安らぐ空間によって、擬似的に過度な破壊のなかった原始（地球）を体感できる。これは、100人前後のさまざまな年齢で構成される「こえび隊」と呼ばれるボランティアサポーター・スタッフたちが2か月かけて創作した住民参加型の祝祭空間である。水の恵みと千枚田が織りなす個性的なその空間は、そこで暮らす人々の生業とともに地域のコモンになっている。ここには、本書で考察する地域の価値、コモン、そして、それを引き出すツーリズムがある。

また、この『ゼロ』を含む50を超える作品群は、小豆島の潜在的な価値を顕在化させ、鑑賞に訪れる者へ感動を届けると同時に、そこに暮らす人々にとっての地域の価値の再発見を促している。これは本書で述べる体験型教育旅行の大人版といってよい。瀬戸芸の実践は、「古い歴史や場所の記憶などと結びつくことによって価値を再付与」（川野 2020：107）している。そして、これらが合わさって瀬戸内地域を豊穣化させている。本書の主題の一つである「豊穣化の経済」の好例であり、これが冒頭に瀬戸芸の話を紹介した理由である。

本書では、オルタナティヴな都市・地域の再生の萌芽について考察するが、本書で展開する地域の価値、コモン、そして、小さな経済循環の形成の諸要素や理論枠組は、本書の対象にとどまらず今後の地域研究の重要なファクターになりうる可能性を秘めている。そして、価値づけ研究が、「価値という問題の再検討に結びつき、資本主義の批判的分析の論理と内容にいくばくかの影響を及ぼさざるを得ない」（山本 2023：211）という認識と同様に、地域の価値について分析するこの小さな一歩によって、日本の地域の将来を見通す多くの研究の勃興へのバタフライ・エフェクトが起きることを心より願っている。なお、価値づけと価値付与は同義だが、本書では、価値を生み出す作用の部分を強調する意味で、主に、価値付与を用いる。

4）本書の構成

本書は以下のような構成をとる。第1章「地域を価値づけるということ」では、まず、認知資本主義における「地域への価値付与」の基本的な概念について概説する。第2章は、都市・地域再生の萌芽を読み解く上で必要となる視座を提供する。

続く第3章で尾道中心市街地への移住者集積要因を分析し、第4章でしまなみ海道のサイクルツーリズム振興における広域連携の仕組みとその意義を整理する。第5章から第7章にかけて「生産の世界」論と豊穣化の経済の四つの価値付与形態の理論枠組の整理と事例検討を行う。

第8章は体験型教育旅行における学びの機能と地域との関わりを示し、第9章により着地型観光における地域主体性の考察を通じ、地域の価値、コモン、それを引き出すツーリズムの関係が明らかにされる。第10章で地域の価値付与研究の意義と今後の研究の方向性を示す。

【謝　辞】

なお、本書は、伊藤忠兵衛出版助成を受けた出版物である。かつて、伊藤忠へは広島県から出向し東京・青山で仕事をした経験もあり、その浅からぬ縁も含め、出版助成に対し冒頭で感謝を述べたい。

【図表の出所表記について】

「出所）＊＊より作成。」を図表の下に記述することを基本に省略可能な場合は図表の表題に「(筆者作成)」と簡略表記することに統一した。

写真は原則として筆者自身による撮影のため「(＊年＊月＊日撮影)」と表記した。

目　次

初出一覧

本書は、以下の既発表論文をベースにしている。

「まえがき」は新たに書き下ろし、第1章は、博士論文の序章を加筆・修正して掲載した。第10章は、博士論文の終章を大幅に改めて掲載している。

第2章から第9章までは、以下のとおりである。特に、第7章は、新たに付加した第6章との整合性を担保するため、大幅に改稿した。

第2章　望月徹（2023a）：都市・地域再生の萌芽の考察への視座．『甲南経営研究』63(3・4)：161–188.

第3章　望月徹（2018）：尾道中心市街地への若い移住者集積のメカニズム——商都850年の歴史・伝統・文化を継承するヒューマンスケールのまちづくり．『日本国際観光学会論文集』25：69–83.

第4章　望月徹（2019）：しまなみ海道におけるサイクルツーリズム振興の一考察——その広域連携の構造と機能について．『日本国際観光学会論文集』26：127–136.

第5章　望月徹（2021a）：「生産の世界」論の観点からみた「地域への価値付与」の試み——広島県尾道市を事例として．『経済地理学年報』67(1)：1–23.

第6章　望月徹（2023b）：「豊穣化の経済」の観点からみた尾道におけるツネイシグループのまちづくりへの接近の特性とその意義．『経済地理学年報』69(3)：19–42.

第7章　望月徹（2022）：「豊穣化の経済」の分析枠組による「地域への価値付与」考察の有用性——広島県尾道市の事例を用いて．甲南大学経営学会編『新時代の経営学』千倉書房：329–346.

第8章　望月徹（2021b）体験型教育旅行における学びと地域との関わり——広島湾ベイエリア・海生都市圏研究協議会の取組みの考察を通じて．『日本国際観光学会論文集』28：27–38.

第9章　望月徹（2020）「着地型観光」の地域主体性に関する一考察．『日本国際観光学会論文集』27：133–142.

地域を価値づけるということ
認知資本主義の時代の都市・地域の再生のために
01

本章では、非物質的な生産・消費の場への転換という認知資本主義の特性を確認しながら、このなかで都市・地域の変化をどのように把握すればよいか、その理解の道筋を示す。また本書では、コンヴァンシオン経済学に依拠し、都市・地域の再生の特質について「地域への価値付与」という観点から考察を試みる。そのため本章では、その方法論的枠組となる「地域への価値付与」研究の概要について先行研究をふまえながら確認していく。

1 認知資本主義：フォーディズムからポストフォーディズムへ

時代の変化に伴い、都市・地域[1)]の特質は変化してきた。たとえば、フォーディズムにおける都市・地域とポストフォーディズム[2)]における都市・地域とでは、その様相は大きく異なる。その違いを簡潔に示すと、前者においては、物質的な要素が強調され、事物の大量生産・大量消費が主たる構成要素であった。これに対し、後者においては、非物質的な生産・消費が強調され、その生産と消費の一体化と流通が都市・地域を性格づけている（山本 2016）。

前者のフォーディズムを牽引したのはアメリカ合衆国（以下、アメリカ）である。「金ぴかの時代」[3)]を経た1900年代初頭のアメリカには、T型フォードが登場した。T型フォードは、単に、馬車にかわる代替交通手段の役割を果たしたのではない。T型フォードが生み出した大量生産方式は、テイラー的管理様式（科学的管

1）本書では、主に地方圏における都市や地域を研究対象とするが、その前提として、都市及び都市内の一部地域も射程に入れて考察することから、両者の概念を包含する意味で、都市・地域という用語を用いる（中村 2008, 藤田他 2000, 亀山 2001）。

2）Amin（1994）を参照。

理法）とあいまって働き手の安定収入も確保し[4)]、その後のアメリカに大きな繁栄をもたらした。戦後もこの仕組みは継承・発展され、この「目も眩むように豊かなアメリカ」[5)]は、資本主義のよき自由競争が育んだ繁栄の象徴であった。庭つきの豪奢な邸宅の車庫にはキャデラック[6)]が格納され、広いリビングにはテレビ、台所には冷蔵庫が置かれた。そして、洗濯機や掃除機などが家事労働を軽減した。日本でも、第二次世界大戦後の高度経済成長期は、物質的な豊かさが確かな手触りで実感された時代である。当時の日本においては、カラーテレビ（Color television）・クーラー（Cooler）・自動車（Car）が、これらの頭文字をとって、3C、三種の神器と言われ、高度経済成長期の象徴となった。それらは、終戦直後の混乱期の物のない時代を過ごした人々の渇望を物的に充足させた。

このアメリカを中心とした繁栄と安定を観察したフランスの学者たちは、こうしてもたらされた社会・経済のありようを、大量生産方式を生み出したフォードの社名からフォーディズムと呼んだ（青山他 2014）。このなかで、都市・地域は、このフォーディズムにおける物質的な豊かさを享受する場として機能した。とくに、都市は、集積効果を伴い、電力供給や交通網などのインフラ基盤も整い、これらがあ

3）マーク・トウェインとチャールズ・ダドリー・ウォーナーの共著で「金メッキの時代」とも訳されている（トウェイン・ウォーナー 2001）。アメリカの繁栄をたたえたというよりは、拝金主義に染まった成金趣味の時代として、当時の政治腐敗や資本家の台頭、経済格差の拡大を皮肉っている。

4）ベルトコンベアーを使った分業による大量生産は、自動車の価格を下げた。その一方で、フォードは労働者の賃金を上げ、その車を購買できるようにした。フォードは、「金持ちの高価な贅沢品であった自動車を大衆の手に届くものにする、いわば大衆の中に需要を創造し、大衆が購入可能な自動車の生産、そのシステムの構築」（坂本 2012：139）を志向した。

5）野口（2015：123）によれば、1968年に大蔵省から、カリフォルニア大学ロサンゼルス校（UCLA）の大学院へ進んだ野口は、ロサンゼルス空港からフリーウェイを抜け、眼下に広がる街の風景を見てそのような感想を抱いた。ここには、アメリカの繁栄に対する平均的な日本人の羨望の念が素直に表れている。ちなみに、UCLAのキャンパスのあるロサンゼルスの「ウエストウッドはアメリカでも特に豊かな地域」で「大学の裏手にあるベルエアは、ビヴァリーヒルズを超える住宅地」（野口 2015：124）と言われた。

6）ゼネラル・モーターズ（GM）の5ブランドの一つである。他は、ビュイック、オールズモービル、ポンティアック、シボレーの4車種である。GMの中興の祖といわれたアルフレッド・スローンのたくみな経営手腕により、GMは1920年代にフォードを上回る業績をあげた（三品 2011）。

いまって生活に利便をもたらした。

この時代においては、資本主義における弊害も、経済のマクロな視点からのさまざまな政策により克服・解消された。資本主義の弊害とは、第一に、周期的な経済循環と景気後退期における失業の増大であり、第二に、資本の独占化・寡占化であり、第三に、不平等の拡大と貧困化である（諸富 2020）。フォーディズムの時代において、これらの弊害については、第一に、ケインズの財政金融政策により、周期的な景気循環のリスクが軽減された。また、第二に、独占禁止法により、資本の独占化・寡占化の傾向が緩和され、第三に、累進課税、社会保障、所得の再配分によって社会的な格差は縮小した（諸富 2020）。たとえば、「1950 年代から整備された最高税率 60 ～ 75%の累進課税、巨額な財産に対する 70%以上の相続税が、1929 年にはアメリカと同水準の不平等社会であった日本をある時期まではデンマーク並みの平等な社会へ移行させることに少なからず貢献した」（三宅 2021：147-148）。欧米においても、同様な累進的な税制に加え、「フォーディズム型工業段階、垂直的再配分を志向する福祉国家などの複合効果によって、格差縮小傾向がみられた」（三宅 2021：148）。

一方、フランスの社会学者のボルタンスキーと経営学者のシャペロは、このフォーディズムの特質を社会学的見地から明らかにした。フォーディズムの時代は、「効率性、パフォーマンス、官僚制機構など工業の論理と団体交渉など公平性の論理が融合」（立見 2019：186）し、これらが、彼らがいうところの「資本主義の第 2 の精神」を形成し、経済・社会を支えた時代であった（ボルタンスキー・シャペロ 2013）。

このように、大量生産・大量消費により拡大した富を再配分するシステムは、経済・社会を安定させた。その一方で画一化が進み、社会におけるさまざまな差異を消失させ、これに伴い事物の真正性（オーセンティシティ）は希薄化することになる（ボルタンスキー・シャペロ 2013：下 198-199）。ボルタンスキー・シャペロは、この時、社会には、自由、個人の自律性、真正性を求める動きが生起したと指摘する。自由、解放、真正性の要求であり、個人を縛るあらゆる制約からの解放である。これを彼らは「芸術家的批判」と呼び、その結果、プロジェクト、結合、ネットワークを特徴とする「資本主義の新たな精神」が生み出されたと分析した。資本主義の第 3 の精神である。チームが集結し新たな作品の制作に取り組み、作品が仕上がれば、プロジェクトの終了に伴いチームそのものが解散するハリウッドの映画産業などがそのわかりやすい例である（山本 2016：88）。また、一般の企業においても、通常では予見し得なかった新たな課題の生起に対して、さまざまな部門のエキスパートを集めプロジェクトチームが組成されその解決にあたっているが[7]、これも同様の現象といえる。そして、これは、企業活動に限られた現象ではない。たとえば、ビショップが『人工地獄』で示したように、現代における参加型アートの取組みにも、このような特徴が表れている（ビショップ 2016）[8)]。

フォーディズムの時代に確立された再配分のシステムなどの諸制度は、次第に肥大化し制度疲労を起こし、社会に停滞や歪みをもたらした。たとえば、「ゆりかごから墓場まで」と言われた福祉国家的政策は、世界各国の財政を肥大化させた。この反動から、1970 年代後半から 1980 年代にかけて、イギリスのサッチャーやアメリカのレーガンらが、小さな政府への取組みに着手し肥大化した財政・組織の縮小・削減を加速させた（Scott 2017：113）。公的セクター部門の仕事の民間への委譲・委託や、規制緩和などの施策・政策の推進である。日本でも、1980 年代、国鉄や日本電信電話公社などが民営化され、公的部門への民間活力の導入と規制緩和が進められた。自由、解放、真正性への要求が、社会のさまざまな領域から提出され、世界的な潮流となり、新自由主義的な施策や政策が主流となった。

このポストフォーディズムの時代は、ベルが「脱工業化社会」と呼んだポスト工業化の時代でもあった（ベル 1975）。この時代においては、フォーディズムの主流であった物質中心主義は時代の後景に退いた。サービスの経済化が加速され（加藤 2011）、物質的なものに代わって、非物質的なものが前景化した。モノからサービスへの移行である。物質化から非物質化への重点移行ともいえる。これに伴い、かつて、マッハルプがとなえた知識産業（マッハルプ 1969）やパインとギルモアの経験経済（パイン・ギルモア 2000）などが、再び注目を集めるようになる。

7）たとえば、カルロス・ゴーンが日産のリバイバルプランで導入した「クロスファンクショナルチーム」などもその一例といえよう（ゴーン 2001）。

8）ビショップは、『人工地獄』で、豊富なケーススタディを用い現代の参加型アートを多角的に分析し、その特徴を明らかにしている。このなかで、参加型アートを巡るさまざまな軋轢を生む諸現象は、ボルタンスキーとシャペロ（2013）が示した資本主義の第 2 の精神を導いた社会に秩序と規範を求める「社会的批判」とその対抗から出た、自由、解放、真正性を求める「芸術家的批判」との、ぶつかり合いなり衝突で説明できるという（ビショップ 2016）。

また、ビショップ（2016）は、第 3 の精神が特徴として示すプロジェクトとネットワークの特性は、グローバル化したコンテンポラリー・アートにおける特定のスタジオを持たずに仕事をするアーティストや、非定住で世界のさまざまな国や地域で仕事をするキュレーターなどの活動にもあらわれている、と指摘した。ボルタンスキー・シャペロが析出した「プロジェクト、結合、ネットワーク」の特性は、アートの世界でも確認されるものである。

実体経済においてもこの非物質化への重点移行は顕著である。たとえば、無形資産への投資の拡大である。これは、アメリカの企業向けシンクタンクのコラードらの研究で明らかになっている。コラードらはINTAN-Invest research collaborationという共同研究組織を設け、無形資産投資に関する研究を行っている。この研究でコラードらは、コンピュータのソフトウェアなどの「情報化資産」、企業の科学的開発投資（R&D）などの「革新的資産」、企業のブランド資産などの「経済的競争能力」を無形資産投資に分類し、GDPとの対比により有形固定資産と無形資産への投資額の年次推移を比較考察した（Corrado, et al., 2005, 2009, 2012）。INTAN-Invest research collaborationの公開データを活用し、図1-1にアメリカにおける無形資産と有形資産への投資額の対GDP比率の1977年から2017年までの推移を示した。これによれば、1990年代の半ばに有形資産と無形資産の投資は拮抗した後、1990年代後半からは無形資産への投資が上回っている。また、図1-1で明らかなように、無形資産投資と有形資産投資の差は、2010年代においても継続している。

同様の文脈で、経済地理学者のスコットも、この実体経済における1990年代後半からのデジタル経済の台頭に着目し、これにヒューマンキャピタルの拡大要素も加え、ポストフォーディズムを特色づける第三の波として、これらの出現・台頭の特徴を明らかにしている（Scott 2017）。これは、スコットが示す認知的・文化的資

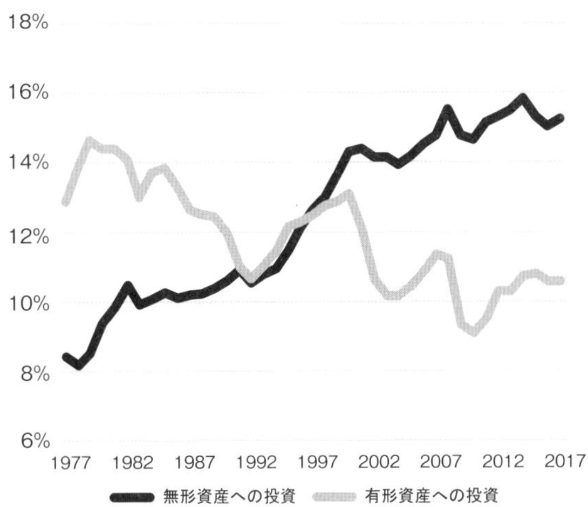

図1-1　アメリカにおける無形資産と有形資産への投資額の対GDP比の推移

出所）INTAN-Invest research collaborationのデータをもとに作成。

本主義の中核をなす特色にもなっている。

このように、知識・情報・コード・情動などの非物質的なものの生産・消費がクローズアップされ今日を特色づけているが、これが認知資本主義、あるいは、認知的・文化的資本主義の特徴である。これは、創造経済とも呼ばれ、現代社会において、バイオテクニクスやITなど科学的な知識を生かすサイエンス型産業やファッションやデザイン、記号など象徴的なものを生む創造産業、あるいは、経験や感動など情動を生産する観光産業などが注目産業となっている状況にも対応している(山本 2016)。また、知識・情報・コード・情動などの流通は、スコットも指摘するように、情報技術の発達に伴い促進される(Scott 2017)。このような傾向は、2010年代以降のインターネットの高速大容量化に伴うシェアリングエコノミーなどの拡大で、ますます強調されるところとなっている。

そして、このような変化のきざしをいち早く的確に捉えたのが、経済地理学者のフロリダであり、その創造都市のビジョンである。フロリダの議論は、「創造経済への移行とあわせて、ライフスタイル、人々の価値観、労働と分業のあり方の変化、そして働き住まうことになる場所の質の重要性などを簡明かつ包括的に理解させてくれる」(立見 2019：151)ものである。このため本書では、このフロリダの創造都市の議論に着目し、フロリダの見解に批判的な視点を持つ上記のスコットと対比させながら、本章で比較検証し、都市・地域再生の萌芽の考察に必要となる視座を得る。

では、このようなポストフォーディズムの流れのなかで、都市・地域をどのように捉えればよいのだろうか。この考察の前提として、諸富の考察をもとに、認知資本主義の根幹をなす「非物質的な転回」[9)]の特徴を確認する。

諸富(2016, 2020)によれば、現代資本主義の非物質化の特徴は、資本の非物質化(・無形化)、労働の非物質化、消費の非物質化にある。かつての工場などの設備投資は、人や制度や組織などへシフトした。資本の非物質化である。物質的な投資より、仕組みやマネジメントなどへの投資がより高い付加価値を生む。また、労働も、肉体的な労働から、知的・コミュニケーション的・関係的・情動的な活動へと変化している。ここでは、「労働時間を価値の尺度とみなすことは不適切になる」(除本 2020：3)。また、情動や「アイデアは個別の労働者に還元できない」(諸富 2016：295)。消費も協働的で相互依存的なネットワークのなかで生まれ、物質的な消費よ

9) 諸富(2020：43)は、物質から非物質への移行を、資本主義の「非物質主義的転回」と呼んでいるが、本書では、移行の現象面にフォーカスをあて、「非物質的な転回」と呼称する。

りも、非物質的消費が優位になる。そして、前述のようにモノからコトへ消費の形態も重点が移行している。これに伴い、人々の価値観も変化し、物質的な豊かさよりも、生活の質や主観的な幸福が価値尺度となる。ここでいう「非物質化」とは、物質的なものに非物質的な要素が付加されたり、製造業がサービス業と融合したりすることで、物質的なものが非物質的なものによって、新たな価値を与えられ、資本主義が新たな発展段階へと変化を遂げることである。また、この移行に伴い、非物質的要素の重要性が機能面でも経済価値の面でも格段に大きくなる（諸富 2020）。

こうして、資本、労働、消費が非物質的な特性を備えるに至る認知資本主義にあっては、第一に、非物質的な生産・消費が物質的な生産・消費に代わって前景化し、生産・消費の対象は、使用価値（機能、有用性）から、差異や意味へ移行する。また、第二に、生産・消費が一体化する、ないしは、両者の境界が曖昧になる。現代の価値生産は、人々のコミュニケーションにおいて、差異や意味が共同生産され、同時に、知識や情動も生産される。この結果、資本は、制度を通じて、人々の社会的な生から利潤を獲得するので、生きることと生産することの区分は不明瞭になる（除本 2020）。ここでは、モノはパノプリ（パッケージ）やコレクションに組織され、宣伝が差異を産業的に生産する（ボードリヤール 2015）。あるいは、資本は商品の組み合わせ（パノプリ）によって、流行のスタイルを示し、それを更新（ルシクラージュ）していくことで消費を加速する（除本 2020）。

2　都市・地域における新たな変化のきざし

こうした認知資本主義が時代特性を表す一方で、ポストフォーディズムへの移行に伴い、フォーディズムの時代に栄えた都市・地域は斜陽化・衰退し、過疎地域の衰退にも拍車がかかった。他方、人やモノが集中した大都市は、新たな創造性やイノベーションを支える地理的プラットフォームとして、認知資本主義において大きな発展をみる。また、認知資本主義への移行において、シリコンバレーやサードイタリーなど「新しい産業空間」（New industrial space）（Scott 1988）が新しい市場経済を形成し、先にみたとおりフロリダの創造都市の議論も活発化した。

こうしたなか、2010 年代以降の新たな動向として、「新産業空間」や創造都市の動きとは異なる形で、日本において、衰退した地域が再度、活性化する変化のきざしが起きている。背景には、第一に、2011 年の東日本大震災を契機とした「田園回帰」や「ローカル志向」という社会トレンドがある（松永 2017, 2019）。第二に、

2014年のいわゆる増田レポートを一つの契機とした「地方創生」の動きがある（増田 2014, 作野 2016)。4Gの普及など、2010年代以降のインターネットの高速大容量化で、動画やリアルタイム映像が日常的にストレスなく流通し、地理的な情報格差が解消されつつあることもこの動きを後押ししている。

そして、このような新たな社会・経済の変化をふまえ、さまざまな分野で、これらの傾向の意味を探りその内容を明らかにしようとする研究が始まっている。たとえば、地域経済学会は、2020年3月に『地域経済学研究』（第38号）で「地域の価値」を特集した。また、経済地理学会においても、2021年度経済地理学会総会および第68回大会において「価値づけの経済地理学」が共通論題に掲げられ活発な議論が展開された[10)]。これらは、いずれも2010年代により明確な像を描き始めた「地域を新たに特色づける動き」を学術的に解き明かそうとする試みだといってよい。本書で行う地域への価値付与の考察も、これら一連の研究動向と軌を一にするものである。

先の『地域経済学研究』（第38号）の「地域の価値」の特集では、除本（2020)、内田（2020)、佐無田（2020)、松永（2020）が、このテーマに即し、それぞれ異なる視点から論考を展開している。このなかで除本（2020）は、被爆地の広島市が、さまざまなコンフリクトを帯びつつも、「負の記憶」から「平和都市」としての「地域の価値」を創出したことを念頭に置く。その上で、公害で苦しんだ水俣市が船と船をつなぐ「もやい直し」をヒントに、地域へ新たな正の価値を付与しようとするプロセスを環境経済学の立場から考察した。また、内田（2020）は、都市の「価値付与」の根源にある真正性（オーセンティシティ）に焦点をあて、真正性には、三つの側面があることを明示した。第一に、客観的でリアルな科学的時代検証が可能なもの、第二に、社会政治的な要素が付加された構造的なもの、第三に、現象学的な個人的な解釈を伴うものという三つであ

10）2021年度経済地理学会総会および第68回大会は、2021年5月28-30日に行われ「価値づけの経済地理学」が共通論題となり、大阪産業大学の山本泰三による「価値づけと利潤のレント化――現代資本主義への視角」の報告を起点に議論が展開された。関西学院大学の川端基夫が、「商品の使用価値とローカルな規範感覚」で、ローカルな規範が変化することで商品の使用価値が変わることを実例で指摘した。続いて、埼玉大学の市川康夫が、「「大地に帰れ運動」にみるフランス農村のユートピア――コミューンの理想郷からエコロジーの実践地へ」で「大地に帰れ」運動の視点から、また、愛知県立大学の竹中克行は、「ランドスケープへの価値づけ――欧州ランドスケープ条約に関わる政策実践を中心に」で、ランドスケープの視点から、それぞれ地域への価値付与を読み解いた。

る。また、客観的、構造的、個人的な三つの真正性は相互に影響しあい、時間の経過に伴い概念がゆらぐことを指摘した。佐無田（2020）では、都市・地域の内発的発展論の動態を明らかにする観点から、地域の価値に着目し、そこから、「地域の価値」研究に政策論的な意義を見出そうと試みた。また、松永（2020）は、イタリアのトリノを事例に、フィアット社を中心とした自動車産業が衰退したトリノが産官学のスモールビジネス支援や社会包摂型のコミュニティ再生などにより、地域に新たな価値を付与し、その価値付与により都市の再生を図る過程を考察した。

これらは、いずれも地域の固有性に着目し、都市・地域の意味づけを環境や都市の内発的発展や再生など、それぞれ異なる角度から明らかにしようとする試みである。このなかで本節の問いとの関連においては、除本（2020）の地域の価値の定義が、重要な手がかりを与えてくれる。除本（2020）によれば、地域・場所・空間の差異や意味は、人々のコミュニケーションを通じて構築される。それに伴い、知識や情動が共同生産され、その一部は貨幣的な価値の獲得に結びつくが、こうした一連のプロセスを除本は地域の価値と呼んでいる。また、狭義には、社会的に構築される地域・場所・空間の差異や意味を地域の価値と定義している。内田（2020）、佐無田（2020）、松永（2020）の一連の研究も、同様の問題意識に立ち、地域の価値を捉えており、その意味で除本の定義は、共通のものさしとして機能しうる。このため、本書においても、この除本の地域の価値の定義に準拠する。

この地域・場所・空間は、消費行為の文脈（意味）を作り上げる場となり、この地域・場所・空間およびそれを構成する要素そのものが消費の対象になる。この地域・場所・空間の差異や意味は、地域の固有性である。歴史、文化、コミュニティ、景観、街並み、自然環境などがそれらに該当し、文化的体験（後藤 2018：42）も含まれる。

また、地域・場所・空間の消費においては、差異や意味が一方的に発せられるのではなく、地域内外の諸主体が共同的に構築する。何らかの由来を持った物語としての地域の価値は、集合的に構築された表象であるが、地域内外の諸利益を反映し、複数の物語が生まれ、ときに対立し合う（除本 2020）。

この地域の価値においては、地域の真正性（オーセンティシティ、ほんもの、ほんものらしさ）が、重要な要素になる（内田 2020）。本書で主に扱う観光（ツーリズム）も、近代人が真正な経験を求める行為の一つである（マキァーネル 2012）。真正性を持つことにより地域は他の地域にはない固有性を具備することになり（佐無田 2020）、これが地域の価値を措定し、地域へ価値を付与する。また、第 4 章でも援用するように、ここでいう地域への価値付与とは人やモノを特定の観点から評価・テストしその性質を決める作業に等しい（立見 2019, 2020, Heinich 2020）。このため、次節でみるようにどのような方法が人やモノを特定の観点から評価・テストしその性質を決めるのにふさわしいか（立見 2019, 2020, Heinich 2020）を問うことになる。

この文脈から、第 9 章で考察するように、地域が行う観光（ツーリズム）において、その内容である質の決定やその内容にふさわしい価格の決定を地域が主体的に行うことができるかを問うことになる。着地型観光における地域主体性の所在の考察である。その背景には、地域主体といわれながら、旅行会社主体で質の決定や価格の決定がなされる実態がある。

また、先に言及した今日の一つの社会現象となっている「ローカル志向」（松永 2015）や「田園回帰」（作野 2016）などの諸現象も地域の暮らしや生活に魅力を見出し地域へ新たな価値を付与する動きの一つといえる。また、本書で説明する尾道における「尾道空き家再生プロジェクト」も、これと同様の動きと捉えてよい。2000年代以降、とくに、2010 年以降顕著なトレンドとなる移住、起業、生業など、新たな形態の経済的な活動である。

ローカル志向や田園回帰は、大都市における居住者が、ゆとりのある生活や暮らしに魅力を求め、大都市を離れ、中小の都市や地域へ移り住む動きである。これらは、利便や効率にとらわれない生活の質や快適性を追求することを重視するもので、大都市への過度な集中という歪みを緩和し社会・経済にバランスや調和をもたらす可能性を秘めている。とくに、2020 年からの新型コロナウイルスの蔓延が一つのきっかけになり、集中から分散へ、密から疎への潮流も顕著になりつつある。このような流れのなかで、今後、デジタルトランスフォーメーションが加速され、場所を選ばない働き方が常態化するならば、移住、起業、生業など新たな形態の経済的活動は、一過性ではなく常態なものへと転換する可能性もある。少なくとも、ローカル志向や田園回帰の潮流は、地域固有の魅力を再発見し価値を付与し、新たな共通資産として継承・発展させる契機となる動きの一つだといえる。

また、この再発見による価値の付与は、コモンの回復と捉えることができる。コモンとは、言語や慣習を含む共有された社会的資源や関係性（山本 2016：8）を指す。コモンは、第 1 節で述べた認知資本主義においても鍵概念になるものであり、地域の価値にも深い関わりを持つ。このため、コモンの概念を導入すると地域と地域への価値付与との関係が明確に理解できるようになる。第 8 章や第 9 章で考察するように、体験型教育旅行により児童・生徒が発見する地域の価値や、地域が主体の着地型観光により見出された地域の価値は、コモンを形成し地域の資産となる。

なお、田園回帰については、フランスの社会連帯経済を手掛かりにその理論化が模索され（筒井 2021）、もう一つの経済の観点から社会連帯経済そのものの研究も活発化している（立見他 2021）。

一方、「資本の無際限な蓄積の要求」（ボルタンスキー・シャペロ 2013：上 29）を行う資本主義において、本物であることは、高い商品的価値を生む源泉にもなりうる。これは、第 2 章でも言及する場所や表象の独占による地域のブランド化であり（Scott 2017）、第 5 章でもふれる地域創生のプレミアム戦略（山﨑・鍋山 2018）や農村空間の商品化（田林 2013, 2015）が指す商品的な価値である。このように地域の価値は両義的な性格を帯びる。また、地域に「プレミアム」を生む利潤は、「生産過程よりも所有権に由来する傾向を強める」ことでレントとしての性質も有している（山本 2016, 山本 2021）。このレントはある特定の資産に対する私的所有者の独占に基づくものでもあり（立見 2019）、ハーヴェイが示す独占レントである。利潤やレントに立脚する地域の価値は、この観点からも両義的である。また、そもそもこうした「地域の価値」は、コモンとして共有されるものであると同時に、ハーディンの「コモンズの悲劇」[11] のように収奪の対象ともなりうる（ハーヴェイ 2013）。このように、地域の価値の考察にあたってはコモンも重要な概念になり、また、意味の両義性に十分目配りする必要がある。

ところで、この地域の価値を考えるにあたっては、アメリカにおける二つの研究が参考になる。多様な民族から混成的に成り立つロサンゼルスの持つ場所の意味を分析したハイデン（2002）の『場所の力』と、ニューヨークという都市の真正性を考察したズーキン（2013）の『都市はなぜ魂を失ったか』である。ともに、地域とその価値の形成の本質を示している。

まず、ハイデンをみておこう（ハイデン 2002）。『場所の力』で、ハイデンは、南米やアジアからの移民、黒人奴隷など多様な民族から、混交的に成り立つロサンゼルスの「場所の力」を分析した。そこで、ハイデンが強調したように、ロサンゼルスという場所の持つこの混交的な歴史・文化・風土が、真正性を形成し、ロサンゼ

11）この例のようにコモンはコモンズとも呼称される。内容的には同義であるが、認知資本主義の文脈では、コモンという言い方が一般的であるため、本書では、ハーディンの「コモンズの悲劇」の例を除き、原則的にはコモンと呼称する。

ルスという場所に力を与えている[12]。この場所の力が持つ固有の魅力は、そこに暮らす人々の多様な営みが「ゲニウス・ロキ」(Genius Loci：大地の精) に結びつけられ地域へ価値を付与する。『場所の力』が示した自由を得て助産師として活躍した奴隷ビディ・メイソンが歩んだ道やエンバシー劇場のラテンアメリカ系アメリカ人の歴史、それに、思い出のリトルトーキョー、1番街という三つの物語には、場所の記憶が結晶化されその力が隠されている (ハイデン 2002)。

また、ズーキン (2013) は、ニューヨークのブルックリンやハーレムが持つオーセンティシティを、そのまちの初期の由来や変容に基づく場所の真正性と個人や組織の相互作用によってもたらされる社会的正当性からなるとした。このオーセンティシティを成すものは、ジェイコブズが『アメリカ大都市の死と生』で称揚した、多様性でまちの活気を与えるアーバンビレッジの更新も含まれる (ジェイコブズ 2010)。この認識のベースには、「土壌」(テロアール) があるが、これは、ハイデンが、ロサンゼルスにみた「ゲニウス・ロキ」と同義と捉えてよいだろう。これらは、物語性をもつとともに市場の価値も高めるので、先に見た日本のケースと同様、その「地域の価値」は両義的である。

これらの研究成果を手がかりにしながら、社会的に構築される地域・場所・空間の差異や意味を示す狭義の地域の価値と、地域・場所・空間の差異や意味が人々のコミュニケーションを通じて間主観的に構築され、それに伴い知識や情動が共同生産され、その一部は貨幣的な価値の獲得に結びつく一連のプロセス、すなわち、広義の地域の価値について本書では考察していく。

---

12) ハイデンによれば、ショショーニ族が、ロサンゼルス (南カリフォルニア) の最初の居住・先住民で、1781年には、メキシコの開拓団が天使たちの町「プエブロ」に入植した。入植後、葡萄、オレンジ、レモンが重要な商品作物になり、果樹園がこの地を特色づけた。オレンジが朝食のメニューとして売り込まれ (1877年)、葡萄はロサンゼルスの公式の市章となった (1854年)。また、1870年代には、中国の野菜の生産が拡大し、中国系アメリカ人の行商が組織され、1909年には、シティーマーケットが開設された。1913年には日系アメリカ人が花卉市場を設け造園もこの地を特色づけた。1892年の採掘後は油田地帯となり、1909年創業のパシフィック社は、ロサンゼルスをプレハブ住宅のメッカとした。また、セントラル・アベニューと14番通りの交差点に立つ第30消防署付近は、アフリカ系アメリカ人の活動拠点となった。このように混交的な歴史・文化・風土が、ロサンゼルスの固有性を形成している。

3 都市・地域再生の萌芽と地域への価値付与

3-1 地域への価値付与の考察への手がかり

認知資本主義における非物質的な生産・消費の場である地域では、生産と消費、労働と生活、対象としての経済と観察者が生み出す学術的な知識など、これらに明確な線引きをしていた境界が曖昧になってきている。情報化社会の急速な進展により、こうした融解はさらに進んでいる。たとえば、2010年代以降のUberやAirbnbのようなシェアリングエコノミーの進展はそのわかりやすい例といえる。シェアリングエコノミーは、共有型経済や協働型経済とも呼ばれている。そして、このシェアリングエコノミーにおいては、共有によるコストの低減が加速され、限界費用はゼロになる（リフキン 2015）。ここでは境界が曖昧になるだけでなく、相互に影響を及ぼす関係性も生まれている（立見他 2019）。とくに、インターネットの拡充に伴う2010年代以降の社会生活へのSNSの浸透は、購買・消費の当事者が評価者であると同時に、商品の提供者や生産者になることを促進する。このような境界域の融解と相互の作用化は、社会のさまざまなレイヤーで加速している。ここにおいては、市場で交換される財やサービスの価値は、これまで以上に、複雑に、かつ多様な観点から評価されることになる。つまり、ある財やサービスの生産・流通・交換の過程の質が、当該の財やサービスの価値を構成すると同時に、市場交換を通じて社会そのものも変化させる（立見他 2019）。

これは、前節で考察した地域の価値においても当てはまる。地域においても、評価される対象物（人、商品、景観など）が、何からの仕掛け（装置）によりテストされ、一定の価値が付与される。これに対し市場という共通の計算空間のなかでは、一つのものさしでテストされ序列化が可能になる。こうして、地域へ価値が付与される（valuation）が、その価値付与の基準となるものがコンヴァンシオン（慣行）で、そのような条件が整って初めて市場においても、物やサービスを交換（購入）する取引が可能になる。この価値づけの過程において、相手の行動を予測し互いの意図の調整（コーディネーション）が働く。共通の計算空間には損得も含まれるが、コーディネーションを通じ秩序が形成される。また、誰がこの主体であるのかは、価値づけの権力の問題になる（立見 2019）。

そもそも、人々は、具体的な状況において、共通の価値に基づいて財やサービスの質を評価することで、お互いの経済行為を調整する（Diaz-Bone 2011）。これは、コンヴァンシオン経済学が示す行為の調整様式であり（Diaz-Bone 2018）、この考え方は、商品の価格を労働に依拠する古典派の経済学と異なり、また、商品の価値を個人的な満足度の最大化に求める新古典派の経済学とも異なる。生産と消費、労働と生活の境目がなくなり、融解や一体化が進んでいる今日、たとえば、商品の価値は労働の時間では測れなくなっている。また、空間を介した人と物、あるいはサービスの相互の関係性が強まるなかで、個人の効用の最大化のみで物事を判断することも難しい。財やサービスと人々との相互作用のなかでさまざまな価値が決まる以上、空間を介し人や物、サービスが相互の作用しあう関係性をプラグマティックに解き明かそうとするコンヴァンシオン経済学に注目が集まるのである。

また、世界的にみても、2010年代以降、価値づけ研究（valuation studies）という分野が急速に確立しつつあるが、この背景に、少なからず影響を及ぼしているものとして、コンヴァンシオン経済学やアクターネットワーク理論（ANT）がある（立見他 2019, 立見 2019, 森崎 2018）。とくに、地域のアクターが地域内のさまざまな作用の中心となる地域への価値付与の考察では、人間とモノなどの非人間を存在論的に区別しないANTよりは、人間の価値判断を重視するコンヴァンシオン経済学の方が、地域の価値（立見 2019：22）を考察する手段としてよりふさわしいものといえる。

本書は、地方の中小都市と地域へ焦点をあて、都市・地域再生の萌芽を地域への価値付与という観点から考察しその特性を明らかにするものである。この地域への価値付与（valuation）を探求するにあたって、認知資本主義の非物質的な生産・消費の場である地域において、コンヴァンシオン経済学が考察の有力な手がかりとなる。こうした認識に立って、次項では、コンヴァンシオン経済学における方法論を概観し、本書で用いる方法論的枠組を定めることとする。

3-2　本書の方法論的枠組

コンヴァンシオン経済学においては、他者の行為や交換される生産物の性質が不確定で、不確実性に満ちた不安定な状況をまずは前提とする。その上で、図1-2のように、評価軸となる慣行（convention）を支えに、人やモノといった諸存在物が識別されその性質が評価（evaluation）され、テストされることで、不確実性が削減され秩序が成立する過程を問題とする。すなわち、それは、アクターが行為する具体的な状況のなかで諸存在物の性質決定（qualification：質の規定または質の決定）がなされ、当該財やサービスの評価が生まれ、価値付与（valuation）される過程である（Diaz-Bone 2011）。

これをもう少し平易に言い換えると、具体的な状況は、不確実でリスクを抱えた不安定な状況にあるので、不確実性を削減し安定的な状況にしなくてはならない。このためには、不安定な状況にある人や物の性質決定（質の決定）をしなければならない。この質の決定とは、いわば価値というものを決めていく作業に等しい。コンヴァンシオン経済学においては価値とは、ある観点から評価されるところの固有の質を意味する。そして、そうした価値を定める作業のなかで、鍵になってくる二つの概念があり、その一つが評価基準となるような、あるいは特定の状況においてはAをBとみなすといったような原理・原則を確立する慣行（convention）と呼ばれるタイプの規則である。それからもう一つは、実際にこうして特定された人やモノの質ないしは価値が果たして本当の価値を持っているのか、というものを試験するテスト（試練）である。この評価を経て価値が付与されることになる。なお、テストと試練は同義であるが、以下、「テスト」と「試練（テスト）」を文脈に応じて使い分ける。

こうした過程を扱うことを可能にするコンヴァンシオン経済学における方法論的枠組としては、複数の議論が展開されてきたが、なかでも、ボルタンスキーとテヴノの「規範的秩序のエコノミー・モデル」（ボルタンスキー・テヴノー 2007）とストーパーとサレの「生産の世界」論（Storper & Salais 1997）が体系的に練り上げられてきたものであるといってよい。本書においては、産地、産業分析に優れ、地域への価値付与の分析に親和性の高い、ストーパーとサレの「生産の世界」論（Storper & Salais 1997）を主として念頭に置きながら、考察を行なっていく。また「豊穣化の経済」の四つの価値付与形態（Boltanski & Esquerre 2020）も分析ツールに加え、第6章で、当該理論フレームの説明および実証研究を試み、第7章で「生

図1-2　コンヴァンシオン経済学の考察フロー

出所）立見（2019）、Diaz-Bone（2011, 2018）、Stoper & Sailais（1997）より作成。

産の世界」論と「豊穣化の経済」の四つの価値付与形態との比較検討を試み、地域分析への活用視点を説明する。

くわしい説明は第５章に譲るが、「生産の世界」論は、本書の中心となる分析ツールなので、本章でもそのポイントとなる部分をごく簡単に説明しておこう。「生産の世界」論は、生産物（財・サービス）の質を規定する二つの要素、すなわち市場の特性と製品を生産するための投入物の特性を、当該の財やサービスが専門的か標準的かの横軸と、専用的か汎用的かの縦軸で区分し、「可能世界」（possible world）と呼ばれる、異なる経済調整（coordination）の原理を有する四つの理念形（「個人間の世界」「市場の世界」「工業の世界」「知的資源の世界」）を得る。

そして、それぞれの世界において人々の意識と行為を調整するのが、アイデンティティと参加の慣行（コンヴァンシオン）で、こちらも、理念形と同様に、非成員か成員かの横軸と、人格的か抽象的かの縦軸で、四つ（「個人間の世界」「市場の世界」「工業の世界」「知的資源の世界」）に区分する。この理念形と慣行の各世界はお互いに整合的な形で成り立っている。つまり、この理念形の可能世界から現実世界への移行を媒介するのが慣行（「アイデンティティと参加の慣行」）である（Storper & Salais 1997：189）。また、あらゆる生産は、現実において、経済的整合性の試練（テスト）を乗り越えなければならない（Storper & Salais 1997：21）が、この二つの慣行、アイデンティティと参加の慣行は、諸個人の人格の規定（qualification）と正当な行為の範囲を確定し、経済主体との関係性のあり方と行為原理を定める（立見 2019：63）ことになる。

「生産の世界」論においては、理念形と慣行が整合した場合、経済調整が成功し適合状態をつくり、理念形と慣行が不整合な場合は経済調整が失敗し、いずれかを変化させ適合状態を作ることになる。先の図 1-2 における「評価軸：慣行」のフィルターが、この２層の組み合わせで分析されるのが、「生産の世界」論の特徴である。

このように、生産の世界は、一義的には、財やサービスの分析を通し、当該産地における経済調整過程を明らかにするものである。しかし、それは、間接的に、当該産業の地域への価値付与（valuation）の分析を伴う。というのも、産業と地域は密接に結びついており、産業の価値付与（valuation）の過程（process）は、地域への価値付与（valuation）にもつながるからである。そもそも、都市・地域は財やサービスの生産・消費の場である。非物質的な生産・消費の場である都市・地域再生の萌芽の特性を読み解くにあたり、「生産の世界」論は有用な手段であると考えられる。

3-3　本書の学術的貢献とその意義

次に、この「生産の世界」の研究動向である。Web of Science による Worlds of production の検索でヒットする研究は全部で 25 件ある（2021 年 2 月 21 日閲覧）。その研究領域は、地理、環境、哲学、数学、看護学など多岐にわたるが、このうち、キーワードに Worlds of production を含み、明確に Worlds of production theory を使った分析であると特定できる研究が全部で 6 本ある。引用件数の多いものから順に紹介してみよう。第一に、ノルウェーの乳製品産業の生産の世界におけるイノベーションの研究を行い、「生産の世界」論で、イノベーションの生起のメカニズムを明らかにした研究があげられる（Straete 2004）。第二に、16 世紀から 17 世紀にかけての工業化前のミュンヘンにおける、リネン生産の生産の世界に関する歴史的な比較研究を行い、時代ごとの生産の世界の違いを明らかにした研究があげられる（Jeggle 2011）。第三に、スペインのワインに関する研究を行い、スペインにおけるワインの原産地登録制度がスペインワインを保護していることが「生産の世界」の考察で明らかにされた（Rodriguez & Lopez 2017）。第四に、フランスの農業における環境適合商品の生成をめぐる生産者と消費者との調整を考察した研究がある（Cazals 2012）。また、第五に、キットカー[13]と呼ばれる組み立て自動車産業の生産の世界を考察した研究がある（Raven & Pinch 2003）。しかし、この研究では、慣行の考察は伴っていない。第六に、スペインワインの生産方法についての分類論を試みた研究がある（Hernandez et al., 2017）。このうち、「生産の世界」論と慣行を明示したものは、第一と第二と第四の研究であり、立見の一連の研究（立見 2004, 2006, 2015）と合わせ、Worlds of production theory を用いた研究論文は、6 本ということになる。しかしながら、これら先行研究のいずれもが、個別の産地や個々の産業の分析である。

これらの研究動向をふまえつつ、本書では、「生産の世界」論の観点からみた地域への価値付与研究への援用を試みる。これまでの研究がフォーカスしてきた個別の産地や個々の産業の特性分析を超え、「生産の世界」論を特定の都市・地域の複数の産業・生業の動態の考察へ応用する。このように、「生産の世界」論を地域への価値付与の分析に応用するのが、本書のオリジナリティである。また、これに伴い、

13）キットとは道具一式または全部という意味で、キットカーは部品の状態で 1 台分を購入し、自分の手でゼロから車を組み立てるものである（自動車総合情報・専門用語事典『大車林』（https://motor-fan.jp/daisharin/30001497　2024 年 1 月 30 日閲覧）。

地域の価値を引き出す要素としての学びの機能や、引き出された地域の価値が地域の共通資産（コモン）として形成されることを事例分析を通じて明らかにする。また、「豊穣化の経済」の「四つの価値づけ形態」(Boltanski & Esquerre 2020) を地域への価値付与の分析ツールに加えるのも本書のもう一つの特徴である。これらは、2節でふれた、日本において高まりつつある地域への価値付与研究に重要な手がかりを与えるだけでなく、今後の都市・地域の研究に新たな視点を与え社会的に有用である。ここに本書の意義がある。なお、豊穣化の経済の分析の先行研究としては、立見 (2019) があるが、地域の価値付与分析への応用は、初めての試みとなる。

4 本書が目指すもの

前述のように、地方創生の流れのなかで、移住、起業、生業など、関係人口を形成する新たな形態の経済的活動が、地域固有の魅力を再発見し地域活性化を促す動きとして注目を集めてきた。ローカル志向や田園回帰もその一部に含む、2010年代以降、衰退地域が新たな地域への価値付与を伴い、再度、活性化する動きである。

これに伴い、先にみたように、地域経済学や経済地理学の領域で地域の価値付与についての研究も始まっている。また、これら先行研究は、地域の価値の定義や地域の固有性の意義、あるいは、この地域の根っこにあるものを知るための学習の重要性など（除本・佐無田 2020）、幾つかの重要な概念を提示している。しかしながら、これらの研究は、この新たな現象をどのように理解したらよいか、その包括的な理解の仕方については明示してくれていない。また、地域への価値付与を考察する共通の理論フレームの提示もない。

そこで、本書では非物質的な転回を踏まえつつ、このようなオルタナティブな地域社会・経済の萌芽の特性を、広島県尾道市を中心とする事例研究[14]により（図

14) 主に地方の都市・地域を対象とする。広島県尾道市を中心に、三重県鳥羽市、京都府和束町、兵庫県丹波篠山市、愛媛県今治市、徳島県神山町などである。尾道市や丹波篠山市は空き家再生で知られている。鳥羽市はエコツーリズムに先鞭をつけた着地型観光の老舗的な存在である。一方、和束町は茶畑景観が日本遺産の第1号に指定されている。今治市は、しまなみ海道の起点として尾道とならんで国際的な知名度がある。また、神山町は、5章で扱う広島県江田島市、大崎上島町、山口県周防大島町（地図上は「広島湾ベイエリア」と略称）とともに、三大都市圏から転入超過4回以上（2012～2019年）の49市町村に入っている（松永 2019：60)。

1-3)、地域への価値付与の観点から明らかにすることを試みる。本書には大きく二つの中心的な課題がある。

第一に、2010年代以降、衰退地域の活性化が顕在化しているが、地域のさまざまな活動や産業の新しい変化のきざしが個々の活動を超えて地域への価値付与と密接にリンクしながら変化しているようにみえる。事例に即してこの内容を明らかにするのが第一の課題であり、これによりオルタナティヴな都市・地域の社会・経済の萌芽の特性を明らかにする。

第二に、地域への価値付与が、地域の諸活動に利益をもたらすことを実証的に明らかにすることである。移住者の集積やツーリズムの振興など、この新たな潮流を複合的に備え変化している都市・地域の考察からアプローチする。創造都市と類似の変化を見せる都市のその複合的な変化に着目し、変化を促す諸力とそれらの作用の過程をトータルに明らかにする試みである。

すなわち、非物質的な転回という現代の特性を踏まえ、2010年代により明確な像を描き始めた地域を新たに特色づける動き、すなわち、地方の中小都市・地域へ焦

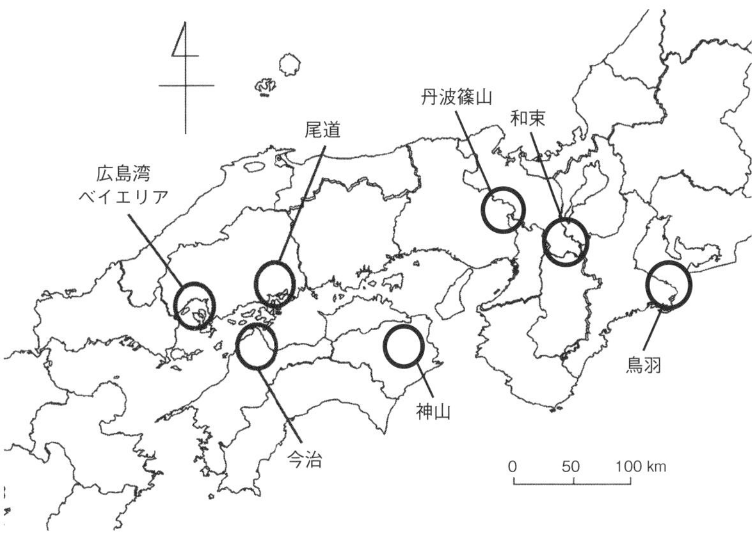

図1-3　考察対象地域の位置図（筆者作成）

点を置きつつ、この都市・地域再生の萌芽を地域への価値付与の観点から明らかにするのが本書の目的である。このような新たな社会・経済の変化、起こっている現実をどのように整理し理解するか、その新しい理解の仕方を学術的に解き明かす試みである。

創造都市を巡る議論
都市・地域再生の萌芽を考察するための視座
02

本章の目的は、2010年代以降の日本において明確な像を描き始めた都市・地域を新たに特色づける動きについて、その新たな変化のきざしを理解することにある。この考察にあたって、創造都市の議論をふまえておくことが有用である。なぜなら、創造都市の議論は、本書で考察する新たな変化を生み出す背景となっているポストフォーディズムにおける、認知資本主義の特性を明確に示しているからである。

1 はじめに

本章では、ポストフォーディズムの都市・地域の考察に影響を持った創造都市の議論を振り返りその課題を確認したうえで、デジタル経済が主導する現代において都市・地域を考察するために必要な視座を得る。それにより、創造都市論という視点の強みを生かしつつ、非物質的な生産・消費の場としての都市・地域再生の萌芽が持つ特性について考察するための有力な手がかりが得られることになるだろう。

都市・地域は、固有の自然、歴史、文化を有しつつ、産業、暮らしなど市民の営みの舞台として、各々の個性を発揮しながら、成長・発展を遂げてきた。しかし、常に一様に成長・発展の軌道が続くというわけではない。多くの先進諸国では第二次世界大戦後の高度経済成長を支えたフォーディズムの仕組みが、1960年代から1970年代にかけさまざまな要因によって行き詰まるなか、1980年代において、多くの都市・地域が、著しい停滞に直面した。脱工業化や経済のグローバリゼーションに伴う、鉄鋼業、造船業など従来型の工業や地域の経済・社会の衰退である。これは、産業の空洞化による都市の衰退を招いた。

このような衰退期において、都市・地域は、喪失した雇用機会の新たな創出、社会問題の克服やコミュニティの再構築、あるいは製造業依存の脱却から観光都市への転換など、さまざまな視点から再生のあり方を模索した。そして、この模索のなかから、いくつかの萌芽的な動きが生まれてきた。たとえば、1990年は、ロンドン、バーミンガム、リーズに続く人口63万（2019年現在）のイギリス第4の都市・グラスゴーが、欧州文化都市（European City of Culture；現在は欧州文化首都（European Capital of Culture））に指定され、存在感を示した年である（Comedia 1991）。グラスゴーは、海運で栄えた後、1960年代に造船不況に見舞われ停滞したが、文化都市へと衣替えすることによって、クリエイティブな都市として旋風を巻き起こした（Comedia 1991）。そして、グラスゴーは、芸術やデザイン、ニューメディアの分野でのイノベーションで存在感を発揮し、これにバンクーバーやトロントなどが続いた（Duxbury 2004）。

創造性（クリエイティビティ）は、一躍、都市の活気を示す一つのキーワードとなり、その創造性を引き出す力となる文化・芸術へ関心が集まった。一方、イタリアの柔軟な専門化（ピオリ・セーブル 1993）によるイノベーションや、シリコンバレーのテクノロジー産業の集積などハイテク産業の革新についても、それらの取組みの背景にある環境（ミリュー）など創造的な要素がイノベーションを起こす源になると期待された（Amin 1994）。このようにして、文化・芸術や先端産業への取組みは、ポストフォーディズムにおける、都市・地域の進むべき道を示す大きなヒントとなった。そして、1990年代半ばに醸成されたこのような知的基盤のなかから、「クリエイティブ・シティ」という概念が生み出された。たとえば、2000年には、ランドリーが『創造的都市』で、都市における人々の相互作用とシナジーが織りなす文化経済が社会に活力を与えることを示した（ランドリー 2003）。

そして、この創造都市の議論を世界的に有名なものとしたのが、フロリダである。フロリダは、都市・地域再生の牽引役となるクリエイティブ・クラスにフォーカスし創造都市を論じた。また、クリエイティブ・クラスの特性のみならず、彼らを取り巻く住まいや環境、その居住する場所の質の重要性や新たなライフスタイルなども説いた。フロリダは、アメリカやヨーロッパにおいて3割を占める、科学者、技術者、芸術家、音楽家、デザイナー、知識産業の職業人などのクリエイティブ・クラスが、産業全体に大きな影響を与えていることを明らかにした（フロリダ 2008）。また、創造経済が社会にもたらす人々の価値観や、労働と分業のあり方の変化などについても幅広く考察した。

日本でも、佐々木（1997）がこれに先んじつつ呼応した。ランドリー、フロリダ、佐々木らは、クリエイティブ施策の推進による創造経済が時代の新たなパラダイムとなることを示し、世界的な視野で創造都市研究を牽引した（佐々木・総合研究開発機構 2007, 佐々木 2012）[1]。クリエイティブ・クラスの特徴を、Talent（才能）、Technology（技術）、Tolerance（寛容）の三つのTで表したフロリダは、これを指標化しその割合を示した（フロリダ 2008）。Tolerance の特性のなかには、ゲイやボヘミアンが含まれ（フロリダ 2010）[2]、これらの多様性はイノベーションの源にもなった。この指標は、都市・地域におけるクリエイティブ・クラスの集積状態を示すことから、集積の多寡から都市はランキングされた。このような指標化は、フロリダの「創造都市」というものの姿を可視化した反面、都市間の競争をあおってしまう結果を招きかねないという[3]、きびしい批判も寄せられた（Peck 2005）。

また、クリエイティブ・クラスという階級的な側面が強調されるため、フロリダの議論は、文化・芸術の要素とそれを支える文化産業に対する考察が不十分であると指摘された（Pratt 2008）。日本においても、笹島（2012）のように、企業家主義的都市論（ハーヴェイ 1991）[4] を援用し、新自由主義に与した議論と批判するものや、渡部（2014）のように、「創造都市」論にまつわる概念や定義の曖昧さを指摘した上で、概念や定義を巡る論争を回避しガバナンス論に活路を見出すべきだという主張もなされた。これに対し、佐々木（2014）は、このような批判にこたえ、社会的な包摂に目配りしたほか、創造農村という概念を掲げ都市のみならず農村という

1）たとえば、2003 年には大阪市立大学に「創造都市研究科」という専門の大学院が設置され、創造都市研究を専門とする博士（創造都市）を輩出した。
2）フロリダ（2010）では、ボヘミアン指数は、作家、デザイナー、ミュージシャン、俳優、ディレクター、画家、彫刻家、写真家、ダンサーなどの職業者の数をはかったものとされている。
3）たとえば、ペック（Peck 2005）によれば、当時のデンバー市長は、フロリダの著書を大量に購入し市の幹部職員に配り自己研鑽を求める一方、デンバー市をクリエイティブ・センターというコンセプトでブランディングしようとした。また、ミシガン州知事は、都市活性化の担い手や若い知的労働者の確保に向け、彼らにとって魅力的な州となるよう、「クールな都市」キャンペーンを始めた。さらに、シンガポール政府は、同性愛者への規制を緩和し、都市のイノベーションを進める象徴的な施策として喧伝した。
4）企業家主義的都市論とは、自治体間の競争のなかで、自治体が積極的に働きかけ開発や雇用のための新たな方法を追求する企業主義的な戦略をとることであり（ハーヴェイ 1991）、こうした観点から、文化芸術に力を入れ、企業家主義的な手法で国際競争を乗り切ろうとする都市・地域を批判的に捉えている（西山 2019）。

単位へもその射程を広げ、小さな組織体への創造都市論の適用を試みた。

このようにいくつかの批判を浴びながらも、フロリダらの主張は、ポストフォーディズムの社会特性を詳らかにし、非物質的労働が、知識、情動、イメージ、社会関係そのもの、したがって主体性を生み出すものであると考えるならば、確かに創造都市は、資本の外部にあるコモンに基づくコモンの生政治的生産の場であり、社会を変革するモーターともなりうると評価されてきた（山本 2016：94）。

このため、第2節で、まず、これまで創造都市の議論で扱われてきた典型的な事例を振り返りその視点の特徴を押さえ、第3節で、佐々木の研究を中心に、その課題を考察し、第4節では、『新しい都市の危機』（Florida 2018）を概観し、主張と課題を示す。続いて、第5節で、デジタル経済が主導する、第三の波における都市・地域の社会・経済の特性を持つ非物質的生産・消費の場を描いた経済地理学者のスコットの見解（Scott 2017）を概観する。こうして、第1章の問題意識もふまえ、フロリダとスコットという二人の経済地理学者の異なる視点を対比し、第6節で、非物質的な生産・消費の場である都市・地域を考察するために必要となる視座を定める。

2 創造都市考察の特徴：ビルバオとナントを事例として

創造都市が対象とする都市・地域の変化は、脱工業化に伴う衰退都市の再生というパースペクティブで描かれた（佐々木 1997, 2012, フロリダ 2008, 2010）。先にみたように、創造都市の議論が、ポストフォーディズムにおける都市ヴィジョンとして登場したためである。とくに、第二次世界大戦後に興隆した鉄鋼業や造船業などが次第に衰退した結果、都市が力を失った後に文化・芸術によって再生するケースはその典型である。

このなかで、わかりやすい例としてあげられるのが、スペインのビルバオやフランスのナントなどの都市である。これらの諸都市は、いずれも、重厚長大型の産業構造を変化させ、サービス産業への転換という視点から、新たなアイデンティティを模索し、文化・芸術による都市の再生という手法によって再生を遂げた。ビルバオは、グッゲンハイム美術館分館の誘致などにより（吉本 2004a）、ナントは、文化施設リュー・ユニック（唯一の場所）を活用した音楽祭の施策などで（菅野 2004）、まちに再び活気を取り戻した。これらは、文化・芸術による都市の再生が、都市に新たな魅力を与え、その魅力がクリエイティブな人材を引きつけ、都市に大きな活力をもたらした事例である。

ビルバオとナントは、2004年にアムステルダムで開かれた国際シンポジウム「創造性と都市」でも、開催地アムステルダムとともに創造都市の成功例として報告された。このシンポジウムの報告者の佐々木は、後の2018年の日本観光研究学会においても、「創造都市とクリエイティブツーリズム」と題した講演を行い、両都市の取り組みを創造都市の代表例と報告した。佐々木（2018）によれば、ナントは、造船所跡地に若い芸術家を集め市予算の15%を文化投資に回して都市を再生させ、ビルバオはグッゲンハイム美術館という最先端のアートを所蔵する美術館の分館の誘致がもたらしたインパクトによって、新たな産業やアントレプレナーを生み出し都市再生を果たした。とくにビルバオでは、グッゲンハイム美術館分館の誘致の結果、20%あった失業率は8%へ減少し、アーツ（arts）からカルチャー（culture）へ、さらに、カルチャー（culture）からナレッジ（knowledge）へ、というプロセスでまちが活性化したという。このように、ビルバオやナントは、衰退した製造業のまちをアートで再生させた好例といえよう。

そこで、本節では、この創造都市の成功例とされるビルバオやナントに焦点を当て、基幹産業が空洞化した後の文化・芸術による都市の再生の研究（菅野 2004, 吉本 2004a, 2004b, 橋爪 2015）により、その特徴を把握する。

まずビルバオである。ビルバオは、人口40万のマドリッド、バルセロナ、バレンシア、セビリアに次ぐスペイン第5の都市である。歴史を遡ると、14世紀ビルバオは、カスティーリャ王の特権付与によりカスティーリャの羊毛の市場、フランドルへの積出港として、また、18世紀には南北アメリカ大陸との交易で発展した。そして、1960年代から1970年代、バスク州全体が重工業でめざましい発展を遂げるなかで、ビルバオはその中心的な役割を果たした。しかし、1970年代から1980年代にかけて伝統的な工業都市としての産業基盤は急速に衰退した（吉本 2004b）。ビルバオ都市圏は、ネルビオン川の両岸に広がっており、右岸は高所得者層が、左岸には重工業の発展に伴い、労働者として流入した低所得者層が暮らしていた。船の運航の都合上、両岸の架橋は進まず、両地域は長い間分断されていた。ビルバオ市で展開されている都市再生プロジェクトは、このような都市の不均衡を是正すべく、その衰退した地域経済を活性化させるために構想されたものであった（吉本 2004a）。グッゲンハイム美術館の分館誘致はこの再開発プロジェクトの一環として実施されたもので、エウスカルドゥーナ国際会議場・コンサートホール、アルホンデュガ文化スポーツセンター、ビルバオ図書館などと並ぶ文化施設の一つであった。美術館事業によって1997年から2001年の間にもたらされた直接支出は7億7500

万ユーロ以上だったが、州政府は3年間で投資額を回収した。雇用効果も41億ユーロになるなど高い経済波及効果をもたらした（吉本 2004a）。ビルバオの再生・復興に際し、「グッゲンハイム美術館は都市のイメージを一変させるのに重要な役割を演じ」（アーリ・ラースン 2014：153）、この結果、ビルバオは世界に通用する都市としての競争力を持った（Klingmann 2007：238）とされた。

一方、ナントは人口56万の造船を中心としたフランス屈指の工業都市である。アンリ4世が政教分離を宣言し宗教戦争に終止符を打った、「ナントの勅令」で歴史に名を刻むナントは、ヨーロッパ大陸、アフリカ大陸、及びアメリカ西インド諸島を結ぶ三角貿易の拠点港でもあった。近代は、食品産業や造船業、サトウキビの貿易が淵源の製糖業で賑わった（橋爪 2015）。しかしながら、1970年代に港の機能がサン・ナゼール市へ移転したことに伴い、1980年代はきびしい経済環境に直面する。これを建て直したのが、1989年から市長になったジャン＝マルク・エローである。エローは、地域及び市民の生活の質を高めることを基軸に文化を大きな柱とした都市計画を強力に推進した。この象徴的な存在が、造船所をはじめ各種工場が林立し、汚染された産業都市の遺物となっていたナント島（イル・ド・ナント；東西4.9km、幅最大1km、約350ha）の大規模プロジェクトと、文化施設リュー・ユニックである。前者は、産業構造転換によって衰退したナント島を文化、観光（ツーリズム）、レジャー、ウォータースポーツ、レストラン、公園を取り入れた緑の島に再生する大規模なプロジェクトで、後者は、ビスケット工場を改築し市民参加型文化政策の一環でさまざまな文化イベントを展開するものである（菅野 2004）。エローは、文化の消費者としての市民だけではなく、文化に関する議論にも参加できる見識があり目利きとなる市民の育成を目指し、市予算の15％を文化予算にあてている。また、アーティストの創造力、想像力を評価し、市民とアーティストとの出会いを重視する。このため、地域密着型のクラッシックの音楽祭ラ・フォル・ジュルネをはじめ、三大陸映画祭、書籍とアート・フェスティバルなど多彩なメニューで文化振興に注力している。なかでも、ビスケット工場を産業遺産として保存し、現代アートの実験場として2000年1月にオープンしたリュー・ユニックはその中核的な役割を担っている。この結果、かつての工業都市ナントは、音楽祭や映画祭などの文化プログラムをパッケージ化して海外へ文化商品として売り込む、文化都市に衣替えをし、成功をおさめている（菅野 2004）。

このようにビルバオとナントは、ともに、基幹産業が空洞化した後、文化政策による都市再生への投資で成功をおさめたのである。

3 創造都市の議論における課題

ナントやビルバオの成功は、ビルバオのグッゲンハイム美術館分館のような印象的な建築物、すなわちフランク・ゲーリーやノーマン・フォスター、サンティアゴ・カラトラバらといった先鋭的な建築家たちの手掛けた魅力的な建築物群の存在が大きい。他の地域でも、ドバイのブルジュ・ハリファなどの巨大で特徴的な建築物は、都市の環境（ミリュー）の活力を促進するきっかけの一つになっている（Scott 2017：145）。観光都市シンガポールを印象づけたマリーナベイ・サンズなどの例もあり、ビルバオのグッゲンハイム美術館分館やナントのリュー・ユニック[5)]が、都市のイメージを転換させる機能を担ったのは確かなことである。

またビルバオの例では、都市の活性化の要因は、再生へ向けたパブリックセクターの力の結集に負うところも大きい（Carter 2016）。郡や市の単位を越えバスク地方全体で共有されたパブリックセクターのリーダーたちの力の結集が、イノベーションを促し、ビルバオの再生を牽引した。とくに、グッゲンハイム美術館別館の誘致は、これまで消極的だった文化・芸術への取り組みの潮目を変え、ビルバオの人々に、多少のリスクはあっても挑戦や冒険を試みる意識を植えつけるきっかけを与えたとされる（Carter 2016：150）。このように、背後にある人々の意識の変革や変革に向けた力の結集などの行動変容についての考察がビルバオの変化を読み解く鍵となっている。したがって、都市・地域の変容をみるには、変革を促す地域の慣行の変化の分析も重要な要素の一つである。しかしながら、フロリダや佐々木の創造都市論では、このような観点からの考察は、必ずしも十分とはいえない。持続可能な地域の変革にとって、地域の意識・姿勢は重要な要素であるにもかかわらず、このような変革を支える地域の慣行（コンヴァンシオン）などへの考察の視点が希薄であることが、これまでの創造都市の議論の一つの課題であるといえよう。

ところで、こうした日本における佐々木らの考察に特徴的なのは、フロリダの「アメリカ型創造都市論」とは一線を画する（佐々木 2010）ものとして、当初より、

5）このリュー・ユニックに加え、ロワール川沿いを散策できる「巨大象」の乗り物（高さ 12 メートル、45 人乗り）もナントの名物になっている（2007 年から）。これは、郷土出身の作家、ジュール・ヴェルヌの空想小説に基づくもので、交易時代のインドがイメージされている。また、巨大象は、造船隆盛時のナントの遺構が意識され、胴体は金属や木材、耳の部分は革で製作されている（Calder 2019：135–136）。

社会的包摂を重視したことにある。このため、フロリダに欠けていると指摘されるジェントリフィケーションの負の側面や、不平等・分断のリスクも当初より議論の俎上に載せられた。また、宮本（1998, 2000, 2007）や鶴見（1989）の内発的発展論に依拠しながら創造農村を定義づけ、フロリダの創造都市論ではカバーされていないより小さな地域へも目配りした（佐々木 2014, 松永 2012）。しかし、この創造農村の議論に対しても、スケール感の欠如などが指摘され、論拠とするラスキンやモリス（佐々木 2012：29–35）に比べ創造性を担う地域の固有性が文化・芸術に狭められ解釈されている点や、ラスキンが依拠したアダム・スミスの示す主体間の対等な関係に基づくモラルとコミュニティの視点が創造農村の考察に生かされていない点などが指摘されている（杉山 2015）。

一方、西山（2019）は、フロリダが文化産業の育成を目指す文化産業志向であるのに対し、ランドリーや佐々木は文化や芸術によって地域再生を図ろうとする文化政策志向であり、日本の創造都市論の特徴を「都市の文化資本や資源の固有価値」を強調する点であるとした。大阪市立大学都市研究プラザ編（2017）『包摂都市のレジリエンス』は、この「都市の文化資本や資源の固有価値」を内発的発展の源として都市の復元力へ接続した。これは、内発的発展論をさらに昇華させて、創造都市論をサステナブルな都市論へと発展させる試みである。佐々木（2019）においては、さらに文化や芸術による地域再生の視点を強化し、世界にまたがる創造都市のネットワークを持続可能な開発目標（Sustainable Development Goals：略称 SDGs）へ接続しようと試みている。

このように、佐々木らの考察は、創造性の源泉を「文化・芸術」に求め、「都市の文化資本や資源の固有価値」を重視する（佐々木 1997, 2007, 2010, 2012）。このため、文化・芸術振興が都市・地域を活性化させる、という単純な図式に陥りがちで、他の産業との連関や地域の慣行への分析は十分になされていない。そこには、文化政策による振興が都市・地域の発展を促すという文化・芸術への過度な傾斜がみられる。

したがって、創造都市をめぐる議論は、都市の復元力や SDGs への接続など、その射程を広げてはいるが、それでも河島（2011）の指摘は解消されていない、といえよう。その指摘とは、創造都市の議論は、第一に理論と実証データが弱く、第二に創造産業奨励をめぐる都市レベルと国レベルの政策に齟齬が生じており、第三に創造産業に関する基本データ、経済特性などに関する知識が不十分であることである。つまり、都市ヴィジョンとしての有用性・意義は認められるものの、学問としての枠組みは未だ確立されていないのではないか、という懸念である。

4 『新しい都市の危機』における課題

前節までの議論を受け、本節では、フロリダの『新しい都市の危機』(Florida 2018) [6] を概観する。フロリダのこれまでの著作（フロリダ 2006, 2010）では、どちらかといえば、創造都市の持つ活力、正の部分の考察に力が注がれていたが、『新しい都市の危機』では、フロリダは、これまでの批判に応える形で、都市が直面する新たな危機、すなわち都市の持つ負の部分にフォーカスして議論を展開している [7]。

フロリダによれば、世界共通の現象として起こっているのはスーパースター・シティ [8] の「独り勝ちの都市化」であり、それにはジェントリフィケーションが伴うため、都市間の不平等を拡大する（Florida 2018）。同時に、社会の分断と分極化も促進され、新たな郊外問題（貧困と犯罪）も惹起するため、フロリダは、社会的な包摂も視野に入れ議論した。また、世界の都市を所得階層ごとに分類し、その特徴やその集積形態ごとの特性を明らかにした。さらに、有能な人材や経済活動の集中度合いにより、都市は勝ち組と負け組に分かれ、勝ち組の都市においてすら都市内部に格差が生まれていることを指摘している。これに伴い、都市においてはジェントリフィケーションが起こり、その結果、社会的な分断の問題が深刻化している [9]。そして、都市の不平等がさらに進むなか、ボルチモアの警官による黒人射殺問題などに見られるような抑圧や分断がより鮮明になっているという。フロリダは、このジェントリフィケーションの進行を、知的集約産業型の都市やスーパースター・シティなどが創り出した象徴的現象であると捉え（Florida 2018：67）、その解消策として、再配分のシステムで不平等を解消し、成長と不平等の解消を両立させている北欧の諸都市に学ぶことを提唱する。

また、緑豊かな郊外に金持ちとアッパーミドルが暮らし、労働者とロウアーミドル（中流の下の階層）は、郊外近くのより小さな人口密集地域に住み、貧困層は

---

6) *The new urban crisis: How our cities are increasing inequality, deepening segregation, and falling the middle class and what can do about IT.* の邦訳として『新しい都市の危機』をあてた。

7) これをフロリダの「転向」と見る見解もある（矢作 2019）。たしかにフロリダ自身も都市の変化が急激過ぎて、変化による都市への影響を十分に分析できなかったことを認めてはいるものの（Florida 2018：230）、前著群と合わせ包括的に読めば、「転向」とまではいえない。

8) フロリダは、ニューヨーク、ロンドン、パリなど１人当たりの生産高が 4.5–9.45 万ドルの最先端都市群を「スーパースター・シティ」と呼んでいる（Florida 2018）。

インナーシティに集まるという、アメリカでは一般的だった都市構造の崩壊も明らかにしている。現在では、富裕者層や若者は都市の中心に回帰し、貧困層は郊外に追いやられるという構図がある。パットナムが『われらの子ども』で著した中間層の衰退とアメリカンドリームの終焉である（パットナム 2017）。同時に、工業地域、商業地域、住宅地域と、高・中・低の所得階層がより複雑に入り組み、まだら模様（Patchwork）を呈している。これを、フロリダは、パッチワーク・メトロポリスと呼んでいる（Florida 2018）。

また、こうした一連の危機はアメリカだけのものではなく、大なり小なり、世界の諸都市が直面する共通の危機だとするのが、フロリダの主張の要点であり、他の地域への拡張性を持つ。このような考察を踏まえ、フロリダは、世界の都市が直面する危機への対応として、次の五つの視点を提唱している（Florida 2018）。第一に、土地利用規制の改革であり、第二に、公共交通環境の整備とその投資であり、第三に、アフォーダブルな住宅の提供である。そして第四に中間層の再構築であり、第五に貧困対策である。

フロリダは、イノベーティブな都市の特徴として、中層の建物が多く工場や倉庫を利用したロフトなどがある一方で、通りに沿って、ところどころに高層の建築があるような複合的な都市の構造を持つことを挙げる（Florida 2018）。複合的な構図は、都市の内部に絶え間ない交流や相互作用を可能とする。ジェイコブズ（2010）が指摘したとおり、「歩行の視点が欠けた集中（density）は大きな問題を孕む」[10)]。

9）たとえば、ジェントリフィケーションは白人による貧しい黒人の追い出しの象徴であり、コロンブスシンドロームだという見解がある。これは、追い出した白人に対する黒人の反感という感情的な問題と、現実に格差を生む経済的な問題という二つの側面を持つ（Florida 2018：57）。また、カリフォルニア大学バークレー校のケニス・ローゼンは、1981年に、ジェントリフィケーションの生起に敷衍し、中間層を保護する適切な政策を講じないと、サンフランシスコは「エリートしか住めないところ」になると警告を発した（https://www-nytimes-com.translate.goog/1981/06/09/us/changing-san-francisco-is-foreseen-as-a-haven-for-wealthy-and-childless.html?_x_tr_sl=en&_x_tr_tl=ja&_x_tr_hl=ja&_x_tr_pto=nui,sc 2024年1月29日閲覧）。

10）ジェイコブズは、ある都市内の地区に多様性を担保する四つの条件を掲げている。第一に地区内に二つ以上の主要機能をおくこと、第二に街区を短くすること、第三に古さや条件が異なる建物を混在させること、第四に十分な密度を設けることである。このようなアクセントが、地域で暮らす人々の出会いやコミュニケーションを促進させ、地域に多様性が確保される。

そして、この複合的でイノベーティブな都市の構図を得るため、フロリダは、土地利用規制と公共交通環境の整備の必要性を説く（Florida 2018）。土地税を土地利用税にかえ、これによって土地所有者に活用を促すインセンティブを与える。また、交通環境を車に頼る構造を改め公共交通を促進することで都市の集中を高め利便性を向上させる。また、これに伴い住みよい手頃な住宅を提供するというのが、フロリダのヴィジョンである（Florida 2018）。

加えて、中間層の再構築である。アメリカにおいては、20％の者が工場や運輸関係のブルーカラーであるが、このうち純粋な工場労働者が6％を占め、ブルーカラー内でさらに分極化が進んでいる。国際分業が進みグローバルに支え合う現在の経済環境下においては、製造業はかつて中間層を支えていたような経済的バックボーンにはならない（Florida 2018：202）。また、新中間層の構築には、多くの賃金労働者を高所得な仕事につけることが肝要である。この中間層再構築の手立てとして、かつて、フォードが組立ラインの労働者に車が買えるだけの賃金を払えるような仕事をつくったような発想で、今日の時代にあった高所得な仕事を創設することが必要だと、フロリダは指摘する（Florida 2018）。この具体例として、コストコ、ザラ、フォーシーズンズなどの生活支援サービスがあげられている（Florida 2018：205）。これらを低所得から中所得の仕事へ引き上げることを、フロリダはイメージしている（Florida 2018）。

最後に貧困対策である。これには、人に対する対策と場所に対する対策の両方が必要になる。つまり社会的な差別を受けている者への優遇策と再配分である。具体例としては負の所得税があり、これは低所得者への給付政策である。このタイプの再配分が不平等を緩和させ、これにより経済成長を促す。併せて教育を受ける機会の保障とコミュニティの活性化を組み合わせ実施する。この対策で成功しているカナダ、オーストラリアに学び、アメリカにおいては、これを地方レベルからやればよいというのが、フロリダの考えである（Florida 2018）。

このように、これまで創造都市の正の部分にフォーカスしてきたフロリダの議論（フロリダ 2008, 2010）は、『新しい都市の危機』において負の部分の分析にも考察の幅を広げ、バランスのとれた都市の考察を試みている。これらは、今後の都市・地域のありようを考えるうえでの有益な示唆といえるだろう。しかしながら、2018年のこの『新しい都市の危機』においても、なお、次の二つの点は解消されていない。

第一に、クリエイティブ・クラスがアメニティ空間を求めるという性質から、3Tに富む人材を快適な環境を整備して引き寄せるという主張に変更はない。つまり、人材や産業の集積は環境が規定するという考え方である。これに対し、スコットは、「まず、しかるべき仕事を創造し安定的な雇用基盤をつくり、しかるのちにアメニティな空間を整える」(Scott 2017：150) のが基本だという。そして、政策担当者は、この基本を外してはならないと指摘する。スコットは、世界の多くの政策担当者が、アメニティ空間の創設で、クリエイティブ・クラスを引き寄せるという考え方に安易に飛びついたことを批判的に見ており、本章注 3) で示したペックと同様の疑問を提示する (Scott 2017) [11)]。この批判にフロリダは答えていない。

第二に、フロリダは、「高収入のサービス業」が中間層の再生に果たす役割に期待をよせているものの、これまでのクリエイティブ・クラス重視の視点に変わりはない。たとえば、スコットは、交通指導員、チャイルド・ケアワーカーや美容師などのサービス産業従事者の、複合的な知識を総動員して行う認知的・文化的能力の高さを評価し、クリエイティブ・クラスだけがクリエイティビティを持つのではないと指摘した (Scott 2014：571–572)。人工知能 (AI) の急速な発展で、ホワイトカラーの仕事の多くが AI へ置き換わる一方で、人間的な判断や情動を必要とする仕事は、むしろ高付加価値化するという予測もあり [12)] (松尾 2015)、クリエイティブ・クラスに偏重したクリエイティビティというフロリダの見方には課題が残っている。

5 第三の波における都市・地域の社会・経済の特性

スコットは、都市・地域の変化を、三つの大きなトレンドから分類する (Scott 2017)。第一の波が産業革命後の時代で、第二の波がフォーディズムの時代、第三の波がポストフォーディズムにおけるデジタル経済の伸張を背景とした時代である。デジタル経済は、1990 年代に芽吹き 2000 年代に本格化した。このデジタル経済が主導する第三の波の時代を、スコットは、「認知的・文化的資本主義」の時代とも呼

11) ハンブルクやトロントにおける文化・芸術による都市再生事例において、芸術家グループが、文化政策から利益を、とりわけ私的な利益を求めて活動していることについて、その効果が過度に強調された俗物事例 (ペリシテ人的な) だと批判している (Scott 2017：144–145)。

12) 長期的には、AI がカバーできる領域が増えてくる。その一方、AI に代替できないものとして、「経験」に基づく経営判断など「非常に大局的でサンプル数の少ない、難しい判断を伴う」業務や「人間に接するインターフェイス」としての機能があると松尾は指摘する。そこではヒューマニティに富んだサービスは希少性の高い「高価なサービス」となる。

んだ（Scott 2014, 2017）。

大量生産・大量消費を基調としたフォーディズムがポストフォーディズムへ移行するなかで、物質の生産・消費の場は、非物質的なものの生産・消費の場へ変わり、それを、AI や IoT が加速させている。すべてのものがインターネットにつながり、ディープラーニングにより学習機能を強化した AI が、生活のあらゆる場面において、ユビキタスな存在感を示している。2010 年代に入ってからは、インターネットも高速大容量化し動画や音声が容易に送受信され、これに伴いビジュアル化した SNS が急速に浸透している。また、シェアリングエコノミーが拡大し生産や消費、労働や生活の境が曖昧化・一体化している。拡大の一途を遂げる第三の波は、都市・地域の社会・経済に深く浸透しており、その変容の考察に欠かせない要素だと考えるのが、Scott（2017）の視点であり、本書でもこの問題意識を共有する。

そして、この第三の波においてスコットが強調するのは次の 3 点である。

まず、第一に、この「認知的・文化的資本主義」においては、チェンバレンの独占理論[13]が、非物質的な生産・消費の場である経済・社会に影響を及ぼしている。第二に、この「認知的・文化的資本主義」の特徴は、社会・経済にあまねく影響を及ぼしている――これは、都市規模、社会階層の両面に当てはまる。第三に、知識・情報・コード・情動などの非物質的な生産・消費の中から形成される都市・地域の共通資産であるコモンが、今後の都市・地域の発展において重要になる（Scott 2017）。この三つの視点について、以下に詳述する。

第一に、チェンバレンの独占理論（Chamberlin 1933）が、デジタル経済において、再び注目を集めている点である。スコットによれば、デジタル経済においては、アメリカのハリウッドやインドのボリウッドなどの映画産業、フランスのワインやイタリアのチーズなどの特定の場所や、シャネルの香水やヴィトンのバックなど企業の特定の表象が重要な要素になっている（Scott 2017）。個性的なアイデンティティを発信することが差別化の要素であり、場所や表象が差別化を促し新たな価値を作り出す。シリコンバレーのハイテク機器、トゥールーズの航空機（エアバス）、マラネッロの自動車（フェラーリ）などがその例である（Scott 2017：138）。企業の「特定の表象」も場所に紐づけられている。そして、トレードマーク、著作権の所

13）チェンバレンは、*The Theory of Monopolistic Competition*（独占的競争の理論）（Chamberlin 1933）で、限られた数の寡占的企業が取りうる「競争戦略」を示した。

在や産地表示に付随した差別化された生産物やブランドは、21 世紀の経済秩序の規範となり、この場所や表象が新たな独占形態をとる（Scott 2017：139)。このため、スコットは、かつて物に帰属した独占が場所や表象の独占に変わったとし、これをチェンバレンの独占理論の再来と表現した（Scott 2017)。1930 年代との違いは、従前の価格の独占が、場所や表象の独占に変わった点である。この場所や表象は、都市・地域の固有性を示し、「地域の価値」の重要な要素となる。

第二に、この「場所と表象」の独占という特性は、都市の規模、社会の階層を超え、都市・地域の社会・経済にあまねく影響を及ぼしており、上に掲げた大都市だけでなく、中小の都市や比較的人口の少ない地域でも同様にみられる現象である。たとえば、中小の都市や比較的人口の少ない地域においても、伝統工芸・伝統芸能や地域特有の有機農業、地域の遺産・遺構の復元や祭りの復活、あるいは地域固有の環境資源・資産、地域固有のツーリズムなどがある（Scott 2017：140)。これらは、それぞれの地域が持つ場所と表象の資産であり、チェンバレンの独占理論により差別化できる。

また、この場所と表象による都市・地域の変化は、第 2 節で見たようなビルバオやナントなどの都市の文化・芸術による変化に限らない。たとえば、さまざまな都市の中心部の商業地域がアミューズメント空間として「ディズニー化」され（ブライマン 2008)、消費者の消費行動を満たすことや、使命を終えた古き良き時代の建物（しばしば、産業遺産の様相を呈する）が、瀟洒な建物へとリノベーションされるのも、規模の違いこそあれ、同様に、都市・地域の環境（ミリュー）を変更ないし強化する現象である（Scott 2017：146）といえる。また、さまざまな都市・地域において、工場や倉庫などがアートセンターやギャラリー、ブティック、アウトレットやデザイン、メディア、ファッション系のスタートアップのためのシェアオフィスなどにリノベーションされるのも同様の動きである。それらの背後には、各々異なる歴史的な伝統がある。各々の地域の環境（ミリュー）は、リノベーションにより改変ないし強化される。

第三に、都市・地域のコモンの形成である。都市・地域の土地のつながり（The urban land nexus）を越え、相互に連動する異質な諸資源（人工物、空間、諸制度）から構成されるものが都市・地域のコモン（Scott 2017：217）である。この場所と表象から形成された都市・地域のコモンは、場所と表象の独占で、都市・地域のブランド化を促す一方、市場秩序の進入に対して免疫効果を発揮し（Scott 2017：218)、共に営まれる人々の生活や共有される諸資源、コミュニケーションなどの集中を象徴する（ネグリ・ハート 2012)。また、公共財と都市コモンを生産し保護利用することは、民主主義的な社会運動が取り組むべき中心的な問題（ハーヴェイ 2013：88）である。このように、コモンは、社会の諸調整に高度に適合・親和し、地域の共通資産として継承・発展されるポテンシャルを秘めたものだとスコットは指摘する（Scott 2017：217）。

6　考察：都市・地域再生の萌芽を考察するための視座

創造都市を巡る佐々木やフロリダの課題を踏まえ、一方でその視点のよさも生かしつつ、第三の波における都市・地域の社会・経済の特性も参考に、都市・地域再生の萌芽を考察するための視座の検討を試みる（表 2-1）。

第 1 点として、創造経済、認知的・文化的経済など呼び方はさまざまであるが（山本 2016）、ポストフォーディズム、とくに、2000 年代に入ってからの時代の特性として、非物質的な生産・消費が前景化し、知識・情報・コード・情動などの生産・消費が、時代の共通的な特徴となっているという共通認識が挙げられる。論者によって呼称こそ異なれど、この時代についての認識は共通している。また、各議論のなかで扱われる主要産業として、創造産業（・文化産業）が含まれていることは共通するが、佐々木らの研究では、サイエンス型の産業があまり意識されてこなかった（佐々木 1997, 2007, 2010, 2012）。これは文化・芸術に重きを置くためであろう。そして、ツーリズムに関しての意識は、佐々木、フロリダ、スコットの三者ともに高いものとはいえない。ただし、佐々木（2018）では、クリエイティブ・ツーリズムへの言及がある。

第 2 点として、アメニティ空間を形成することが、都市・地域の社会・経済を牽引するのではなく、しかるべき仕事を創造し安定的な雇用基盤をつくり、しかるのちにアメニティな空間を整えることが、社会・経済の変容の鍵になることが挙げられる。人材や産業の集積は環境が規定するわけではない。この点は、スコットの議論が説得力を持つ（Scott 2017）。

第 3 点は、職業階層への考察の視点である。デジタル経済の時代特性が、職業階層へ及ぶ範囲をどのように見るかについての認識である。これについて、3T というクリエイティブ・クラス特性から入るフロリダ（フロリダ 2008, 2010）は、この視点から逃れているとは言い難い。「転向した」（矢作 2019）というのは言い過ぎであるが、それでもなお、フロリダの視点は、クリエイティブ・クラス（あるいはスーパー・クリエイティブシティ）へ重点が置かれ、その視点は、フロリダの近年の

表 2-1　都市・地域再生の萌芽を考察するための視座

	考察の視座		フロリダ	佐々木他	スコット
1. 時代特性	非物質的な生産・消費	知識・情報・コード・情動	創造経済	創造経済	認知的・文化的経済
（主要産業）	サイエンス型産業	バイオ、IT（科学的知識）	○		○
	創造産業（・文化産業）	金融、ファッション・コード	◎	◎	◎
	観光産業	情動（経験、興奮）		△	
2. 社会・経済の基盤	重視する要素	仕事・雇用、アメニティ、文化・芸術	アメニティの重視	文化・芸術への偏重	仕事の創造と安定雇用基盤
3. 職業階層	職業階層への視点	時代特性の適用範囲	クリエイティブクラス重視	社会包摂的な視点の導入	全階層がクリエイティブ
4. 都市社会のパースペクティブ	都市のスケール感や考察対象	時代特性の及ぶ空間認識	クリエイティブシティ重視	創造都市、創造農村	あまねく都市・地域をカバー
5. コモンの形成	社会の共有資産の形成	社会活動の成果	×	×	コモンの形成を重視
6. 共通の分析枠組（行動変容の省察）	都市・地域考察の共通のものさし	地域の持つ慣行への視点	×	×	場所と表象

出所）佐々木（2012, 2014, 2019）、松永（2012）、フロリダ（2008）、Florida（2018）、Scott（2014, 2017）を参照し作成。

著作でも継承されている（Florida 2018）。

一方、佐々木（2012, 2014, 2019）の視点は、創造農村と社会包摂への配慮から、階層論を回避しているようにみえるが、交通指導員、チャイルド・ケアワーカーや美容師などサービス産業の従事者が、複合的な知識を総動員して行う認知的・文化的能力の高さを評価するスコットのような積極的な定義づけはみあたらない。佐々木（2014）では、農村におけるアッパークラスであるクリエイティブ・クラスが、創造農村を牽引するというニュアンスもあり、あまねく全階層に時代特性が反映し、クリエイティビティを持つとするスコットの論（Scott 2014, 2017）とは見立てが異なる。

第4点として、上記とも連動するが、フロリダは、勝ち組、負け組などの分類や、平均所得による都市のランキングを行なっており、ここでも階層論を持ち続けている（Florida 2018）ことが挙げられる。また、佐々木らの創造都市と創造農村の二分論は、杉山が指摘するようなスケール感の欠如を解消しきれていない。あえて整理するならば、松永の創造地域の概念を援用し、「創造都市・地域」と定義して（松永 2012, 2014）、そのなかに、大小さまざまな地域を包含すればわかりやすくなる。そうすれば、創造都市や創造農村の区分からこぼれ落ちるであろうと思われる地域（地区）を射程に入れた議論の展開が可能となる。

第5点として、コモンの形成に注目したい。創造経済なり、認知的・文化的経済なりでは、地域に有形・無形の資産が形成される。たとえば、第2節で紹介したビルバオでは、グッゲンハイム美術館の分館の誘致により、地域にリスクをとって新たなチャレンジを行う精神が無形資産として蓄積され、それが新たな挑戦へのバネとなっているということが報告されている（Carter 2016）。その意味で、グッゲンハイム美術館分館の誘致は、ハードな資産形成と同時にソフトな資産形成をビルバオにもたらしたことになる。このハード・ソフトの資産は都市・地域にとっての魅力や武器となる。コモンを形成するという視点は、今後の都市・地域を考える上で重要な要素だといえる（ネグリ・ハート 2012）。

とくに、このソフトな資産はコモンとしての価値を生むと同時に、ビルバオの人々の意識の変革と行動の変容を促したが、この背後に、行動変容を促し支える地域の慣行があった。これがグッゲンハイム美術館誘致の成功を支えた（Carter 2016）。生産と消費そのそのものの境界が曖昧になる非物質的な生産・消費の場としての都市・地域においては、生活や労働の境も融解している。デジタル経済の急速な進展に伴うSNSの社会生活への浸透により、生産の主体も多様化しており、これに伴い財やサービスの供給主体も多様化し流動化している。このなかで、誰がどのような財やサービスをどのように提供しているかが、都市・地域を考える上で重要なファクターになる。また、それらの財やサービスは、都市・地域の慣行（コンヴァンシオン）で支えられており、同一地域内での変化の動態や、他地域との比較をする上では、都市・地域を特色づける財やサービスを、各々の都市・地域の慣行と照らしあわせて考察することが重要になる。このため、第6点として、都市・地域の慣行（コンヴァンシオン）は、都市・地域を考察する上でのものさしとして機能することを指摘できる。

以上6点の検討から、本書が前提とする都市・地域再生の萌芽を考察するための視座を整理する。

第一に、認知資本主義という視座である。現代資本主義の特徴として、2000年代以降、都市・地域が非物質的な生産・消費の場に変わったことへの共通認識が挙げられる。これにより、都市・地域は、知識・情報・コード・情動が生産され消費される場へと変質した。そして、デジタル経済がこれを牽引している。2000年代の初頭から顕在化し、2010年代からは高速・大容量化に伴い、UberやAirbnbのようなシェアリングエコノミーが現れるなどデジタル経済の進展は加速している。これは、スコットが第三の波と整理するものである。一方、ともに非物質的な生産・消費の場としての都市・地域の考察でありながら、創造都市や認知的・文化的資本主義と区分けすることで議論が混線し、時に相互の議論をわかりにくくする。

このため、この創造経済、認知的・文化的経済など異なる呼称を「認知資本主義」という概念（山本2016）で統一することの重要性を指摘したい。この時代認識の共通性をより高次の抽象概念である認知資本主義でくくり出すことにより、異なる理論フレームにおける対話が容易となる。また、この包含により下位におけるサイエンス型産業、創造産業（・文化産業）、観光産業など産業群が明確に区分される。これにより、各々の産業ごとの議論も明確になり、建設的な議論を導き出すことが可能となる。

第二に、特定の都市・地域や階層にしばられない視点である。とくにフロリダに顕著な、階層分化的な視点（フロリダ2008, 2010, Florida 2018）からの離脱であり、また、創造都市、創造農村の二分論からの脱却でもある。認知資本主義の非物質的な生産・消費は、規模の大小を問わずあらゆる地域で起こっている。また、この変化は社会のさまざまな階層にあまねく起こっている。この認識は、スコットにおいて、最も明確である。たとえば、先にみたように、場所と表象が価値を持つことにおいては、都市・地域の規模の大小にかかわらず共通していた（Scott 2017）。この共通認識を共有することにより、個々の研究における規模や階層の齟齬を解消できる。

第三に、都市・地域のコモンの概念を共有することの意義である。場所と表象から形成された都市・地域のコモンは、市場経済への免疫効果を発揮し（Scott 2017：218）、共に営まれる人々の生活や共有される諸資源、コミュニケーションなどの集中を象徴する。また、公共財と都市・地域のコモンを生産し保護利用することは、社会の諸調整に高度に適合・親和し、新たな都市・地域の共通資産の形成につながる。

なお、コモンの概念は幅広く、コモンには、エネルギーコモン（リフキン 2015：318–337）、マイクロクレジット（Amin & Howell 2016：2）などもある。また、現代資本主義における非物質的な特性を反映した、デジタルコモン（リフキン 2015：264–296）やコミュニケーションコモン（リフキン 2015：301–318）なども、今日的なコモンであるといえる。ただし、第1章の地域の固有性の議論で示したように、地域の価値付与の観点から行う地域の価値を構成する地域・場所・空間の差異や意味は、自然資源、文化・景観、人々の暮らしや営みなどにフォーカスを当てており、本書が扱うコモンとこれらのコモンとは、やや射程が異なることに留意する必要がある。

第四に、都市・地域の慣行（コンヴァンシオン）という、異なる分析視点を生かすための共通の分析枠組（理論枠組）の設定である。共通のものさしを持つことで、異なる立場の相互の対話が可能になるが、先に見たように、都市・地域の慣行（コンヴァンシオン）が、都市・地域を考察する上でのものさしとして機能する。また、都市・地域の財やサービスは、都市・地域の慣行（コンヴァンシオン）で支えられており、同一地域内での変化の動態や、他地域との比較をする上では、都市・地域を特色づける財やサービスを、各々の都市・地域の慣行と照らしあわせて考察することが重要になる。

したがって、この方法論としては、経済活動の中の慣行（コンヴァンシオン）分析を中心に据えるコンヴァンシオン経済学、とくに、財とサービスを可能世界と慣行（参加とアイデンティティのコンヴァンシオン）から考察するストーパーとサレの「生産の世界」論（Storper & Salais 1997）や、ボルタンスキーとエスケールの豊穣化の経済の四つの価値付与形態（Boltanski & Esquerre 2020）が考察を進める上での手がかりとなる。これらの手法によれば、ある都市が創造都市へ向かう複合的な変化や、ある世界内で起こる豊穣化の動態の分析を「地域の価値付与」の観点から行うことが可能となる。

7　まとめ

本章では、衰退した都市・地域を再生へ導く上で影響力を持ってきた、創造都市論の概要を振り返り、フロリダや佐々木らの考察した視点の持つ課題を明らかにした。一方、その利点も生かしつつ、デジタル経済における都市・地域の社会・経済を考察するために必要となる視座の抽出を試みた。

この結果、異なる視点を認知資本主義という高次の概念で相対化することに利点があり、認知資本主義に立脚した第1章の前提が補強された。また、非物質的な生産・消費の場としての都市・地域の分析の共通のものさしを設けることの必要性が確認され、ストーパーとサレの「生産の世界」論やボルタンスキーとエスケールらによる「豊穣化の経済」の「四つの価値付与形態」による地域の価値付与の観点からの考察（Boltanski & Esquerre 2020）が、創造都市の議論の死角を補う意味を持つことが示唆された。

加えて、地域の規模や階層の齟齬を乗り越え議論することの重要性、都市・地域に形成される共通の資産としてのコモンの重要性も確認した。このような点を基本的な視座としながら、これからの章において、都市・地域の再生の萌芽についての考察を進める。

尾道中心市街地への移住者たち

坂のまちに移住する若者たち

03

本章以降、第９章まで具体的な事例研究を紹介していく。本章の対象は尾道である。そこで、まず、観光面から復活を遂げる尾道を象徴する中心市街地への若い移住者に着目する。そしてその集積がどのようにして起こり、どのような要因から成り立っているのかについて考察する。そのなかで、とくに尾道における商都850年の歴史を継承する「ヒューマンスケールのまちづくり」[1)]の意義と移住者の集積の要因について明らかにするとともに、それら集積要因の他地域への波及可能性について検討を加える。

1 商業都市から観光都市へ：尾道復活の要因を分析する

2018年に築港850年を迎えた尾道は、中世から栄えた瀬戸内海屈指の物流拠点・一大商業都市であり、江戸期には、北前船の寄港地として、また、明治・大正・昭和期には、物流・商業の拠点としてだけでなく、造船業の中心地として、瀬戸内

1)「ヒューマンスケールのまちづくり」とは、NPO「尾道空き家再生プロジェクト」代表理事、豊田雅子が尾道の特色を表す言葉として使っている用語である。その意味を豊田は、「もともと、車が無かった時代に形成された尾道のまちは、道幅も狭く、見知らぬ人でもすれ違うときに挨拶するほど人同士が近いまちです。隣の献立や喧嘩の声が分かるほど、家も隣接しています。そんなヒューマンスケールなまちの心地よさを実感してもらい、地方の魅力や本来あるべき日本の姿を今一度再認識してもらえればと願っています」と解説している（街元気：まちづくりと中心市街地活性化の情報サイト：NPO法人空き家再生プロジェクト https://www.machigenki.go.jp/44/k-1550（2017年11月1日閲覧）から引用した）。尾道の特徴を示す言葉として、本章では豊田のこの用語を使用する。

海地域を牽引し、第二次世界大戦後、日本の高度成長の一翼を担った。

しかし、オイルショック後の動きの激しい船舶需要や為替の変動に翻弄され、また韓国・中国などの台頭などから主軸であった造船業も低迷し、新幹線、大学、空港など広島県の主要インフラが近隣都市に立地してしまうなど、尾道の都市機能は相対的な低下を余儀なくされることになった。

この流れは、2006年のしまなみ海道の完全開通後に変化する。国内外の愛好家から高い評価を得て、サイクリストの聖地としてのブランド化が進むとともに、坂のまちというデメリットを逆手にとった、空き家再生事業などで尾道の中心市街地へ若者が集積していくなか、2007年に552万人であった観光客は、2016年には674万人と100万人以上増え、尾道は、再び観光面から注目を集める都市へと変貌していった。2015年4月には「尾道水道が紡いだ中世からの箱庭的都市」として、2016年4月には「"日本最大の海賊"の本拠地：芸予諸島―よみがえる村上海賊 Murakami KAIZOKU の記憶―」として、2年連続で日本遺産の認定も受けた。

本章では、この復活の要因について分析を行う。対象地域は、尾道中心市街地の傾斜地とした。この傾斜地は、現在の長江1丁目、西土堂町、東土堂町の3町である[2)]（以下、尾道傾斜地という）。この区域には、2015年10月1日現在3町合計で1,161人が居住している（2015年国勢調査より）。

尾道の空き家再生などに関する先行研究としては以下のものが挙げられる。尾道傾斜地への集積の主たる要因をなす「尾道空き家再生プロジェクト」について原口（2008）、片岡（2010）、植木ら（2010）が、その内容や課題を示し、永田（2009）が長野県飯田市との比較から、尾道の移住者が移住者を呼び込む特徴を、また、猿渡・安武（2014）が、長崎県南島原市との比較から、移住者が地域活動に積極的に取り組む尾道の特性を、それぞれ明らかにした。また、吉川（2011）は、「尾道空き家再生プロジェクト」以前にも、ミュージアム、カフェ、雑貨など限界利益率を高める業種複合のミュージアム化で、尾道傾斜地の一部が活性化した事例を分析している。しかしながら、移住者の活動が移住者を誘うことや、移住者の連携と重層に

2）NPO「尾道空き家再生プロジェクト」の事務局は、三軒家町にある。三軒家町の旧北村洋品店と三軒家アパート、通称ガウディハウスはこのプロジェクトの象徴でありエンジンに当たる。しかし、三軒家町は、土堂1丁目や2丁目、十四日（とよひ）町などの商店街と同様に彼（女）らの活動拠点であり、主たる居住拠点とは異なること、また、傾斜地の線引きが難しくなることから、三軒家町を対象地域に加えないこととした。

表 3-1　インタビュー調査の概要

インタビュー対象者			日　時	場　所	摘　要
NPO 尾道空き家再生プロジェクト	代表理事	豊田雅子	2017 年 7 月 2 日	三軒家アパート	15：30–16：30、9 月 11 日（三軒家アパートメント、ガウディハウス）
NPO まちづくりプロジェクト iD 尾道	代表理事	村上博郁	2017 年 7 月 2 日	ゲストハウス	16：45–17：45、9 月 11 日（ヤドカーリ）、5 月 29 日（尼崎）
いっとくグループ	代表	山根浩揮	2017 年 7 月 3 日	浪漫珈琲（尾道駅）	10：00–11：15、居酒屋チェーン店経営者
一般社団法人しまなみジャパン事務局長	事務局長	新宅康生	2017 年 7 月 3 日	しまなみジャパン	13：00–14：30、9 月 5 日（しまなみジャパン）、9 月 11 日（ONOMICHI U2）
尾道市	市長	平谷祐宏	2017 年 7 月 3 日	尾道市長室	11：30–12：30
写真家		H. K.	2017 年 9 月 5 日	ONOMICHI U2	11：00–13：15
一般社団法人ノオト	代表理事	金野幸雄	2017 年 7 月 28 日	篠山城下町ホテル	9：45–14：15、玉垣綾子同席。城下町および集落丸山を視察

よって起こる循環・価値創造などについての示唆はあるものの、いずれも若い移住者が尾道中心市街地へ集積する要因の全体像や、その波及の可能性については言及していない。

そこで、本章では、まず、コーホート分析により、傾斜地の年齢階層別人口分布や集積の状態を確認し実態を把握し、その上でインタビュー調査に基づき集積の要因を明らかにし、あわせて他地域への波及可能性について考察することにした。

なお、インタビュー調査は、表 3-1 のとおりである [3)]。それぞれ、1 時間程度のインタビュー調査を行った。このインタビュー調査のうち、NPO「まちづくりプロジェクト iD 尾道」の代表、村上博郁については、2017 年 7 月 2 日のインタビューに先立ち、5 月 29 日に尼崎で行われた村上の活動報告とその後の意見交換も参考にしている。また、写真家 H. K. は東京出身の 30 歳台前半の女性で、尾道移住歴約 3 年になる者である。

3）表 3-1 のほか、追加調査として NPO「尾道空き家再生プロジェクト」代表理事の豊田および NPO「まちづくりプロジェクト iD 尾道」代表理事の村上については、2017 年 10 月 21 日に電話で調査を行った。
このほか、本章の注 22）の追加調査を行った。また、神山町の調査については、本章の注 21）に示したように、2017 年 9 月 1–2 日に神山町で行われた「創造的農村ワークショップ」における講演、意見交換、質疑などを活用した。なお、本章の注 18）には、東京の IT 企業経営者 O のインタビューも掲げている。

この集積要因を明らかにすることによって、空洞化した観光地に再び若い移住者を集め、観光地を活性化させる仕組みが提示できることを期待した。また、この集積要因の解明は、観光まちづくり研究の進歩に寄与し、さらに集積の要因やその要因の他の地域への波及性についても示唆を与えうることから、具体的な地域活性化手法にも応用しうるものである。

2 中世の「箱庭的都市」、商都尾道の歩み

1168年の築港以来、尾道には、築港後850年余の商都としての歴史の積み重ねがあり、中世から近世・近代を通じ、商都として栄えてきた。とくに、尾道水道に臨む眺望の良い高台の傾斜地には、江戸時代から昭和初期にかけて、豪商や名士が意匠をこらした建築を行なった建築物があり（尾道空き家再生プロジェクト 2016）、尾道の繁栄の象徴になっていた。ここで少し尾道の歴史について紹介しておこう。

中世の大田庄（現・世羅町）の積出港として、尾道に港が築かれたのは仁安2（1168）年のことである。源平の兵乱後大田庄は平家没官領になり、文治2（1186）年には後白河法皇から紀伊高野山へと寄進された。当時の尾道では、大田庄の年貢米の輸送だけでなく、他国・他領の入港で、津料も徴収されていた。南北朝の争乱期には、浄土寺が両勢力の祈祷所になるなど、瀬戸内海中部の港町として重要視され、室町時代は山名氏に帰属し、応仁の乱後は毛利氏の直轄地となった（後藤 1982）。

その後、福島氏、浅野氏に引き継がれ、江戸時代には、山陽道も尾道を経由するようになり、港町・宿場町・商業の町として栄え、とくに北前船が入港した寛文12（1672）年から最盛期を迎えた。尾道港は広島藩の外港として年貢米や国産品の大坂蔵屋敷[4]への積出港になり、また、大森銀山（現・島根県大田市）の銀が石見路経由で尾道に運ばれた。宝永元（1704）年には、広島・三次とともに銀札場が設置され、藩札と正貨との交換に当たった。この時期、尾道は、別子銅山（愛媛県新居浜市）の銅（1691年～）の中継港の役割も果たしていた（後藤 1982）。

そのような繁栄のなかで豪商たちは、こぞって寺社に寄進を行い、この高台の傾斜地は、寺社や豪商の住居が建てられ、今日に連なる尾道の歴史景観の礎を築いたのである。中国山地からの銀の道、海路からの銅の道、さらには西国街道が交錯する尾道は、まさに、ターミナル（「尾」の道）として機能し金融のまちの役割も担っていた。

また、明治に入ると広島県の庁舎の重ねての焼失などから、頭を痛めていた伊達宗興県令が、明治6（1873）年、「県庁所在地を尾道に移し御調県と改称したい」と大蔵省に伺いをたてたと記録されているが（広島県立文書館, 2009）[5]、このことに象徴されるように、当時の尾道は大きな権勢を誇っていた。また毎年、尾道浜問屋協同組合が行う新年恒例の初市では、いりこやちりめんなどが競りにかけられ賑わい、海産物に恵まれた交易拠点、商都・尾道の記憶を今に伝えている[6]。

文化面に目を向けてみると、大正期、昭和初期には、『放浪記』著者の林芙美子が暮らし、『暗夜行路』著者の志賀直哉も滞在した坂のまちは文学の小路として親しまれた。第二次世界大戦前は、映画『裸の島』の新藤兼人が暮らし、戦後には、小津安二郎が『東京物語』の舞台として傾斜地を活用した。尾道水道を臨む眺望に恵まれた傾斜地は、高級住宅地でもあった。

しかし戦後の高度成長とモータリゼーションは、坂と路地のまちをしだいに歴史の後景へと追いやっていく。利便や効率が優先されるなかで、傾斜地の住宅地は空き家や廃屋が多い場所へ変わっていったのである[7]。2004年の日立造船の完全撤

4）大阪大学中之島センター東側には、広島藩蔵屋敷の舟入の遺構がある。「広島藩蔵屋敷の「舟入り」」という立て看板には、次のように記載されていた。「江戸時代の中之島一帯はわが国の米の流通拠点であり、全国各藩の蔵屋敷が置かれました。その数は幕末には135藩にも登（ママ）りました。この場所には安芸広島藩42万石の蔵屋敷がありました。当時の姿を描いた詳しい絵図が伝わっていますが、これによると堂島川から船でそのまま蔵屋敷にはいることのできる「舟入り」があり、そのまわりには米蔵、御殿、長屋などが建っていました。1995年～2002年にかけて発掘調査がおこなわれ、舟入りの石垣や階段が当時のままみつかりました」と記載されている。規模も最大級であり、尾道の隆盛が偲ばれる（2017年11月4日に確認したが、その後、2022年2月2日の大阪中之島美術館の開館へ向けた工事に伴い、立て看板は撤去された。立て看板のあった辺りは、現在、美術館前広場となっており、そこには、ひときわ存在感を示す巨大な猫の彫刻がある。ヤノベケンジが制作した「SHIP'S CAT［Muse］（2021）」である。これは、21世紀に羽ばたく美術館を守る猫である。坂の尾道には猫が生息し、尾道の1つの特徴になっている。奇妙な巡りあわせである）。

5）広島県ホームページ（https://www.pref.hiroshima.lg.jp/site/monjokan/sub3-05.html　2024年1月29日閲覧）、広島県立文書館のサイト中「県庁ギャラリー展『藩から県へ――広島県の誕生』（平成21年9月7日-25日）」展示図録による。

6）2017年7月2日の一般社団法人しまなみジャパン事務局長の新宅康生へのインタビュー調査による。

退により長年隆盛を誇った造船業も衰退し、広島大学が東広島市へ、広島空港は三原市へと移転し、また、新幹線の東部拠点が福山市へと移っていくなかで[8]、広島県における尾道市の都市としての拠点性は低下した。傾斜地の荒廃は、尾道の衰退を象徴するものとなった。

3 尾道中心市街地の変容

3-1 変容を促す尾道中心市街地への若い移住者の集積

この衰退ムードを一変させたのは2006年に開通したしまなみ海道である。CNNが自転車で渡れるしまなみ海道を世界で最も美しい7つのサイクリングロードの一つだと高く評価し[9]、内外から人が集まりレンタサイクルの利用者も年間7万人を超えた。その結果、しまなみ海道の起点となる尾道は、観光面から活気づいた。また、この動きに呼応するかのように、尾道中心市街地へ300人を超える若い移住者が集まり、傾斜地や商店街に、カフェ、雑貨屋、パン屋、印刷屋、本屋などを次々

7) 豊田は、次のようにその状況を説明している。映画『東京物語』で小津安二郎がロケ地として選んだのが広島県尾道市である。その作品は50年以上経った今なお世界中で高く評価されているが、映画のなかで、尾道の町並みは、大都会の東京と対照的な地方の町として紹介された。このような日本の原風景的な町並みも社会の流れとともに刻々と変化し、瀬戸内海を代表する港町としての歴史的遺産も失われつつあった。車の入らない、いわゆる条件不利地の坂と路地の木造建築密集地エリアが辛うじて変わらない風景を留めていた。それらは、車中心の社会から取り残され、少子高齢化の問題を抱える空き家が多いエリアであった。そこで起きていることは、『東京物語』が示すように、息子たちが都会に出たまま帰らず、高齢者の独居暮らしの家や、家財道具が置かれたままの空き家が多くあった。眺めの良い好立地の家ですら、車の入らない不便さや家の古さを理由に地元の不動産業者が取り扱わない物件になっていた。豊田の帰郷当時は、そのような空き家が、駅から2kmの徒歩圏内に500軒以上ある状態であった（豊田 2014）。

8) 1988年には、尾道にも新幹線の駅、新尾道駅が設けられた。しかし、請願駅の新尾道駅は尾道市中心部から車で15分の遠隔の地への立地で、一時「ひかり」も停車したが、後に「こだま」のみが停車する駅となった。このため、新尾道駅は、在来線と接続する福山駅（福山市）や三原駅（三原市）に比べ利便性において劣っている。

9) CNNサイト（https://edition.cnn.com/travel/article/worlds-best-cycle-routes/index.html　2024年1月29日閲覧）。

に開設し、アーティスト・イン・レジデンスが設けられ、著述業、写真家、画家などの数多くのクリエイターらが集積するなかで、独特の若者文化が形成されつつあり、今日の尾道の活性化を演出している。

小津、新藤、大林（宣彦）各監督の映画や、あるいは、平山郁夫の絵画などでも、国内外に知られる尾道には、これら映画監督や画家、その作品に由来するシネマ尾道、尾道市立大学などがあり、それまでの低迷期においても存在感のある活動がなされてきた。また、同時期、招き猫美術館や梟の館などを傾斜地に展開した園山春二や名物 CD ショップ「れいこう堂」の店主、信恵勝彦などの影響を受けた者たちが傾斜地へ移住していた。これらの移住は 1990 年代に行われ、移住者は各々 20 人、計 40 人程度の規模であった（表 3-5 ☞ 51 頁）。

それに続く、本格的な移住者の集積が起こったのは、大阪から豊田雅子が帰郷し、ベルリンから村上博郁がIターンした 2002 年前後のことである。約 5 年の準備期間を経て、活動が本格化したのは、2007 年であり、尾道の食を牽引する飲食チェーン店「いっとくグループ」の代表、山根浩揮たちが、彼（女）らの活動を支援する構図のなかで、尾道傾斜地への移住が加速するようになる。

3-2　尾道傾斜地への移住者の集積

尾道中心市街地のなかから集積の象徴となっている尾道傾斜地に焦点を当て集積を検証する。「尾道空き家再生プロジェクト」が結成された 2007 年と 10 年後の 2017 年前後の人口構造を比較するため、2005 年および 2015 年の国勢調査によりコーホート分析を試みる。

5 歳階層別に、尾道市全域の人口増減と増減率（コーホート変化率）を示したのが、表 3-2（☞ 48 頁）であり、尾道傾斜地の人口増減と増減率（コーホート変化率）を示したのが表 3-3（☞ 49 頁）である。

総数でみると、傾斜地の人口は、2005 年から 2015 年までにおける 5 歳階層別で、22.3%減と尾道市全域の減少率 7.7%と比較して、減少率が大きい。しかし、表 3-3 の網掛けの部分で明らかなように、2015 年の国勢調査においては、傾斜地では、10 -14 歳の年齢層と、30–44 歳の年齢層、とりわけ、35–44 歳の年齢層の増加率が高い。また、これに伴い、0–4 歳の人口も 2005 年に比べ多くなっている。これらにより、40 歳代以下の年齢層が一様に細る尾道全体とは対象的に、傾斜地では、40–44 歳の年齢層が地域の中心になっている。これは、豊田や村上と同世代である 10 年前に 30 歳代であった人たちが、この地に住み着き、その後世帯を形成したことによるも

表 3-2　尾道市全域における 5 歳階層別人口増減（2005 年・2015 年比較）

年齢		2015 年	2005 年	人口増減	増減率
2005 年	2015 年	尾道市全域			
0-4	10-14	5,827	5,565	262	4.7%
5-9	15-19	5,887	6,245	-358	-5.7%
10-14	20-24	5,212	6,791	-1,579	-23.3%
15-19	25-29	5,709	6,775	-1,066	-15.7%
20-24	30-34	6,652	6,215	437	7.0%
25-29	35-39	7,418	7,269	149	2.0%
30-34	40-44	9,024	8,930	94	1.1%
35-39	45-49	7,799	7,969	-170	-2.1%
40-44	50-54	7,723	7,877	-154	-2.0%
45-49	55-59	8,866	9,105	-239	-2.6%
50-54	60-64	10,515	10,859	-344	-3.2%
55-59	65-69	12,478	13,237	-759	-5.7%
60-64	70-74	10,414	11,641	-1,227	-10.5%
65-69	75-79	8,391	10,098	-1,707	-16.9%
70-74	80-84	7,571	10,306	-2,735	-26.5%
75-79	85-89	5,138	8,994	-3,856	-42.9%
80-84	90-94	2,434	6,370	-3,936	-61.8%
85-	95-	1,450	5,979	-4,529	-75.7%
2015 年（0-4）		4,783			
2015 年（5-9）		5,335			
合　計		138,626	150,225	-11,599	-7.7%

出所）国勢調査をもとに作成。

のと考えられる。さらに、その後に彼（女）らより 10 年ほど若い世代が移住してきている様子もうかがえる。一方 55 歳代以降が一律に減少しているのは、高度成長期以降、先住者がこの地から離れていったことを示している。これをさらに、傾斜地を構成する、長江 1 丁目、東土堂町、西土堂町の 3 町ごとに、年齢 5 歳階層別の増減をみたのが表 3-4（☞ 50 頁）であり、その特徴的な点を表中のセルを塗り白文字を用いて示した。

表 3-4 から読み取れることは、2015 年において、西土堂には 50-54 歳の人口が多く、豊田たちに先んじて傾斜地へ移住した世代がいることがうかがえる。招き猫美術館や梟の館などを傾斜地に展開した園山や名物 CD ショップ「れいこう堂」の店主、信恵などの影響を受けた者たちの移住である。

表 3-3　尾道傾斜地における 5 歳階層別人口増減（2005 年・2015 年比較）

年齢		2015 年	2005 年	人口増減	増減率
2005 年	2015 年	尾道傾斜地合計			
0-4	10-14	28	21	7	33.3%
5-9	15-19	35	40	-5	-12.5%
10-14	20-24	32	47	-15	-31.9%
15-19	25-29	30	33	-3	-9.1%
20-24	30-34	38	34	4	11.8%
25-29	35-39	65	48	17	35.4%
30-34	40-44	90	70	20	28.6%
35-39	45-49	66	66	0	0.0%
40-44	50-54	54	49	5	10.2%
45-49	55-59	62	74	-12	-16.2%
50-54	60-64	102	111	-9	-8.1%
55-59	65-69	111	136	-25	-18.4%
60-64	70-74	113	134	-21	-15.7%
65-69	75-79	93	130	-37	-28.5%
70-74	80-84	90	158	-68	-43.0%
75-79	85-89	56	139	-83	-59.7%
80-84	90-94	21	109	-88	-80.7%
85-	95-	17	95	-78	-82.1%
2015 年（0-4）		25			
2015 年（5-9）		33			
合　計		1,161	1,494	-333	-22.3%

出所）国勢調査をもとに作成。

また、長江 1 丁目と東土堂及び西土堂で、40-44 歳の人たちが、10-14 歳の人たちと連動して増えているが、これは 2005 年に 30-34 歳であった移住者の家族である。これらの層がこの地域における若い世代を増やした。一方、長江 1 丁目と西土堂は、2015 年に 30-39 歳が増え、家族世帯のため、0-9 歳も増えた。なお、2015 年の 0-9 歳の増加は、東土堂でも確認された。

3-3　移住者の推移

インタビューにより把握した傾斜地の移住者（概数）の推移を表 3-5 にまとめた。インタビュー調査によれば、例外はあるものの、大半の移住者が尾道傾斜地の居住者であるため、尾道傾斜地の人口をこれら移住者の集積を図る基になる人口と捉え、

表 3-4　尾道傾斜地・各町ごとの 5 歳階層別人口増減（2005 年・2015 年比較）

2005 年	2015 年	2015 年国勢調査 A				2005 年国勢調査 B				増減（B-A）C			
		長江 1	東土堂	西土堂	小計	長江 1	東土堂	西土堂	小計	長江 1	東土堂	西土堂	小計
0-4	10-14	10	7	11	28	7	5	9	21	3	2	2	7
5-9	15-19	13	12	10	35	15	10	15	40	-2	2	-5	-5
10-14	20-24	15	11	6	32	21	11	15	47	-6	0	-9	-15
15-19	25-29	14	7	9	30	23	6	4	33	-9	1	5	-3
20-24	30-34	20	6	12	38	18	8	8	34	2	-2	4	4
25-29	35-39	24	17	24	65	15	18	15	48	9	-1	9	17
30-34	40-44	38	24	28	90	31	18	21	70	7	6	7	20
35-39	45-49	30	24	12	66	30	22	14	66	0	2	-2	0
40-44	50-54	23	13	18	54	23	13	13	49	0	0	5	5
45-49	55-59	37	12	13	62	41	12	21	74	-4	0	-8	-12
50-54	60-64	51	27	24	102	52	30	29	111	-1	-3	-5	-9
55-59	65-69	48	30	33	111	52	44	40	136	-4	-14	-7	-25
60-64	70-74	50	28	35	113	56	35	43	134	-6	-7	-8	-21
65-69	75-79	44	26	23	93	58	34	38	130	-14	-8	-15	-37
70-74	80-84	42	25	23	90	80	37	41	158	-38	-12	-18	-68
75-79	85-89	33	13	10	56	78	32	29	139	-45	-19	-19	-83
80-84	90-94	13	4	4	21	55	32	22	109	-42	-28	-18	-88
85-	95-	5	4	8	17	51	26	18	95	-46	-22	-10	-78
2015 年（0-4）		8	8	9	25								
2015 年（5-9）		14	6	13	33								
合　計		532	304	325	1,161	706	393	395	1,494	-196	-103	-92	-391

出所）国勢調査をもとに作成。

表 3-5　尾道傾斜地への移住者数の推移

区　分	2007 年	2012 年	2017 年
尾道 PJ	50 人	90 人	180 人
iD 尾道	30 人	60 人	120 人
その他	40 人	40 人	40 人
合　計	120 人	190 人	340 人
割　合 （移住者／傾斜地人口）	10.3%	16.4%	29.2%

出所）人数は概数。インタビュー調査をもとに作成。

その割合を求めた。これは、傾斜地への移住の度合いを示す指標になる。傾斜地への移住者（概数）を尾道傾斜地の 2015 年 10 月時点の人口 1,161 で除した割合の推移は 2007 年 10.3%、2012 年 16.4%、2017 年が 29.2%であった。

この推移を考察するにあたっては、ロジャース（2007）のイノベーター理論が理解の一つの手がかりを与えてくれる。イノベーター理論は、財やサービスの市場への浸透の度合いを図るものであり、新たに市場を開拓する「イノベーター」（2.5%）に「アーリー・アダプター（13.5%）」が続き、「アーリー・マジョリティ（34.0%）」が市場を成熟させるが、その後、「レイト・マジョリティ（34.0%）」「ラガード（16.0%）」の衰退期を迎える財やサービスの成長・衰退過程を示す。広島県マネジメント研究会（2016）が、広島県の移住施策の考察に用いており、尾道傾斜地の集積の把握の参考になる（ただし、ここでは通常のイノベーター理論とは異なる使い方をしていることにご注意いただきたい）。

これによれば、尾道傾斜地は、図 3-1 のように、2017 年に既に 29.2%に達し、ム

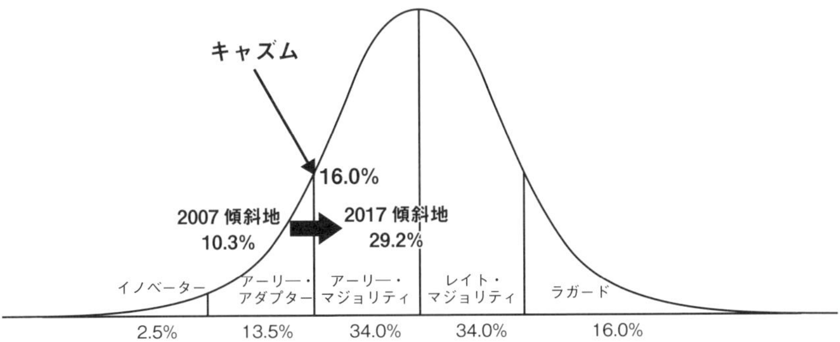

図 3-1　尾道傾斜地への移住者数の推移
出所）ロジャース（2007）、ムーア（2014）をもとに作成。

図 3-2 「紙片」（商店街の本屋）
（2017 年 7 月 2 日撮影）

ーア（2014）が指摘する 16%のキャズム（大きな溝）を超え、「アーリー・マジョリティ（34.0%）」が傾斜地を活性化させる段階にあることがわかる。通常の財やサービスなら市場を成熟させる段階を指す水準である。

また、豊田へのインタビューにおいても、尾道傾斜地の活版印刷体験ができる雑貨店の「活版カムパネルラ」や、商店街の本屋「紙片」（図 3-2）など、自ら適地を探し開業に至る例が確認された[10]。これらは、「尾道空き家再生プロジェクト」や、「まちづくりプロジェクト iD 尾道」などの支援を受けない、新たな移住のきざしとみなすことができる。とくに、JR 沿線の建物を取得した「活版カムパネルラ」は、自力で建物の修復を行い開業した。これらの動きは尾道の新たな活力の萌芽だと思われる。

4 移住者の集積を支える団体の活動

次に、尾道への移住者の集積を促す「尾道空き家再生プロジェクト」や「まちづくりプロジェクト iD 尾道」の特徴を考察する。また、20 を超える店舗と 100 人近い雇用や移住の支援を行う、飲食チェーン店「いっとくグループ」の活動について考察する。

4-1　集積を牽引する「尾道空き家再生プロジェクト」の特徴

まず、集積を牽引している「尾道空き家再生プロジェクト」について検討する。インタビュー調査によれば、「尾道空き家再生プロジェクト」の活動は、図 3-3 のように、市民団体結成前の準備期、「共感の輪形成期」、NPO 設立後の現代版「結」の形成期の三つの時期に分けられる。この区分に沿って、それぞれの時期の活動の特徴を明らかにする。

まず、市民団体結成前の準備期である。この時期は、豊田が 2002 年に尾道に帰

10）2017 年 7 月 2 日のインタビューにおいて、豊田はこれらの新たな動きを、次のように語った。「活版カムパネルラは自分たちでリノベーションした。手がけた上田はいっとくグループのやまねこカフェでアルバイトをしていた。紙片（しへん）はディテールにこだわる。個人でできる人である」。

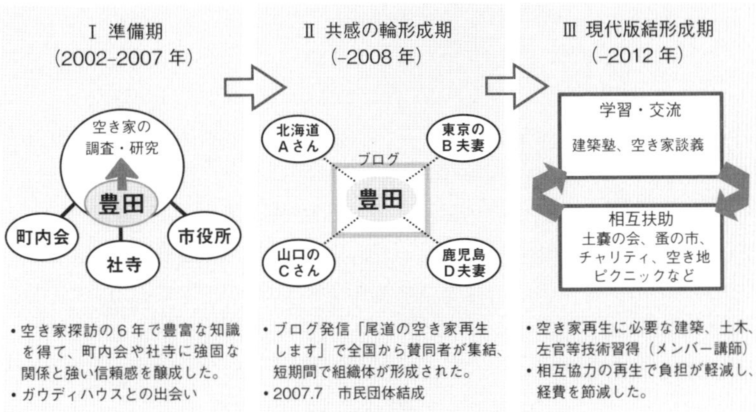

図 3-3　準備期、共感の輪形成期、現代版結形成期
出所）インタビュー調査をもとに作成。

郷し数寄屋大工の夫と傾斜地を中心とした空き家探訪を行う、空き家再生の準備期間である。この期間に空き家を徹底的に調べるなかで、豊田は、建設年、所有者、建物の傷み具合、物件の取り扱い、譲渡か賃貸かなどや、物件ごとにどのような修復が可能かといった基本情報を得た。また、この豊富な知識を前提に、所有者、不動産事業者、市役所等と強い結びつきを持ち信頼関係を築いた。

第Ⅱ期には、ブログに賛同した者による空き家再生が始められた。全国からの賛同者が数か月で 50 人規模となり、開設後 3 か月余りで市民団体が結成され、行政から空き家再生事業を受託できるよう 1 年後には NPO 法人化した。これにより公共部門との連携の形も整った。豊田が始めた空き家再生に共感し全国から賛同者が集結し、この空き家再生組織が整ったことから、本章ではこの時期を「共感の輪形成期」と呼ぶ。この全国の賛同者とつながるネットワークは、マーク・グラノヴェッターが指摘するように、弱い紐帯であるがゆえに強さを持ち（Granovetter 1973)、「尾道空き家再生プロジェクト」を活性化させ、第Ⅲ期形成の礎を築いた。弱い紐帯であるからこそ、各々のアイデアが尊重されて守られ、それが創発の源になったからである。商都尾道 850 年の歴史・伝統・文化への尊崇、共鳴・共感による理念（・価値観）の共有がこの運動の原動力になった。

第Ⅲ期は、空き家再生の本格実施期である。対象としたのは通常の流通には乗らなくなった空き家であった。加えて、傾斜地の特殊性から家財や資材の搬出入などで、平面地に比べ 3 倍近いコストがかかる。再生の実現は、自らが修復することが前提となった。そこで採られた第一の手法が、再生に必要な建物の基礎知識の他、建築、土木、左官の技術を習得する「学習・交流」である。第二に、相互扶助による再生の仕組みが有効となった。これは、「結」を現代風にアレンジした「現代版結」[11)]の確立でもある。学習・交流には、尾道空き家談義、尾道建築塾（たてもの探訪編、再生現場編）などがあり、相互扶助には、「尾道空き家再生チャリティイベント」「チャリティ蚤の市」「空き家再生ピクニック」などがある。壁塗りや床の補修は自分自身で行い、メンバー同士での道具の貸し借りや、余った材料の譲渡、ノウハウの共有を行なった。空き家から出た骨董類を「蚤の市」で流通させ、残余の家財道具の搬出や粗大ごみの処分、改修資材の搬入などはボランティアで共同して行った。搬出入は「土嚢の会」の人海戦術のリレー方式で片づける。空き家再生を祝祭型イベントに仕立て実施する。改修費用は基本的に自己負担で、材料代や専門家の工事費用は個人負担だが、会員間の労力は無料で提供された。自家のみでは労働力が不足する場合で、①労働力の交換であること、②等量の労働を相互に交換すること、③労働提供に対する返しは労働で行うこと、の3要件を満たし、結の定義に合致する。すなわち、現代版結の実現である。

こうして、現代版結の下に、着々と空き家再生が進み、表3-5で見たように、2012年には移住者は90人規模となった。2012年末には、「尾道空き家再生プロジェクト」初となるゲストハウス「あなごのねどこ」がオープンした。これは、ゲストハウスの運営による収益事業の実施である。

豊田は、「メンバーの半分は、東京、大阪、名古屋など大都市圏からで、漫画家、デザイン系、社会起業家、建築士など多様な集まりで、カフェ、パン屋、本屋、美容院など仕事も多彩である。来られる方々は自由人が多い。本職があり、他にも兼業されている。例えば、絵を描く仕事をしている人だと収入に波がある。最低限の生活を支えるため、複数の仕事を週何回かこなす。「尾道空き家再生プロジェクト」は、それを複合的ビジネスマッチングで支えている」と語った。必要な時に必要な仕事ができる、フレキシブルな働き方を支える複合的ビジネスマッチングが、移住者の自由で創造的な生き方を支援している。この萌芽は、既に2009年の三軒家アパートメントの始動時にもあったが、明確に形をなしたのは、「あなごのねどこ」の

11）荒井ら（1997）は、自家のみでは労働力が不足する場合で、①労働力の交換であること、②等量の労働を相互に交換すること、③労働提供に対する返しは労働で行うこと、三つの要件を満たすものを結とする。本書ではこれに従い、尾道傾斜地で展開される相互扶助の仕組みを「現代版結」と定義する。

開業時である。

「尾道空き家再生プロジェクト」の2016年度事業報告書、及び、第9回決算報告書では、総額約6500万円の事業決算がなされ、187人の従事者が記載された[12]。繰越金や事務所経費等一般管理費を除いたものが、さまざまな就業を通して会員へ還流する仕組みになっている。会員の最低限の生活を支える複合的ビジネスマッチングである。事業の柱は、①町並み保存のための空き家再生事業、②定住促進とコミュニティの確立を図る事業、③新たな文化とネットワーク構築事業、④再生空き家を活用した旅館業法に基づく宿泊事業、⑤再生空き家を活用した不動産賃貸業である。現代版結が自走することで、先の可能性も開けてくる。商都尾道850年の歴史・伝統・文化の理念の共有と継承、複合的ビジネスマッチング、現代版結の3要素が、「尾道空き家再生プロジェクト」の活動の支えとなっている。

4-2 「まちづくりプロジェクトiD尾道」の特徴

2002年に尾道へ移り住んだ福山出身の村上も、同時期に帰郷した豊田とは異なる手法で国内外の若者を尾道へ誘引した。移住当初、尾道傾斜地に「アトリエドラゴン」という交流拠点を設け、国内外の人と人との交流を演出した村上は、その後拠点を商店街へ移し、2017年には大学で教鞭をとりながら、人と人がつながる交流拠点「チャイサロン ドラゴン」と人が泊まり集う「ヤドカーリ」[13]を経営する。このコミュニケーションと宿泊の交流拠点は、これまで120人近くの移住者を尾道に集めた。

村上は1998年にドイツへ渡り、東西冷戦終結後のベルリンで生活した経験を持

12) NPO尾道空き家再生プロジェクトホームページ（http://www.onomichisaisei.com/index.php　2024年1月26日閲覧）。

13) ゲストハウス「ヤドカーリ」の宿泊者への案内には、次のようにその由来が説明されている。「ようこそゲストハウスヤドカーリへ　当ゲストハウスは12年前に交流と発信をコンセプトに作られたチャイサロン ドラゴンで出会った人達と共同作業で作られたプロジェクトの中の1つの宿泊施設です。旅の醍醐味は人との出会いが第一だと考えております。その為、出来るだけ多くの人と交流できるよう今も昔も変わらずに続けているのが夕食会です。築100年以上の古民家をDIYで改装して使用しており、設備の整った施設ではございません。ご参加いただき、何かが生まれる現場を一緒に体験していただいたら幸いです。ヤドカーリの名前もYado（宿）に集まる人たちがcurly（渦）を巻くように交流して何かが生まれればという思いからつけられました」（2017年9月11日に筆者が実際に「ヤドカーリ」に宿泊しこの案内を確認・転記した）。

つ。壁崩壊後西側から大量に押し寄せた若いアーティストたちが占拠したベルリンである[14]。村上は、「ヨーロッパ中から、面白いクリエーター、自由に暮らす人が一杯集まってきた。人が集まってつながる。なんて楽しい街なんだと思った」と3年間のベルリン暮らしを振り返る。DJをしながら、ベルリンで自由な生活を経験した村上が、帰国後、尾道で発見したものは、ベルリン時代の生活体験との類似性である。無料に近い状態で手にはいる空き家や、そこに住み着く若者が自由に振る舞えるさまは、ベルリンで村上が見た光景に似ていた。その自由を支える風土は、中世からの箱庭的都市、尾道の歴史・伝統・文化が織りなす、進取の精神によるものであり、商都として多くの人の往来を受け入れてきた尾道の寛容性が底流にある。

「まちづくりプロジェクトiD尾道」の歩みを表3-6に整理した。村上は、尾道への移住後、一貫して人と人がつながり交流する場づくりを行っている。尾の道（ターミナル）に人が行き来し、尾道がそのハブになるという考えである。人と人が自由に行き交う往来の循環の拡大で、まちを活性化させる。かつてベルリンで村上が経験したそこに住み着く若者が自由に振る舞える生活・文化の移植である。それは尾道に活気をもたらす源ともなる。日本初の緑茶サイダーの尾道チャイダー、尾道の「晩よりさん」[15]にヒントを得たバルのリアカーゴ[16]、訪れる人と一緒につくるゲストハウス「ヤドカーリ」など村上は革新的な活動を積み重ねた。Airbnbを尾道

14）村上は中心部のミッテに近いプレンツラウアーベルクに居住した。池田（2014）が分類した第三波占拠運動の時期である。藤塚（2017）によれば、「社会主義への移行前に良好な住宅地であったプレンツラウアーベルクでは、1990年代から老朽化した建物の修復が進められてきた。2000年代半ばにはジェントリフィケーションの対象となる古い建物が少なくなり、空閑地などの開発されていなかったところへ高級な住宅が新築された」（藤塚 2017：134）とあり、かつて、村上が暮らしたプレンツラウアーベルクがいかに短期間で変化したかがわかる。村上のインタビューのなかでも、定期的に訪れるベルリンも2010年頃には様変わりしていたと述べた。かつて、ベルリンで自由を謳歌したアーティストたちは締め出され、高級住宅街に変わった。村上は、歴史都市ベルリンでの稀有な体験を背負って尾道へ移り住み、ベルリンの轍を踏まぬようそこに住み着く若者が自由に振る舞える、商都850年の歴史・伝統・文化を未来へ継承しようとしている。

15）「晩よりさん」とは、漁師やその妻たちが取ってきた魚介類を手押し車にのせ売りにでる行商のことで、村上らは、この晩よりを模したリアカーゴ群と港町に繰り出すことで、食べ物や飲み物、雑貨などを提供する仕組みをつくりあげている。夜の尾道を演出する新たなバザール機能を付与するとともに、移住者の収入源にもつなげている。

表 3-6 「まちづくりプロジェクト iD 尾道」の歩み

Ⅰ 準備期	1998 年	ベルリンにおけるアーティストの占拠を体験
	2002 年〜 2004 年	尾道へ移住。尾道傾斜地に、交流サロン「アトリエドラゴン」を設けて交流拠点に→ベルリン体験の尾道への移植
Ⅱ 交流サロン形成期	2004 年〜	チャイサロン ドラゴン開設（→交流サロンの商店街への移設）→尾道チャイダー発売（日本初の緑茶サイダー）カープチャイダー、緑茶ラムネと進化
Ⅲ リアカーゴ・iD 尾道開設期	2011 年 2012 年〜	リアカーゴを始める。これに併せて、iD 尾道を開設 →リアカーゴプロジェクト。リアカーに箱をのせて様々な商品を得る対面式行商
Ⅳ ヤドカーリ誕生期以降	2014 年〜	皆でつくるゲストハウス→訪れる者が、ゲストハウスづくりに参画。約 1 年かけて開設 →まちづくり会議、つくりびとカタログ、アーティストコーディネーションなどを実施

出所）インタビュー調査をもとに作成。

で最初に導入したのも村上だった。

活動の転機は、2012 年の「まちづくりプロジェクト iD 尾道」の設立[17]である。この組織化によって、第一に、それまで仲間内で潜在的に共有していた商都 850 年の歴史・伝統・文化の理念の共有と継承の考え方が顕在化され、実効性のあるものに変わった。自由を尊ぶ地域外から移住者中心の集団ということもあり、理念の浸潤にはある程度の期間が必要だった。第二に、「まちづくりプロジェクト iD 尾道」の設立によって、団体のミッションと事業の内容が明確になった。尾道のまちづくりの担い手となるという明確なミッションの下に、既述のリアカーゴプロジェクトに加え、①まちづくり会議、②つくりびとカタログ、③アーティストコーディネーションなど、「まちづくりプロジェクト iD 尾道」の事業は整理された。①は、街を面白くするアイデアを練り実現する場、②は、尾道の優れもののつくり手の人と

16)「まちづくりプロジェクト iD 尾道」のリーフレットには、リアカーゴプロジェクトが次のように説明されている。「古くから尾道の街角にある魚の行商「晩よりさん」にヒントを得て、尾道の風景にとけ込むようにちょっぴりアレンジしたのが「リアカーゴ」です。リアカーゴは「リアカー」に「箱（カーゴ）」を乗せ、「カタツムリ」（エスカルゴ）のようにゆっくり進み、買い手とじっくりコミュニケーションをとり、街の憩いの場をつくることを目的としています」。「まちづくりプロジェクト iD 尾道」ならではの革新的な着想である。

17)「まちづくりプロジェクト iD 尾道」の設立認証は、2014 年 8 月 14 日である。この設立認証については、内閣府 NPO ポータルサイトで確認した（https://www.npo-homepage.go.jp/npoportal/detail/034000425　2024 年 1 月 26 日閲覧）。

なりや制作秘話を紹介する媒体で、③は、国内外から尾道を訪れ制作を行うアーティストのトータルコーディネートである。第3に、リアカーゴプロジェクトなどを通じた移住者への仕事の斡旋方法が明確になった。「もともと尾道に来る人は、何某かのスキルを持っているので少し補えば足りる。それで必要な人に斡旋する」(2017年7月2日)。これは、「まちづくりプロジェクトiD尾道」版の複合的ビジネスマッチングである。「チャイサロン ドラゴン」と「ヤドカーリ」というコミュニケーションと宿泊の交流拠点は、移住者をスクリーニングする場であり、空き家や仕事を斡旋する場にもなった。

4-3 飲食チェーン店「いっとくグループ」の役割

飲食チェーン店「いっとくグループ」代表の山根は、単独店舗経営が主体の尾道にあって異色の約20の店舗を経営する地域の若きリーダーである。地域の店舗経営者からも厚い信頼を得ている。一方で、地域外からの者に頼らない、はじめに地元の頑張りありきという揺るぎない信念を持つ。加えて、山源やボラーチョといった複数店舗が、山根のもとから巣立ち独立・開業しており、自ら多店舗展開で地域の店と共生しつつ尾道の食をリードする一方で、若い起業家を生み育てるインキュベート機能も担っている。

また山根は、「尾道空き家再生プロジェクト」の副代表理事を務め、空き家再生事業を実務面からも支えている。先に見たように、「尾道空き家再生プロジェクト」は、空き家の再生（建築、土木、左官）の過程を学習プロセスとコミュニティ形成の場へ転換し、結を現代版にアレンジした相互扶助システムを構築したが、「いっとくグループ」は、「尾道空き家再生プロジェクト」の活動を、学習・交流と相互扶助の両面から支える。「いっとくグループ」の社員を中心に結成された「土嚢の会」が、空き家の家財や粗大ごみの搬出や資材の搬入を支援する。さらに、「いっとくグループ」は、飲食チェーン店におけるアルバイトの斡旋などを通じ、移住者のスタートアップを助け、複合的ビジネスマッチングの機能も果たしている。20店舗で100人を超える従業員を雇う「いっとくグループ」は、移住後間もない者への雇用の場ともなっている。

山根は、先述の豊田らの活動を背後で支える一方で地域とのつなぎ役にもなっている。このような地域の支え手が強固であることが、「尾道空き家再生プロジェクト」と、「まちづくりプロジェクトiD尾道」との融和と運動全体の安定を生み出し、円滑な移住を促進している。

4-4 集積を支える機能・条件

集積を支える機能・条件を考察する。第一に、理念の共有でふるいにかける機能である。受入れの考え方を質問した際、豊田は、次のように答えている。「業態というよりも、尾道に合うかどうかもあるし、長くやる方。地域のことを考える方。小さくはじめて成長していく人が多い。同じ業者との棲み分けを考え、スクリーニングをかけている」。このように良い意味でスクリーニング機能を発現させている(以下「選良」という)。山根も「受入文化がある一方、しめるところはしめる。変な奴は受け入れない」と語り、このような考え方が、地域の人たちとの間の信頼の形成につながっていることを強調する。前述のように、村上も交流拠点での対話のなかで選良している。実際には、移住を決意し実現にこぎつけるまでの幾重のハードルを越えた人が移住しており、このプロセスで選別が行われているが、選良が意識的に行われるところに意味がある。

第二に、ジェントリフィケーションへ対する抑止の意識である。この用語そのものは、第2章でも言及してきたが、ここで改めて、その意味するところを確認しておく。ルース・グラスが「ロンドンの変化の特徴」として示したジェントリフィケーション(Glass 1964)は、日本では、小森(1977)、成田(1981, 1987, 2005)、山口(1981)らによって紹介された。日本における関連研究については、藤塚(1994)が展望して紹介している。

ジェントリフィケーションは、居住空間の改善と居住階層の上方移動を鍵概念とする最先端の居住による都市中心部の景観に関する階級の再編成である。ジェントリフィケーションの経済的要因としては、地代格差(Smith 1996 : 67-70)があり、工場跡地などに建築される新築のジェントリフィケーションでは再投資と高所得者による地域の社会的上向化、景観の変化、低所得の周辺住民の立ち退きを伴う(Davidson & Lees 2005)。

たとえば、ニューヨークのSoHoでは、1965年から1971年にかけ、芸術街が美術品を展示・販売する画廊(アートギャラリー)に転換され、画廊の集積過程からジェントリフィケーションが確認された(笹島 2016)。安い家賃に惹かれ工場跡地のロフトへ集まったアーティストも、地価の上昇に伴い1980年代には立ち退きを余儀なくされ(Zukin 1982)、1980年代から1990年代にアートギャラリーやその関連産業が栄えたSoHoも、2000年代は個人営業の小売業などが主になり、2005年頃にはその小売業もチェーン店へ置き替わった(Zukin 2008)。写真家や画家などアーティストが集い賑わう2017年調査時点の尾道は、アーティストたちが活気をもたらしつつ立ち退きの兆候が見られた1980年前後のSoHoを彷彿とさせる。

また、ジェントリフィケーションには、近隣の住宅が安価であることに目をつけ来住する者がいる第1段階、近隣の評判を耳にして不動産を開発しようとする者により立ち退きが頻繁に起こる第2段階、近隣のアップグレードが完了し、裕福な人たちなどが居住し、元来の住民は全く立ち退きされてしまう第3段階の段階論が成り立つ（Gale 1980）。若い移住者が集積し商店街に活気が戻り始めた2010年代の尾道は、この段階論に当てはめるなら、ジェントリフィケーションの第1段階を示しているといえる。一方、インタビュー調査によれば、山根が「しめるところはしめる。でないと地価がぐちゃぐちゃになる」と言い、豊田も移住者選別の文脈の中で「スクリーニングをかけている。一度小さいスーパーが出店したが商店街で相当な反対運動が起こった。ドラッグストアも一旦入ったが出ていった」と指摘した。このように、空き家再生の担い手たちは、尾道において、ジェントリフィケーションが第2段階へ進むことへの警戒感を強めている。過剰な投資を嫌い、まちを守ってきた先達に習い、豊田らは、先住者の立ち退きを伴う第2段階のジェントリフィケーションの抑止に強い意識を持っている。

4-5　尾道傾斜地への移住者の集積要因とその源流にあるもの

これまでにみてきたように、「いっとくグループ」が触媒となり、「尾道空き家再生プロジェクト」と「まちづくりプロジェクトiD尾道」が若い移住者を集積する要因の構成要素は、①理念の共有、②スクリーニング機能、③複合的ビジネスマッチング、④ジェントリフィケーションに対する抑止の意識、⑤現代版結の五つである。これらが機能し、総人口が1200人ほどの尾道傾斜地に300人を超える若い移住者を集め、商店街を活性化させた。この集積要素が2010年代以降、尾道に活力をもたらす源になっている。この集積要素の底流には、「尾道を気に入ってくれて考え方があった者は受け入れるし、必要なら仕事もつくるし斡旋もする。だが、地域が大切に尊重している地域の風土や考え方は大事にしてもらう（ヒューマンスケールのまちづくりの意義の共有）」という考え方がある。移住者の集積要因をこのように概観した上で、もう一度、彼（女）らの活動の源流にある「理念の共有」部分に立ち返り、基底にある商都850年の歴史・伝統・文化の継承の考え方と彼（女）らの活動との関係を整理する。

豊田は関西の大学を卒業後、旅行会社に勤め仕事を通じ欧州の諸都市を訪れる中で、シチリアのタオル・ミーナ[18]など欧州の港町群と故郷、尾道との類似性に魅せられる。現代文明に背を向けたような自動車が入れない路地、生活者には歩行の困難な急峻な坂から、木漏れ日のように見える何気ない尾道水道の日常の価値、これは中世から現代にこの地に息づくものだが、これが欧州で見た光景と同等の価値を持って存在することへの確信からであった。豊田は、子育ての傍ら、その様子が似ていることからガウディハウスと称された旧和泉邸を購入・修復しそのプロセスをブログで発信する。2007年の春である。そのとき、既に5年にわたる家屋調査を通じ、傾斜地の空き家事情に精通・熟知していた豊田は、その情報もあわせて発信した。

歴史と伝統を重んじそれを継承する欧州諸都市は、日常の生活の豊かさに重きが置かれ時間が大切に扱われる。尾道と同様にゆったりとした時間の流れ、人と人との温かみある自然なふれあい・交流である。時間刻みに追い立てられる、都会の生活空間にはない魅力が尾道にはあり、車の入れない路地、汲み取り式の便所、不動産業者が取り扱わない空き家群は、逆にその魅力を象徴的に示すものだと豊田は訴えた。このブログは大きな反響を得て、共鳴・共感した者がブログに投稿する、あるいは、実際に現地を訪れるという現象が起こり、豊田と同じ感性で、同時期に既に移住し雑貨屋やカフェをはじめていた5, 6人のメンバーに加え、ブログを通じ豊田の考えに共鳴・共感した50人が集まり、2007年7月には市民団体が結成された。ブログの立ち上げからわずか3か月という短期間の出来事であった。

そして、その団体は2008年1月にはNPO法人になり、団体結成から10年後の2017年7月には4倍の200人規模に拡大し傾斜地へと移住者を誘った。ヒューマンスケールのストック型の空き家再生を通じ、成熟したコミュニティが形成され、まちづくりが進んだ。空き家再生は、その共通の理念を紡ぐ強力な手段として機能した。商都850年の歴史・伝統・文化への尊崇と自負、これは「理念の共有」と同義であるが、タオル・ミーナ、アマルフィ、ドゥブロヴニクなどの欧州の諸都市と尾道とのアナロジーから生まれたものである。

18) 2017年7月2日のインタビュー調査に応じた豊田は、尾道と類似する都市として、シチリアのタオル・ミーナを挙げた。建築史家の陣内秀信は、「瀬戸内海を望む長い歴史を持った港町、尾道は、地中海のイタリアが誇る中世海洋都市、アマルフィとよく似ている魅力ある風景のおかげで、どちらも映画の舞台として有名になった点でも、共通している」と述べている(『建設業界』2011.7)。ドゥブロヴニクは、尾道への会社の一部の機能移転を準備している東京のIT企業の経営者Oが類似都市として示した地名である。「尾道には世界遺産ドゥブロヴニクに類似する魅力があり、それが機能移転を考えるきっかけになった」と語った(2017年2月24日のインタビュー調査による)。

一方、村上も、2017 年 7 月 2 日のインタビュー調査において、尾道が、他に類がない最高の地域であると語った。第一に、しまなみ海道による地域の活性化が示すように、山と海、島のランドスケープが抜群によいこと、第二に、坂、斜面というこの独特の地形から生まれた生活があること、第三に、歴史・文化のある平安時代からの積荷港で、パトロンが財をなし、そして歌を詠むなど文化も育まれ、黒澤監督が尊敬した小津安二郎が『東京物語』を撮影した地ともなったこと、である。その上で、自らのベルリンでの生活体験を振り返り、「ベルリン時代、新藤兼人の姪にあたる映画監督と知己を得たが、彼の地、すなわち、ヨーロッパ的な都市は個性がないと生き残れない。個性が価値を持つようになる。だからこそ、人間的な街づくりが重要である。最近、尾道には、若い人が増え近所にも若い人が多く住むようになってきたが、若い人が来るようなまちであることが大切だ」と、豊田同様、商都 850 年の歴史・伝統・文化への尊崇と自負を語った。注 14）に「ベルリンで自由を謳歌したアーティストたちは締め出され高級住宅街に変わった。村上は、歴史都市ベルリンでの稀有な体験を背負って尾道へ移り住み、ベルリンの轍を踏まぬようそこに住み着く若者が自由に振る舞える、商都 850 年の歴史・伝統・文化を未来へ継承しようとしている」と記したゆえんである。

このように商都 850 年の歴史・伝統・文化の理念を共有し継承することが、集積の要因の基底にあり、この理念は彼（女）らの活動の、強制を伴わない自然な行動原理になっている。この理念は、「尾道空き家再生プロジェクト」の設立趣意書にも、次のように記されている。

> 尾道は古くから港町として発展し、（中略）車の入らない傾斜地や路地裏は時代に取り残されたかのように古い家並みが未だ残され、（中略）古民家再生を通して、尾道の町並みや家の歴史も掘り起し、現代失われつつある職人の技術や尾道の景観に合ったこれからの家作りについても考え、今後のまちづくりに反映させて、将来の子供たちも誇りに思えるような尾道づくりに貢献していきます。

4-6　ヒューマンスケールのまちづくりの意義

「まちづくりプロジェクト iD 尾道」の革新的な行動は、地域にとって、時に、異質で過激な刺激となるリスクを内包する。ラディカルさは彼（女）らの持ち味で新たなものを創造するエネルギー源でもある。このなかにあって、豊田や山根たち尾道出身者が自然な防波堤となり、古い昔からの尾道の人たちとの間に適度な距離感を保つバランサーの役割を果している。

3者は、古来よりこの地に形成された伝統・文化への深い尊崇の念を共通基盤として持ち、尾道は生活や生活者の日常が、そのまま観光資源であると自負する。第一に、傾斜地に干された洗濯物、道端にたたずむ高齢女性との何気ない会話など、生活空間が全体として観光資源であること、第二に、この生活空間を守ることが外からの受入れの前提になっていることである。地域外の者を受け入れる度量を持ちつつ、地元の人々と融和を図り、時に守り手ともなる緩やかな相互連携がなされ、3者が空き家再生の尾道、自由な尾道、食の尾道の新たな魅力を創造し、身の丈で尾道の魅力を促進している。これが、ヒューマンスケールのまちづくりの意義であり、尾道傾斜地に若い移住者を惹きつける原動力である。

これを前提に、彼（女）らは別々のインタビューにおいて、図らずも3者が3者とも倉敷との違いにふれ、大原美術館や倉敷アイビースクエアのようなランドマークとなる施設で観光客を惹きつける倉敷とは違って、尾道の場合は、尾道における日常の生活や暮らしが魅力となって観光客を惹きつけていると説いた。これを別の角度から検証する。筆者が2017年9月5日に行った写真家のH. K. へのインタビューである。30歳代前半の彼女は、東京出身で、画家の夫と尾道へ移住して3年になる。H. K. 自身、ヒューマンスケールのまちづくりの意義を強調し、尾道を去っていく人は、「①この尾道のヒューマンスケールの特徴に馴染めなかった人、②身の丈の生き方ができない人、③離縁・離婚の人である」と指摘した。③はともかくとして、①と②は、表裏一体の関係にあり、身の丈の生き方を尊ぶヒューマンスケールのまちづくりの要諦でもある。この考え方（理念）が、比較的移住歴の浅い人たちにも浸透していることがわかる。

4-7　集積要因の共通の特徴の括りだし

先に掲げた移住者の集積要因を構成する五つの要素を表3-7に整理し、共通の特徴を一括りにし（点線囲い部分）、集積要因を整理した。これは準備期間を含め、2002年から2017年の15年の歳月をかけ醸成されたものである。「尾道空き家再生プロジェクト」は、ブログの全国発信により共感・共鳴者を集めた特殊事情から、団体の立ち上げ当初から理念の共有と共有する価値で同好の士を選別する機能が備わっていた（①理念、②選良の充足）。

表 3-7　集積要因の法則性

要　　件		2007 ～ 2012 年		2012 年～		摘　　要
		尾道 PJ	iD 尾道	尾道 PJ	iD 尾道	
Ⅰ	①理念（共有と未来への継承）	○	△	○	○	先に賛同者をブログで集めた尾道 PJ は当初から充足
Ⅱ	②選良（共有する価値で選別）	○	△	○	○	先に賛同者をブログで集めた尾道 PJ は当初から充足
	［参照：④2 GF-P］	○	×	○	×	地域基準（豊田、山根）
Ⅲ	③補完（複合的ビジネスマッチング）	—	—	○	○	① 自由な生き方の尊重 ② 本業が基本 ③ ②を補完
	［参照：⑤現代版結］	—	—	○	×	

※ 1）「尾道空き家再生プロジェクト」は、「尾道 PJ」、「まちづくりプロジェクト iD 尾道」は「iD 尾道」と略称する。
※ 2）第 2 次ジェントリフィケーションの抑止の意識を「2 GF-P」と略称する。
※ 3）補完（複合的ビジネスマッチング）①～③のうち、①、②は共通。③は、尾道 PJ が「仕事をつくる」のに対し、iD 尾道は、「仕事を斡旋する」。
出所）インタビュー調査をもとに作成。

一方、「まちづくりプロジェクト iD 尾道」は、2012 年の団体設立を契機に、それまで仲間内で潜在的に共有していた、尾道の歴史・伝統・文化にかかる理念を顕在化させた。③補完の複合的ビジネスマッチングは、移住する人の多くが創作活動など自由業に属しており、著述や製作などの生業を支える補完的な仕事へのニーズがあり、それに応えてできあがった経緯がある。

「尾道空き家再生プロジェクト」が「あなごのねどこ」を、「まちづくりプロジェクト iD 尾道」が（その設立の契機となった）「リアカーゴ」を始めた 2012 年前後に形成されている。①理念、②選良、③補完の 3 要件は、5 年～ 10 年を経て、傾斜地全体に根付いていった。④ジェントリフィケーションへ対する抑止の意識は、外からの乱開発を抑止する知恵であり、地域の人たちのプライドで成り立つが、不動産業者も取り扱わない傾斜地の特殊事情が背景にある。また、⑤現代版「結」も、現代のコミュニティ形成を考える上で重要な要素であるが、「まちづくりプロジェクト iD 尾道」には見られず、尾道傾斜地共通の特徴としての一般化は困難である。なお、広義には、移住者に仕事をつくることを意味する複合的ビジネスマッチングは、自由な生き方の尊重を前提に、基盤となる本業の補完を行なうことが基本的な構造となっている。「尾道空き家再生プロジェクト」が仕事をつくるのに対し、「まちづくりプロジェクト iD 尾道」は仕事を斡旋するという差異がある。

傾斜地全体としては、いずれの団体も活動が軌道に乗り、熟度（Ripeness）が備わった時に発現、あるいは定着したことから、この「Ⅰ理念」「Ⅱ選良」「Ⅲ補完」

の三つの要件は、傾斜地のまちづくりを継承・発展させる条件と捉えることも可能である。

しかし、本章は、移住者を集積させる要因の解明に主眼をおいている。そこで、抽出した要件を、第一に、理念を共有し未来へ継承すること（理念）、第二に、共有する価値でスクリーニング・選別すること（選良）、第三に、複合的ビジネスマッチング（補完）と分類し、ジェントリフィケーションへ対する抑止の意識は選良の、現代版「結」は補完の、各々参照条件として、他地域との比較により、波及可能性の検討を試みる。

5　尾道の移住者集積要因の他地域への波及可能性

5-1　他地域との比較へ向けた条件整理

尾道傾斜地への移住者の集積は、アーリー・マジョリティを引き寄せる勃興期を迎え、商店街の活性化や、尾道の観光まちづくりの振興に寄与している。空き家再生は、高度経済成長期に企業誘致で工業化が進んだ隣接する福山市や三原市にはない魅力として差別化され、移住者のニーズに適合し、それによりその動きは広がった。また、空き家再生の過程で、地域内に①信頼、②規範、③ネットワークが形成され（パットナム 2001)、再生活動は拡大・発展した。「尾道空き家再生プロジェクト」の第Ⅱ期、共感の輪形成期において、その条件は満たされていた。

この集積要因の理念は、異なる担い手を一つに結びつける作用から、パットナムの信頼・規範・ネットワークの規範と類似している。このため、理念を集積要因と同定するにあたり、パットナムの規範との違いを整理しておく必要がある。パットナム（2001）によれば、社会的信頼を支える規範は取引コストを漸減させるが、この種の規範で最も重要なのが互酬性（パットナム 2001：213）であり、このように形成された規範は、社会資本の基幹的な構成要素となる。これにより、この規範に従う共同体は、機会主義をより効率的に抑制し、集合行為にまつわる諸問題を解決できる。集合行為（集合的不合理）とは、コモンズの悲劇（Hardin 1968）[19]や囚人のジレンマの例（Hardin 1971）のように、協力すればうまくいくはずのものが、個が個の利益を優先するがゆえに（それ自身は合理的な行為にもかかわらず)、それらの行為の集積が集合的には不合理となって、結果的に総体としての利益を失う行為をいう（Olson 1965)。このように規範は互酬性を伴う信頼形成でこの集合行為を排し、地域内に協力関係を形成する効果を持つ。

一方、理念は、尾道の商都850年の歴史・伝統・文化への自発的な尊崇の念から構成され、互酬性を求めない。歴史と伝統を重んじそれを継承する欧州諸都市において、日常の生活の豊かさに重きが置かれ、時間が大切に扱われることに類似の価値を見出し、見返りを求めない。強制を伴わない自然な行動原理であり、ここにおいて理念と規範は概念を異にする。理念の発現要件として顕在化などの実効性のあるものにすることを求める点も、パットナム（2001）の規範との違いである。また、本章で定義した理念は、選良（スクリーニング）と一体的に機能する。前出のように、尾道の風土になじめなかった人は出ていき、そもそも受け入れられないからである。この一体性も大きな特徴である。

なお、本章では他地域との比較にあたり、考察地域の規模を小学校区に設定する。小学校区は、町内会などとも結びつき住民生活への密着度やコミュニティの形成の基本単位として適正である。200～5,000人で、平均的には2,800人前後の町内会から小さな市町の規模である[20)]。

5-2 集積要因の検証：尾道傾斜地、丹波篠山、神山

次に、尾道における移住者の集積要因の適合性を他の自治体との比較により考察する[21)]。尾道傾斜地を1,200人の規模の集落として、尾道同様、空き家再生で実績をあげている兵庫県丹波篠山市[22)]とアーティスト・イン・レジデンスやサテライトオフィス誘致で人口の社会増を実現した徳島県神山町を比較対象とする（篠原

19）たとえば、共有地である牧草地も、牛が食むままに任せる（これは個人の利益増進としては合理性のある行為である）と、それら行為の集積の結果である集合行為から、牧草地は痩せ細り、究極には牧草地は消滅する（集合的不合理が生じる）。共有地の悲劇である。これに対して、個々の行動を、適切な取り決めのものとで管理すること（規範による互酬性を伴う信頼の形成）で、蕩尽リスクは避けられる。

20）人口規模の目安は、尾道がしまなみ海道でつながる今治市を参考にした。今治市の学区当たり人口を1自治体当たりの平均人口比で按分すると、人口分布は200–5,000で平均2,800前後となる。町内会から小規模の市町村規模である。尾道傾斜地約1,200の人口規模とも整合し適当である。

21）2017年7月28日の一般社団法人ノオトの金野、玉垣へのインタビュー調査に加え、2017年9月1–2日の神山町における創造的農村ワークショップでの大南信也の講演及び、その後の大南、神山町長の後藤正和、一般社団法人神山つなぐ公社代表理事の杼谷学との意見交換をもとに整理した。金野へは、さらに、2016年11月18日、2017年11月16日にもインタビュー調査を実施した。

2014, NPO 法人グリーンバレー・信時 2016, 朝日新聞社 2017）。丹波篠山の古民家再生は金野幸雄が代表を務める一般社団法人ノオト（以下「ノオト」という。2009 年 2 月設立）が担う。神山の活性化は大南信也が理事長を務める NPO 法人グリーンバレー（以下「グリーンバレー」という）が進める。

兵庫県の中部に位置する人口約 4 万の丹波篠山市は、基幹産業は農業であり、特産品には黒豆、栗、椎茸などがある。江戸時代に徳川家康の命による天下普請により築城された篠山城を中心に、武家町や商家町が広がる。丹波篠山は、丸山集落の再生に端を発する歴史地区の古民家再生が出発点であり、本章では、国の重要伝統的建築物保存地区にも選定されている中心地域の歴史地区人口約 3,700 を対象とする。

神山町は、徳島市内から西へ車で 40–50 分の人口約 5 千の山間の町であり、丹波篠山同様、農業が主体で、生産量日本一のスダチのほか、ウメ、フキなどが特産品である。1999 年から始めた「神山アーティスト・イン・レジデンス」は、17 回を迎えた 2015 年には応募者は 163 人にまで拡大した。うち 143 人は国外の者である。また、恵まれたインターネット環境と自然環境との調和から、神山町にサテライトオフィスや本社を構える IT 関連企業は 16 社にものぼる（2016 年 11 月 15 日現在）。

こうした基本条件を踏まえつつ、まず、I の理念についてみる。I の理念は、丹波篠山には、篠山城築城以来、400 年余の歴史を持つ歴史地区の歴史を空き家と歴史文化で再生するというヴィジョン、神山には、「人材誘致による創造的な過疎、神山の実現」というヴィジョンがある。前者が江戸期の城下町形成期からの歴史・伝統・文化の継承という共通基盤に立つのに対し、後者は、大南が 2002 年頃から唱え始め、グリーンバレー内部で共有されたものであった。町全体で認知・共有され、実効性のあるものになったのは神山町総合戦略の策定を踏まえ「神山つなぐ公社」

22）兵庫県職員の金野が丹波篠山市へ副市長として出向し、行政改革の一環としてリストラを進めるなかで丸山集落に出会い、ここに日本の守るべき伝統文化を見たのが丹波篠山の古民家再生事業の出発点である。中途半端な関与では進まないと判断し、兵庫県を辞してノオトの仕事に打ち込んだ。全国 30 万棟の古民家を 30 年で再生したいという強い使命感からの発起である。これは、2017 年 11 月 16 日のインタビュー時に聴取した。行政を巻き込む確固たる地元組織の下に特色ある古民家再生で差別化され、地域ニーズを踏まえた地域再生で実績をあげている。また、NPO 法人グリーンバレーが進める神山プロジェクトも町と組んだ盤石の組織体制の下に、逆指名などユニークな誘致手法で他地域との差別化がなされアーティストや企業のニーズに応える顧客指向の取組みで地域を活性化している。

が設立された2016年4月である。この創造的な過疎とは、農林業だけに依存しない多様な働き方を実現することで、ビジネスの場としての価値を高めるバランスのとれた持続可能な地域を目指す考え方である。グリーンバレーで生まれたこの考え方（理念）が、公社設立の過程で、町全体で共有された（朝日新聞社 2017)。また、運営が町からも独立した公社によって担われることによって、この理念が未来へ承継される仕組みも整った。

Ⅱの共有する価値のスクリーニング（選良）やⅢのしごとをつくる（補完）はどうだろうか。まず、丹波篠山のノオトの活動を考察する。丹波篠山では、ノオトが中心になって、人口減少と少子高齢化が進行する歴史地区（城下町、宿場町、集落等）を、地域の空き家と歴史文化を活かして再生する事業をはじめる。この考え方の背景やモデルには、イタリアの分散型ホテルやスペインのパラドール、ポルトガルのポザーダなどがある。ヨーロッパでは古い建物ほど高価で、歴史地区の再生や修復は普通に行われている。この世界標準の再生や修復を日本でも行うという趣旨から、ノオトの活動は始まっている。この辺りの事情は尾道と少し似ている。ノオトは古民家の再生そのものが目的ではなく、古民家などの歴史的建築物と地域の食文化、生活文化を一体的に再生し地域を活性化することに主眼が置かれている。このため、再生物件は、食文化産業、クラフト産業、観光産業、地域ICT産業、修復産業の5つの産業分類にゾーニングした。カフェ、レストラン、工房、ギャラリー、食泊施設、サテライトオフィス、観光交流拠点などあらかじめ用途を定めた上で、文化財や町並みを活用した音楽祭、アートフェス、マルシェなどを開催し、こうした機会を捉えて従事者を募った。従事者の多くは移住者であり、地域の若者である。すなわち、第一に、空き家活用を通じ、コミュニティ形成、まちづくりが行われ、第二に、アートフェス、マルシェなどで若者に場と仕事を提示し移住者を募り、第三に、これらにより、若者の地方回帰や雇用と産業の創造が図られた。この再生物件の活用用途に応じた応募の段階で、人材をスクリーニングにかけるとともに、選んだ人材に予め計画的に配分した仕事を提供する。

一方、神山は、2004年のグリーンバレー設立後、従来からあった神山アーティスト・イン・レジデンスによる芸術家の移住者群に加え、2008年から神山ワーク・イン・レジデンスで起業家群が集積し、2010年からのサテライトオフィス群や2013年からのビストロ群などへ拡大した。このアーティスト・イン・レジデンスの募集段階とワーク・イン・レジデンスの公募段階において、神山町が求める人材や職に対する仕事が割り当てられるとともに、求める人材や職に対するスクリーニングが同時に行われている。このワーク・イン・レジデンスは、仕事の逆指名として知られる。これは、神山町の将来にとって必要になる人を逆指名するもので、ここはパン屋、ここはウェブデザインの基地など、地域をゾーニングする中で、求める職に適合する者を募る仕組みである。2015年6月9日筆者が主催したサロンでの講演で、内閣官房 まち・ひと・しごと創生本部事務局の村上敬亮内閣参事官（当時）は、「組織名称は、まち・ひと・しごとと並んでいるが、しごとが一番である」と語り、持続可能な地域には、仕事を創設する力があることを示唆した。丹波篠山や神山のケースでは、この仕事創設機能の部分を他に先んじて導入・実践していることがわかる。全国的な成功事例といわれるゆえんである。尾道傾斜地の場合も、尾道に集まるクリエイティブな仕事を持つ人たちが宿命的に抱える不定期収入構造ゆえの不安定さを補うため、複合的ビジネスマッチング（仕事をつくる／斡旋する、補完）の仕組みを考えたことが、その出発点であった。この意味では、仕事をつくる（Ⅲ補完）と、そのための適格者を選ぶ（Ⅱ選良）の仕組みについては、神山、丹波篠山、尾道傾斜地は、ほぼ同時期に導入された。

「地域が気に入ってくれて考え方があった人は受け入れるし、必要なら仕事もつくるし斡旋もする。だが、地域が大切に尊重している地域の風土や考え方は大事にしてもらう」という尾道傾斜地への移住者の集積要因は、神山においても先の丹波篠山においても看取できた。言い換えると、仕事をつくることに加え、地域にあう人を選別することや、地域を支える理念や考え方が、それらの礎になったことは、持続可能な地域を形成する3地域に共通してみられる構造的な特性である。

ジェントリフィケーションの生起については、丹波篠山では確認されたが(Kawaguchi 2019)、その抑止に対する意識については、丹波篠山も神山も把握できなかった。また、現代版結については、丹波篠山、神山ともに確認できなかった。このため、ジェントリフィケーションへ対する抑止の意識と現代版の結の二つの条件については、共通の特性とは同定できない。

以上により、尾道傾斜地への集積の要因及びヒューマンスケールのまちづくりの意義を明らかにした。また、この集積要因は、地域の事情がさまざまに異なるにもかかわらず、サテライトオフィスの誘致で成功している徳島県神山町や古民家再生で著名な兵庫県丹波篠山市歴史地区においても、その適合性が確認され、他地域に波及可能な条件であることが明らかになった。

山根たちは、さらに東部の新開地区に昼間はゲストハウスやパン屋、雑貨屋である店舗を夜間はバーなどの交流拠点に変える多機能店舗群を展開し、ライトアップされた浄土寺と一体となった新たな夜の尾道の魅力創造にも着手している。こうした拡大を踏まえ、2017年7月3日のインタビュー調査においても、この新開地区の賑わいを年商8億円の東尾道の産直市と接続すれば、スペインのサンセバスチャンにも勝るともとも劣らない尾食（びしょく）（美食）のまち尾道が形成されると、尾道市長の平谷祐宏もその活性化へ意欲を見せた。

また、尾道への移住者の集積は、傾斜地にとどまらず、旧向島町の「ウシオチョコラトル」、同立花のオーガニック系「立花食堂」、旧因島市重井の「シゲイシェアハウス」、旧御調町の「みつぎ空き家バンク」など、尾道の周辺地域へも拡大し始めている。

6 まとめ

ここで、改めて、地域への価値付与の観点から本章を振り返る。

「尾道空き家再生プロジェクト」や「まちづくりプロジェクトiD尾道」が中心となって、尾道傾斜地には、300人を超える若い移住者が集積し、カフェ、雑貨屋、パン屋、印刷屋、本屋など個性的な店舗を傾斜地や商店街に展開し賑わいを創出した。写真家、画家など多くのクリエーターたちの集積は、尾道に「独特の若者文化」の形成を促しつつあり、それらがあいまって、さびれた商店街にも再び活気が戻っている。

そして、これらの集積を促し移住者を尾道に引きつけた起点・根源にあったのが、「Ⅰ理念」にあった。これは、商都850年の歴史・伝統・文化の理念を共有し継承することであり、尾道においては、ヒューマンスケールのまちづくりを指向するものであった。この理念の共有と継承について、「尾道空き家再生プロジェクト」は空き家再生の団体結成時に、「まちづくりプロジェクトiD尾道」は団体設立時に、顕在化され実効性のあるものにされたが、この理念は、第1章でみた地域の固有性に他ならず、さらに共有と継承を含む複合的な概念であった。加えてそれは、理念を共有する者をスクリーニングする「Ⅱ選良」と、複合的ビジネスマッチングをする「Ⅲ補完」の二つの機能によって、持続可能なまちづくりを後押しした。

また、地域の固有性とその共有・継承は、尾道と同様に移住・起業・生業などの新たな経済活動で注目を浴びている、丹波篠山市や神山町でもそれぞれ確認された。丹波篠山では、400年余の歴史地区の歴史を空き家と歴史文化で再生するというヴィジョンによって、神山では、「人材誘致による創造的な過疎、神山の実現」というヴィジョンによって、地域の固有性が共有・継承されており、これらが集積を駆動させる根源的な力になっていた。

また、尾道における若い移住者の集積については、「尾道空き家再生プロジェクト」の豊田や「まちづくりプロジェクト iD 尾道」の村上の呼びかけに応じ、尾道傾斜地に集まった若者たちが起点になった。さらに、丹波篠山では金野のゾーニングによる呼びかけが、神山では大南がグリーンバレーで実施したアーティスト・イン・レジデンスやワーク・イン・レジデンスへの呼びかけが契機となり、若者を引きつけ集積を促した。いずれの地域も地域の固有性への共有・継承が移住者集積の端緒を築いたといえる。

しまなみ海道のサイクルツーリズム振興

広域連携の仕組みとその意義

04

前章で紹介したように、2006年に完全開通し、CNNが世界で最も美しいサイクリングロードの一つと讃えた、自転車で渡ることができる高規格幹線道路、しまなみ海道（西瀬戸自動車道の通称）のサイクルツーリズムは、傾斜地への若い移住者の集積と並び、今日の尾道の活気を象徴している。しかしながら、瀬戸内海の島々を通りながら、広島県尾道市と愛媛県今治市を七つの橋で結ぶ全長約70kmのしまなみ海道のサイクルツーリズムの具体的な内容については、これまであまり知られてこなかった[1)]。本章では、しまなみ海道におけるサイクルツーリズムの全体像を把握し、広域連携の仕組みとその意義を明らかにする。あわせて、「地域への価値付与」との関係についても考察する。

1 自転車とまちづくり

1-1 サイクルツーリズムと自治体

2010年代からまち巡りに便利な特性をもつ自転車を活用したまちづくりの議論がさかんになり、自転車を観光振興や地域振興に活用する自治体や（古倉 2014, 八坂他 2017）、サイクルツーリズム[2)]を行う自治体も増えてきた（兒玉他 2015）。一方、

1）なお、その後、本章の元となった望月（2019）をベースに、八木（2021）が、しまなみ海道のサイクルツーリズムを考察し、インバウンド振興の観点から事例紹介している。あわせて参照されたい。

2）兒玉ら（2015）は、「近年、自転車を観光や地域振興に取り入れ、活用しようとしている自治体が増えている。このような地域では自転車による一連の観光をサイクルツーリズムと呼び、利用・来訪促進の取組みを進めている」（兒玉他 2015：1130）としており、本書でも「自転車を地域振興に取り入れ活用する一連の観光」をサイクルツーリズムと呼ぶ。

「ラグビーワールドカップ2019」や「2020東京オリンピック・パラリンピック」などのメガイベントにともない、2011年6月には観光庁が「スポーツツーリズム推進基本方針―スポーツで旅を楽しむ国・ニッポン―」を取りまとめ、外客誘致を進める観点からスポーツツーリズムの推進を強化した（観光庁 2011）。この基本方針では、「観る・する・支える」の三つの観点からスポーツツーリズムを強力に推し進めるとされており、サイクルツーリズムもその一翼を担うものと期待された（北濱 2015）。

兒玉らは、ドイツの事例を参照しながら、日本におけるサイクルツーリズムの整備状況を調査し、次の4段階に分類した。第1段階はサイクルツーリズムの取組みがない状況、第2段階はサイクルツーリズム推進組織がなく各市町村が独自に取り組んでいる状況、第3段階はサイクルツーリズム推進組織ができ、より広域的で高度な取組みが行われ一体的に情報発信ができている状況、第4段階は地域内のより多様な施設がサイクルツーリズムに関わり休憩所や宿泊施設などエリア内に受入態勢が確立されている状況である。

その上で全国136の大規模自転車道を詳細に分析し、北海道エリア、奈良県エリア、しまなみ海道エリアの3か所が最高水準の第4段階を満たすものであることを明らかにした（兒玉他 2015）。これらのエリアは複数の自治体による地図作成や広域的なレンタサイクル及びサイクルステーションの整備など第3段階の要件の充足に加え、サイクリスト向け簡易宿泊所（Bed & Bike）の要件を満たしている。また、北海道エリアは自然資源、奈良エリアは社寺・史跡など人文資源、しまなみ海道エリアは自然資源の瀬戸内海に加えて大三島大山祇神社などの人文資源と、それぞれの特性を生かした取組みを行っており、これらを支えているのが広域連携の仕組みである。北海道は2012年設立の「サイクル・ツーリズム北海道推進連絡会」が、奈良は2010年策定の「奈良県自転車利用促進計画」を主導する奈良県が、しまなみ海道は愛媛・広島両県の沿線市町村などで2007年に設立された「瀬戸内しまなみ海道振興協議会」[3)]（以下、「しまなみ協議会」、現・しまなみジャパン）が中心となり、サイクルツーリズムの推進を図っていると、兒玉ら（2015）は指摘した。

北濱（2015）が、スポーツツーリズムにおける広域連携コミッションの成功例として、しまなみ海道を掲げているのも同様な文脈からの分析であり、兒玉ら（2015）と同様に年間を通じて、温暖な気候と自然を満喫し海風に吹かれながら渡ることができる自然的な特徴を見出している。また、しまなみ海道では、レンタサイクルの実績を生かし、サイクリストへのサービスとして不可欠とされるトラブル発生時の人材育成のノウハウも蓄積されている。そのうえ周囲の道路とのネットワーク化による沿線外への取組みの波及も進んでおり、これらの点から見ても、しまなみ海道は、三つの地域のなかでもとくに抜きんでた存在である（兒玉他 2015）。一方、原田と関谷（2014）は、瀬戸内海の島々を巡るサイクリングができることや、海をまたぐ景観を提供するしまなみ海道の特性は、瀬戸内ブランド構築に有効だと指摘する。このようにしまなみ海道は、内外からサイクリストの聖地として脚光を浴びており、その潜在的な価値は、世界的にも評価されている（秋山 2012, 近藤 2013）。利用面については、矢島らが 2004 年に国土交通省が指定した全国 15 のサイクルツアー推進事業モデル対象地区を検証し、そのなかでもとくに整備率が高く施設数が多いしまなみ海道地区を調査対象に選び、自転車利用者の行動実態を調査した。この結果、調査対象者の半数がしまなみ海道を横断し、残る半数も中間地域まで足を伸ばす実態や、利用者の 9 割が自転車道からそれて、地域の諸施設を巡る立ち寄りを行う回り道行動をとる特性などが明らかにされた。その上で、回り道行動など利用者の特性に合わせたサービスの充実が振興策として有効であると結論づけた（矢島他 2011）。

これらの研究は、しまなみ海道の持つブランド価値が全国的に抜きんでた存在であることを改めて裏づけている。とくに、海峡を自転車で渡ることができるという特長や、七つの橋で島々がつながり、海をまたぐ景観の特性から、しまなみ海道はサイクリングとの親和性が高く、それを生かした戦略としてサイクルツーリズムが有効であるという認識も一致している（秋山 2012, 兒玉他 2015, 原田・関谷 2014）。これは、しまなみ海道がその優れたインフラ特性を生かし、レンタサイクルやサイクルオアシス[4)]、サイクリスト向け簡易宿泊所などの環境を整えたからこそ実現できたことであり、これを支えたのが「しまなみ協議会」の広域連携であると兒玉らは分析している（兒玉他 2015）。

3）「しまなみ協議会」の構成は、広島側が尾道市、尾道商工会議所、因島商工会議所、（一社）尾道観光協会、（一社）因島観光協会、尾道旅館ホテル業組合、尾道観光土産品協同組合、本州四国連絡高速道路㈱しまなみ尾道管理センター、西日本旅客鉄道㈱岡山支社営業課、おのみちバス㈱であり、愛媛側が、今治市、上島町、今治商工会議所、しまなみ商工会、（公社）今治地方観光協会、上島町観光協会、今治地方観光旅館ホテル同業組合、今治物産協会、本州四国連絡高速道路㈱しまなみ今治管理センター、四国旅客鉄道㈱営業部販売促進課、瀬戸内運輸㈱である。

4）兒玉ら（2015）はサイクリスト向けの休憩施設を「サイクルステーション」と呼称するが、しまなみ協議会では、これを「サイクルオアシス」と呼称している。

1-2 本章の問題意識

しかしながら、前項で紹介した先行研究ではしまなみ海道での自転車の利用実態までは触れられてこなかった。また、行政機関が相互にどのような関係に立ち、民間との関係はどうなっているのかもつまびらかにはされていないし、さらに、2010年代から関係を深めている台湾との関わりについても言及されていない、という問題点が残っている。

そこで本章では、しまなみ海道のサイクルツーリズム振興をその成り立ちにさかのぼって考察する。しまなみ海道を取り巻く台湾や自転車産業との関係も視野に入れて、しまなみ海道のサイクルツーリズム振興に係る広域連携の仕組みを明らかにするとともに、地域への価値付与との関係にも言及することが、本章の目的である。その際、その意義や課題もあわせて整理する。本章で明らかにするしまなみ海道のサイクルツーリズム振興にかかわる広域連携の仕組み、すなわち、その構造と機能は、同様にサイクルツーリズム振興を図る他の地域へも応用や波及が可能であり、サイクルツーリズムの推進を核にした地域づくり研究の推進にも資するはずである。

このような認識のもとで、しまなみ海道のレンタサイクルの利用者数や今治市や尾道市などの観光客数など基本的な指標から、しまなみ海道のサイクルツーリズムの利用実態を把握する。そして、しまなみ海道のサイクルツーリズム振興の成立過程を検証し、自転車産業の盛衰の中での日本の現状や台湾との関係を紐解く。しまなみ海道のサイクルツーリズム振興に係る広域連携の仕組み、その構造と機能については、しまなみ海道のサイクルツーリズム振興を牽引している主たる担い手たちへのインタビュー調査などから明らかにしていく。焦点を当てるのは広域連携や自転車製造の中心地である台湾としまなみ海道との関わりであり、地域と共同しサイクリングのガイドツアーに先鞭をつけた「NPO シクロツーリズムしまなみ」(以下、「シクロツーリズム」)、全国で初の自転車を核とした複合施設「ONOMICHI U2」、尾道メイドの自転車、「凪」(なぎ)を製造する「NAGI BIKE」「地域連携 DMO [5] しまなみジャパン」(以下、しまなみジャパン)である。

---

5) 日本版DMO登録制度は地方創生のため観光庁が2015年に設けた制度で、地域の多様な関係者を巻き込みながら科学的アプローチを取り入れ観光地域づくりを行う舵取り役となる法人創設を目指している。DMOはDestination Management/Marketing Organizationの略号で、広域連携、地域連携、地域の3種類からなる(観光庁ホームページ http://www.mlit.go.jp/kankocho/ 2018年11月5日閲覧)。

1-3　本章の構成

本章の構成について説明する。まず第2節で、今治市や尾道市の観光客数やしまなみ海道のレンタサイクルの利用者数など基本的な指標やその相関を考察することで、サイクルツーリズムに係る利用実態や推移を明らかにし、しまなみ海道のサイクルツーリズム振興の成り立ちを確認する。続く第3節では、1970年代をピークに自転車の完成車の製造拠点が日本から台湾や中国に移るなかでの日本の自転車産業の変化や、しまなみ海道のサイクルツーリズムと台湾や世界最大の自転車メーカー、「ジャイアント」との関係性に着目して説明する。第4節では、しまなみ海道のサイクルツーリズム振興の主たる担い手の事例研究を行う。対象とするのは、「シクロツーリズム」「ONOMICHI U2」と「NAGI BIKE」「しまなみジャパン」である。続く5節では、これらを総合的に考察し、この地域で根づきつつある新たな自転車文化の創造についても検討する。しまなみ海道のサイクルツーリズム振興に係る広域連携の仕組み、その構造と機能を明らかにし、あわせてその意義や今後の課題も整理する。6節で、本章の考察と地域の価値付与との関係にふれる。なお、本章執筆にあたって参考にしたインタビュー調査の概要は表4-1のとおりである。

表4-1　インタビュー調査の概要[6)]

インタビュー対象者			日　時	場　所	摘　要
愛媛県企画部政策企画局	サイクリング調整監	坂本大蔵	2018年11月12日	愛媛県庁	13:30-15:00、第2別館3F、サイクリング調整監室
NPOシクロツーリズムしまなみ	代表理事	山本優子	2018年11月12日	シクロツーリズムしまなみ事務局	10:00-11:30、市民活動センター
一般社団法人しまなみジャパン事務局長	専務理事 事務局長	合田省一郎 新宅康生	2017年7月3日	しまなみジャパン事務局	13:00-14:30、2018年8月23日（しまなみジャパン事務局）13:15-14:15
尾道市	市長 観光課観光係長	平谷祐宏 稲角信明	2017年9月12日	尾道市会議室	9:15-11:15（市長は、10:30-11:00）
ONOMICHI U2	副社長	井上善文	2017年12月27日	ONOMICHI U2	11:00-12:00、2018年8月23日（ONOMICHI U2）12:00-13:00
NAGI BIKE	チーフプロデューサー	高橋要一	2018年5月31日	NAGI BIKE	10:00-11:30、2018年8月23日（NAGI BIKE）10:00-11:20

6）2017年と2018年5月の予備調査を基に、2018年8月と11月の本調査でまとめた。

2 しまなみ海道のサイクルツーリズム振興

2-1 しまなみ海道の利用実態：観光客数との相関

まず、しまなみ海道のレンタサイクルの利用状況を考察する。しまなみ海道が一部開通した1999年から、今治市と尾道市は相互に協力し、しまなみ海道振興のためにレンタサイクル事業を始めた。レンタサイクルの利用者は、必ずしもしまなみ海道の利用の全体像を示すものではないが、2006年の完全開通以降の利用状況を検討するための貴重な指標である。図4-1のように2000年代は3–5万人前後であった利用者も2009年度以降、大きく利用者が増えて7年後の2016年度には3倍増の14万人を超えた。

当初は、「サンライズ糸山」などサイクリングターミナルを設け自転車専用道の整備などに先行した今治側の利用者が大半を占めていたが、完全開通後は尾道側も徐々に利用者が増え、2014年度には尾道側が今治側を上回った。2009年から2016年の間、尾道の観光客は90万人増加したが、この間の自転車利用の増加は6.3万人で7.0%の割合を占めている。他方の今治では、この間約22万人の観光客増に対し、レンタサイクル利用者は2.6万人増え11.8%増となった[7]。同時期のレンタサイク

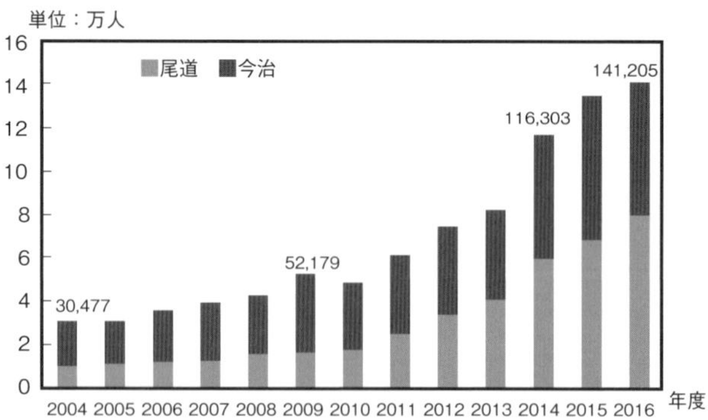

図4-1 レンタサイクルの利用者数の推移
出所）尾道市統計資料より作成。

---

7) レンタサイクルの利用者数及び尾道市の観光客数は、尾道市の資料による。今治市の観光客数については今治市ホームページの今治統計表（平成21年度 - 平成29年度）を閲覧し該当数を抽出した。レンタサイクルデータは年度計、観光客数は暦年計である。この資料で確認した尾道市の観光客は2009年：5,849千人→2016年：6,749千人と900千人増で、今治市の観光客は2009年：2,560千人→2016年：2,781千人で221千人増である。

ル利用者の伸び（2016年度／2009年度）をみると尾道が約5倍、今治が約2倍で、総観光客数に対する自転車利用者が占める割合は今治が高いが、伸びは尾道が著しい。また、外国人利用者に関する統計のある尾道側では、その利用者割合は2013年度5.6%から2016年度12.3%（2,232人／39,623人→9,672人／78,857人）と大きく増加した。この外国人利用者を国・地域別でみると台湾が米国を抜き1位であり、広島県全体の指標（1位：米国、2位：台湾、2016年暦年）とは順位が異なった。このように、基本指標の分析からも、サイクルツーリズムや台湾がしまなみ海道地域にとって大きな存在であったことが確認できた。

2-2　しまなみ海道のサイクルツーリズム振興の成り立ち

1999年今治市はしまなみ海道の開通にあわせて、サイクリングターミナル「サンライズ糸山」を整備した。サイクリスト向け簡易宿泊所が設けられ、ロードバイクやクロスバイクなどスポーツ車も配備されレンタサイクルが始まった。また2007年には、「瀬戸内しまなみ海道観光推進協議会」（設立年不詳）と「瀬戸内しまなみ海道周辺地域振興協議会」（1994年設立）が統合されて「しまなみ協議会」が設立された。母体の組織は共に沿線の市町村を中心に構成され、前者は旅行代理店を対象とした商品企画コンペなどのしまなみ海道沿線の観光振興を担い、後者はシンポジウムや「瀬戸内しまなみ大学」「しまなみ百景選定」など地域振興を担った。「しまなみ協議会」はこの母体組織の事業を継承・発展させ、瀬戸内しまなみ海道観光パンフレット「SHIMAP」の作成・配布やWebでの情報発信、イベントや観光展などによる観光宣伝、サイクリスト向けの地図やフライヤーの提供などを行ってきた。そして、これらの事業は2017年に設立された「しまなみジャパン」に承継された。

さらに、今治市や尾道市によるレンタサイクルや「しまなみ協議会」によるイベントプロモーションに加え、2011年からは「しまなみサイクルオアシス」が、2012年からは「しまなみ島走レスキュー体制」が整備された。前者はサイクリストが気軽に立ち寄り、休憩や地域の人々と交流する場づくりであり、後者はけがや故障で立ち往生した際の救護システムである。サイクルオアシスは、地域の商店、レストラン、宿泊施設、土産物店、ガソリンスタンドなどの軒先、庭先、駐車場などに設けられ、自転車スタンドや空気入れ・工具セット、ガイドマップなどが置かれる。サイクリストの憩いの場であるとともに、地域の人々との交流の場となっており、尾道側に85か所（2016年7月現在）今治側に75か所（2018年10月現在）、計160か所に設けられている。しまなみ島走レスキュー事業では、自転車店が少ない島嶼地域の特性を踏まえ、タクシー会社と提携した故障車の運搬やレスキュー隊による修理などのサービスを行っている。こうして広域的なレンタサイクル、複数の自治体による地図作成、サイクルオアシスやサイクリスト向け簡易宿泊所、加えてレスキュー体制など、訪れる者が安心してサイクリングを楽しめる環境が整い、しまなみ海道は高い評価を得るところとなった。

3 しまなみ海道と台湾、「ジャイアント」との関わり

3-1 自転車産業の盛衰：日本から台湾、中国へ

明治維新後、自転車が欧米から日本に輸入されたが、大型の米国製自転車は敬遠され、日本人の体型にあった英国製自転車が主流となる。また、輸入車の貸し出し事業を通じ自転車の利便性が注目を集めるなかで、国産の自転車製造への動きも活発になった（自転車産業振興協会 1973）。自転車製造には鍛造の技術が不可欠であったため、鉄砲鍛冶技術を持つ者が自転車製造に目を向け手がけるようになる。宮田製銃所が商号を宮田製作所と改め本格的な製造をはじめたのが 1902（明治 35）年で、その後日本のトップメーカーになった（自転車産業振興協会 1973）。第二次世界大戦前の世界の自転車市場においては日英独が三大生産国と呼ばれ、そのなかでも英国などより安い労働力を有していた日本には価格競争力があり、一時は首位の座にあった（野嶋 2012）。

第二次世界大戦後直後の大幅な生産縮小後、各メーカーは政府の支援を受けながら生産能力の向上に努めた。また JIS による規格統一が奏功し量産化が可能となり、高度経済成長期、自転車生産は増加し人口増に伴う日本国内需要の拡大に応えた。また、世界最大の市場である米国への輸出も増加し、日本の自転車産業は大きく成長した（粂野・渡辺 2009）。製造拠点は機械製造業が発達した関西地区に集中したが、とくに自転車部品メーカーは大阪南部の堺に集まり 100 社余に達し、1973 年には全国の年間生産台数が 900 万台を超えた[8)]（粂野 2009, 周 2009）。「ブリヂストン」「パナソニック」「ミヤタ」「丸石自転車」など 4 大メーカーを軸に日本の自転車産業は黄金期を迎えた（野嶋 2012）。

8）自転車産業振興協会編（2017）によれば、1957 年に 240 万台だった日本の自転車の生産は 1973 年に 941 万台とピークを迎え、その後衰退の一途を辿り 2016 年には 9.4 万台と 10 万台を切るに至っている。

しかし、オイルショック後、米国からOEM生産を請け負った「ジャイアント」や「メリダ」など台湾のメーカーが徐々に製造数を増加しOEMをODMへ転換させ[9]、1980年代以降は台湾が日本に代わり自転車輸出王国になる（謝 2009）。また、投資環境の悪化、労働力不足、産業競争力の衰退などによって1990年代には自転車製造の中心は中国へ移った（周 2009）。この移行期には、完成車市場から撤退し専ら生産を中国に頼った日本とは対照的に、「ジャイアント」をはじめとした台湾メーカーは中国にも製造拠点や販売網を広げ、中国での市場占有率も高めた。とくに経済成長下で富裕層が増えた中国では、スポーツタイプのハイエンドな製品が人気であり、「ジャイアント」はそのニーズに応えている（野嶋 2012）。

3-2　自転車産業の中心地台湾としまなみ海道の関わり

世界最大の自転車メーカー、「ジャイアント」創設者、劉金標はそのたぐいまれな経営手腕もさることながら、「走る経営者」としても知られる企業家である。劉は、2007年に自転車による台湾1周約1,000kmの走破に続き、2009年には北京〜上海の約1,600 kmの走破にも成功した。その原動力は、多くの人々に自転車の魅力を理解してもらい、自転車に乗ることに興味をもってもらい、そして自転車をスポーツとして楽しんでもらいたいという思いである。このため、劉が売っているのは自転車という商品だけでなく、自転車という文化やライフスタイルの価値だといえよう（野嶋 2012）。2012年4月に「ジャイアント」は、今治市に直営の大型店を開設した。この店は自転車の販売だけでなく、最新機種のレンタルまで行える複合店舗であり、しまなみ海道の起点である今治市を四国におけるサイクリング拠点とすることが企図された（野嶋 2012）。一方、尾道側にも、第4節で紹介する自転車をキーコンセプトにした複合施設「ONOMICHI U2」が2014年3月に開設され、ここにも「ジャイアント」の大型直営店が店舗を構えた。これにより、山陽側の尾道にもサイクリング拠点が形成され、世界最大の自転車メーカーが、しまなみ海道の両方

9）野嶋（2012）によれば、OEMは英語のOriginal Equipment Manufacturingの頭文字をとった略号で生産を受託する会社が委託した会社の提供する図面やスペックに従って自社の生産設備を使って生産する方法である。製品は委託会社のブランドで販売される。一方、ODMはOriginal Designing Manufacturingの略号で委託企業の図面に依存せず自ら図面を引いて生産する。さらに進んだ形としてはOBM、Original Brand Manufacturingがある。野嶋（2012）では、米国自転車メーカーのOEMから事業を始めた「ジャイアント」がODMやOBMメーカーに発展を遂げる過程が描かれている。

の起点でサービスを開始した。

2012年5月には、日台交流瀬戸内しまなみ海道サイクリングが開催され、愛媛県、今治市、上島町、松山市、広島県、尾道市、江田島市、呉市などが協力し、台湾から劉のサイクリングチーム一行を迎え、日本側関係者と一緒にしまなみ海道と周辺の瀬戸内海地域の合計約300kmを4日間で走破した[10)]。また、こうした取組みをてこにして、しまなみ海道では、2013年のプレ大会を経て、2014年10月には国際サイクリング大会が、国内外から約8,000人の参加者を集めて開催された。これは高速道路を一部交通規制しサイクリング大会を行うもので、以後2年ごとに大小規模を変えながら継続して開催されるなど、サイクリストの聖地にふさわしいイベントとして定着している。また、第1回大会に先立つ2014年7月からは、それまで有料だった自転車の通行料金が無料化された。

さらに2014年10月の台湾・日月潭と瀬戸内しまなみ海道との姉妹自転車道協定の締結に続き、2016年には愛媛県が「サイクリストの聖地」と「サイクリングパラダイス」の商標登録も行った。こうした関係者の努力もあり、2017年にはしまなみ協議会が「サイクリストの聖地「瀬戸内しまなみ海道」を核としたサイクルツーリズム」で、スポーツ庁、文化庁、観光庁3庁連携の「スポーツ文化ツーリズムアワード2016」の大賞に選ばれた。しまなみ協議会の会長として、今治市長の菅良二が受賞式に臨み、「歩いて、自転車で渡れるしまなみ海道の特色を生かし、各自治体が連携してサイクルツーリズムに取り組んだ。国際活動として台湾との交流なども実施した。[…] 今後もサイクリストの聖地としての振興に取り組む」とコメントした[11)]。ここでも改めて台湾との関係構築の意義を確認できる。

---

10) 尾道市長の平谷へのインタビュー調査でも、この時の劉会長一行との試走の話に及び、2009年のテレビ局主催による大規模サイクリングイベントが一つの引き金となり、続いて広島県知事による「瀬戸内海の道構想」でサイクリングが目玉となったことが尾道がサイクリングに力を入れる契機になったと述懐した。さらには、愛媛県知事がサイクリング振興を強力に推し進め台湾や「ジャイアント」へと積極的に働きかけたからこそ劉会長の受入をはじめ一連の施策が実現したと振り返った。

11) 観光経済新聞「スポーツ文化ツーリズムアワード、大賞はしまなみサイクル」(2017年3月28日記事)(https://www.kankokeizai.com/　2024年1月30日閲覧)。

4 しまなみ海道のサイクルツーリズム振興の担い手たち

4-1　自転車で地域を活性化する「シクロツーリズムしまなみ」

2002年4月、前年の芸予地震後に設けられた災害ボランティアセンターの事務局長に就任した山本優子は市民参加型のまちづくりに取り組むが、このなかで、今治市島嶼部の振興に携わってきた。自転車との関わりは、今治市が2004年にサイクルツアー推進事業モデル地区の指定を受け、四国運輸局からの受託事業でアクションプランを作ったのが契機であった。この結果を踏まえ、さらに愛媛県から2005-2007年度の3か年のモデル事業を受託し、3か年で伯方島、大三島、大島の三つのモデルコースを作った。島嶼地域での一連の事業が「シクロツーリズム」の取組みの原点にある。そこで、島の姿や暮らしそのものが観光資源になることに山本は気づき、さらに2008年に「しまなみスローサイクリング協議会」を設立し、愛媛県の受託事業として住民参加型のしまなみスローサイクリングプロジェクトに着手した。これはモニターツアーでサイクリストのニーズを把握し、島の風習である島四国霊場巡りや、豊かな自然環境や農漁業を生かした自転車の旅を一つひとつていねいに掘り起こす作業であった。島の暮らしの魅力を発信し、その運動を根づかせるこの試みは、その後のガイドツアーの開発につながった。第1節で見た矢島ら（2011）による回り道行動の有用性についての指摘は先に現場で理解され、すでに、「シクロツーリズム」及び、その前身にあたる活動のなかで着手されていたといえる。

これら一連の動きが契機となり、山本は2009年に「シクロツーリズム」を設立した。「シクロツーリズム」が設立時に掲げた使命（ミッション）は、今治市や上島町などの島嶼地域を自転車で活性化することであり、設立後は地域と旅人の橋渡しをするガイドツアーにも先鞭をつけ、島嶼地域ならではの旅づくりを行ってきた。また、JR四国に掛け合い、愛媛県からの受託で2009年に自転車を電車で運ぶサイクルトレインも実施し、レンタサイクルの利用を加速化させた[12)]。

こうした愛媛側の動きに刺激され、翌2010年には広島県も広島－尾道間でサイクルトレインを運行した。さらに「シクロツーリズム」は、上記と同様に愛媛県からの受託でサイクリストの自転車旅行をサポートする「しまなみサイクルオアシ

12）国土交通省「自転車の聖地「しまなみ海道」を活用したまちづくり～自転車の可能性を信じて～」『地域づくり情報局メールマガジン』Vol.83（http://www.mlit.go.jp/sogoseisaku/region/chiiki-joho/mmagazine/vol83.pdf　2018年11月1日閲覧）。

ス」や「しまなみ島走レスキュー」体制を順次整備したのに続き、「サイクルボートしまなみ号」による船と自転車を組み合わせた島々を巡る旅を提供する社会実験も行った。

このように「シクロツーリズム」は、サイクリストと地域を結びつける事業開発を先導的に行い、愛媛県や今治市がこれを支援した。また、山本の眼差しは常に地域に向けられ、地域と一体になったサイクルツーリズムによるまちづくりを進めている。その先進的な取組みは愛媛県や今治市から尾道市や上島町へも伝播し、「しまなみ協議会」の支援も得ながらしまなみ海道全域でサイクルオアシスやレスキュー体制も整備されてきた。両地域で統一感のあるサービスが一体的に提供されることにより、サイクリストの聖地としてのしまなみ海道のブランド化が図られている。施策が連動して行われる好循環のなかで、「シクロツーリズム」はその起点となり、新たな施策のインキュベーター的な役割を果たしてきた[13]。

4-2　複合施設「ONOMICHI U2」

2014年7月に今治駅前に「シクロの家（後述）」がオープンするのに先立ち、2014年3月には、尾道駅の近隣地域で「ONOMICHI U2」が開業した（図4-2）。これは、昭和の初期に整備された県営上屋（うわや）倉庫の跡地利用として、2012年5月、広島県及び尾道市がこの県営上屋倉庫の活用プランを募り、瀬戸内の振興を行う常石造船グループの「ディスカバーリンクせとうち」のプランが採択され実現したものである。

「ディスカバーリンクせとうち」プランによって、この海運倉庫は日本初となる

図4-2　「ONOMICHI U2」全景（2018年5月31日撮影）

13）山本優子「サイクルツーリズムでしまなみ海道の活性化を目指すシクロツーリズムしまなみ」『地域資源の生かし方 現場のキーパーソン2017』観光Re：デザイン、2017年（https://kankou-redesign.jp/pov/6471/　2024年1月30日閲覧）。

自転車に乗ったままチェックインできる宿泊施設「HOTEL CYCLE（ホテルサイクル）」と台湾の自転車メーカー「ジャイアント」による専門店「GIANT STORE（ジャイアントストア）」、自転車に乗ったまま食事が可能な飲食店「Yard Cafe」などからなる自転車にこだわった複合施設「ONOMICHI U2」へとリノベーションされた。

公募に先立つ2011年3月に、広島県は「瀬戸内海の道構想」をまとめ、今後の日本におけるインバウンド隆盛・勃興期に向け、瀬戸内海を地中海に勝るとも劣らない世界の宝として活用するべきと提言した。提言では瀬戸内海を共通財産とする複数県にまたがる広域連携と、瀬戸内のブランド化が不可欠であると指摘された。広域連携については、瀬戸内7県[14]による「瀬戸内ブランド推進連合」を経て、「広域連携DMOせとうち観光推進機構」（以下、せとうち機構）が誕生した。また、ブランド化に向けては、宿、船・航路など七つの重要戦略が掲げられた。「瀬戸内サイクリングロード」はその重要戦略の一つであり、構想では、しまなみ海道はそのブランド戦略の重要な資産であるとした。

これをふまえ誕生した、しまなみ海道の起点となる尾道におけるサイクリング拠点、「ONOMICHI U2」は、広島県の瀬戸内海の道構想の実現にとっても重要な施設となった。この「ONOMICHI U2」のU2は、旧名称である尾道糸崎港西御所地区県営上屋2号からとられた名称であり、施設内には海運倉庫時代の鉄や石、木材などの素材が随所に散りばめられ、西御所という地の往時の歴史の記憶を承継している。雑貨店「SHIMA SHOP」には、瀬戸内の日常の暮らしを良くするというコンセプトで集められた書籍や雑誌が並べられ、レストラン「The RESTAURANT」では尾道の新鮮な魚や採れたての野菜が提供され、ベーカリーショップ「Butti Bakery」には地元食材を使った焼き立てパンがある。「ONOMICHI U2」は倉庫という空間に、尾道が自慢できるものを数多く集めて詰めあわせてつくった小さなまちであり、そこは旅人と地元の人たちが普段着で日常的に楽しみ交流する、西御所町のまちづくりの拠点となっている。

4-3　尾道のサイクリングを象徴する自転車「凪」

「凪」は、尾道のサイクリングを象徴する自転車である（図4-3）。「凪」を製造する「NAGI BIKE」は自動車の塗装設備をつくっている東尾道の会社、アンデックスの独立した自転車部門である。自転車製造プロジェクトは2010年、アンデックス

14）兵庫県、岡山県、広島県、山口県、徳島県、香川県、愛媛県の7県。

図 4-3 「NAGI BIKE」と「凪」の 1 号機 (2018 年 5 月 31 日撮影)

創業 40 年の新規事業として始められた。自転車に精通し工業デザインに経験豊富だった高橋要一がこのプロジェクトを手掛けた。当時、高橋は、アンデックスのデザイン総括でもあった。堺や東大阪など自転車産業の集積地のつてを辿り、台湾メーカーによるフレーム生産の目途がたったところから事業は現実化する。よい自転車作りの鍵は利用者のニーズをどれくらいとり込めるかにあるが、それには、尾道にふさわしい自転車を世につくり出す必要があった。自転車の疾駆に最適なしまなみ海道がある一方で、尾道には坂や路地もある。この特性を考え、軽くて路地や坂でも走れ、かつロードバイクと同じ乗り心地の自転車、すなわち、ロードバイクの感覚で走ることができる、小径の自転車の実現が求められた。

「凪」とは瀬戸内海の風物詩で早朝や夕方の風が止んだ時の状況を示す言葉である。尾道や、しまなみ海道に合う自転車という意味でこの名がつけられたが、凪いだときの夕焼けのなかで、穏やかな綺麗な水面をすべるように走る感覚が、尾道メイドの自転車、「凪」のイメージである。

しまなみ海道と尾道のまちなみ約 160km で行われる走行テストは、上り、下り、直線など走行点検に必要なすべての条件を満たしている。1 回走るごとに乗り心地やメカニックを点検し部品を改良し組み上げる。この試行錯誤を繰り返し、2011 年 9 月、開発から 1 年半で 1 号機 100 台の販売が開始された。その後、NAGI BIKE は、「凪」を全国的な展示会に継続して出展している。また、2013 年 10 月、ツール・ド・フランスを 3 度制したグレッグ・レモンが、東京のスポーツ店で「凪」を試し、その完成度を高く評価しアメリカへ持ち帰った。2013 年から「凪」はレンタサイクルに採用され、2014 年から店頭販売を始めた。現在、「NAGI BIKE」は、「ONOMICHI U2」の「ジャイアントストア」とともに、しまなみ海道における自転車のメンテナンス拠点となっている。

4-4 「しまなみジャパン」：自転車から村上海賊へ

2017年3月に「しまなみ協議会」は、「しまなみジャパン」に発展改組された。マーケティングやプロモーションなどに経験豊富な民間人を公募し専務理事に据え、今治市や尾道市などの行政経験者に広告代理店など民間の担い手を加え、マーケティング手法を用いた分析に基づき、収益面を強化しながらしまなみ海道を振興する戦略組織に衣替えした。2017年度の「しまなみジャパン」の予算は全体が1.9億円でそのうち1億円がレンタサイクル費、2600万円がサイクリング大会のイベント費、3600万円がフライヤー作成などのプロモーション費で残る2800万円が管理費となった。尾道市のレンタサイクル事業を引き継いでサイクルツーリズム振興を事業の中心に据え、イベントやプロモーションでサイクルツーリズムを支援する一方、「しまなみジャパン」は、収益力の強化を図る方針である。

このため、「しまなみジャパン」は、DMOへの改組に伴いその機動性を生かし、初年度の2017年度にはウエディングと地域コンテンツ販売システム事業を新たに導入した。ウエディング事業は、海外でリゾートウエディングが主流であることに着目し、瀬戸内の絶景を生かそうとするものである。この自然を活用すれば、しまなみ海道では、橋の横断幕でのプロポーズ、橋脚の上での結婚式、遊覧飛行での結婚式、バスの中での結婚式など、さまざまな取組みができる。また、地域コンテンツ販売システムの導入により、DMOサイトから入り、宿泊・体験プログラムの予約と決済ができるようになった。連携する観光協会には豊富な情報があるので、活用すればさまざまな個性的な施策を展開することも可能である。

一方、「しまなみジャパン」への改組に先立つ2016年4月には、尾道から今治に至るしまなみ海道の地域一帯が「“日本最大の海賊”の本拠地：芸予諸島―よみがえる村上海賊Murakami KAIZOKUの記憶―」として日本遺産の認定を受けた。これにより、村上海賊とその伝統・ストーリーが、しまなみ海道とともに広く認知された。日本遺産の認定を踏まえ、「しまなみジャパン」は、しまなみ海道に海賊のイメージを定着させるねらいから、「海賊プロジェクト」を立ち上げ、第一弾として「海賊むすび」を始めた。これは沿線の店舗がしまなみ海道の食材を中心とした具材でおむすびを作って販売するもので、2018年11月現在24店舗が参加している。これをさらに、海賊のろし体験やしまなみ海道文化の駅「海賊砦」の提案誘致など将来の夢へもつなげていきたいと専務理事の合田省一郎は考えている。

このように「しまなみジャパン」は自転車を基調にしつつも、自転車以外に楽しめるコンテンツの充実を図っている。

5 しまなみ海道のサイクルツーリズムの広域連携

5-1 広域連携の仕組み：その構造と機能

しまなみ海道の開通以降、今治市や尾道市はサイクリングに最適なしまなみ海道の特性を生かし、レンタサイクルを中心にその魅力づくりに努めてきた。また、サイクルオアシス、レスキュー事業などサイクリストが安心してしまなみ海道を楽しむことができる環境整備も地道に進めてきた。後者の試みはいずれも「シクロツーリズム」の提案をふまえ、愛媛県の実証事業として行われ実現したものである。また、このようなサイクリストが安心してしまなみ海道を楽しむことができる環境整備は尾道市や上島町でも連携して実施され、しまなみ海道地域一体で統一的な施策として行われている。このなかにあって、しまなみ協議会（後に「しまなみジャパン」へ改組）もサイクリスト向けの地図とフライヤーの提供やイベント、プロモーションで取組みを支援してきた。このように、しまなみ海道のサイクルツーリズム振興に係る広域連携の中心には愛媛県と今治市があり、これに尾道市と上島町が連携する形で成り立っている。これがしまなみ海道のサイクルツーリズム振興の基盤である。そして、「シクロツーリズム」は、比喩的な意味において、地域やサイクリストのことを考えながら、地域やサイクリストのニーズに沿った新たな施策（ソフトウェア）を生むアプリケーション開発（以下、アプリ開発）の機能を担う。これらを支援するのが、「しまなみ協議会」及び、それを継承した「しまなみジャパン」である。これが、しまなみ海道のサイクルツーリズム振興における広域連携の仕組みであり、その構造であり、かつ、その構造のなかでそれぞれが果たす機能である。3層が有機的に機能することで、サイクルツーリズムの促進や台湾との関係の強化が図られている。

このなかにあって、とくに、地域住民やサイクリストの視点に立ち、地域住民やサイクリストのニーズにそって新たな事業開発を行ってきた「シクロツーリズム」の役割が重要である。活動の端緒は設立前の2004年にさかのぼる。2004年頃は架橋効果が薄れ、観光客も減り、それに伴いレンタサイクル利用者も底をついていた状態であった。その際、国の受託事業で行ったのが「サイクルツアー推進事業モデル地区」のプロジェクトであった。この取組みで、山本が島の姿や島の暮らしそのものが持つ価値の重要性に気がついたことが、その後の「シクロツーリズム」設立とガイドツアー実現の契機となる。「シクロツーリズム」は6人の役員で構成され、常勤スタッフが4人で、アルバイトが5人の体制である（2018年11月調査時点)。年間の売上は全体で4000万円である。内訳は、マップ・書籍販売が1200万円、ゲストハウスが1000万円、ガイドツアーが400万円、補助金が500万円、講師派遣が300万円、その他600万円となっている。売上のウェイトこそ低いが、このガイドツアーが「シクロツーリズム」の活動の核である。2013年には地域限定旅行業の資格を取得し、より内容を充実させたが、この事業において「シクロツーリズム」は、旅行者と住民の双方を支援する。顧客は住民で、住民のサイクルツーリズムへの貢献のモチベーションを維持しながら生活に負担のないプログラムをつくる必要がある。その一方で、旅行者であるサイクリストのニーズにも応える必要があり、これらをふまえたバランスの取れたプログラム開発が重要となる。このガイドツアーという商品造成は、いわば「シクロツーリズム」にとって研究・開発であり、サイクルツーリズム振興の「ソフト開発」の心臓部分にあたる。しまなみ海道を選んでくるサイクリストは、目的意識をもって訪れる人々なので、サイクルツーリズムのコンテンツに対する感度も高い。モデルコースに必要な地域の魅力、コンテンツを発見するのはサイクリストたちである。サイクリストたちが求めるのは、第一にゆっくりとした旅(瀬戸内リズム)、第二に新しい旅のスタイルである。当初は自分たちで作っていたツアーのメニューが、旅行者の発見に寄り添う形のものに変わってきたのもこのためである。このように地域と旅行者に真摯に向き合い、地域へ十分気配りしながら旅行者のニーズの一つひとつにていねいに対応し続けたからこそ、「シクロツーリズム」はしまなみ海道のサイクルツーリズム振興の「アプリ開発」におけるインキュベーターとして機能している。

5-2　新たな自転車文化創造の諸相

こうして広域連携の仕組みを中心に今治と尾道がサイクルツーリズムの振興でつながり、自転車の製造や自転車文化構築に先駆的に取り組む台湾との連携も強化されている。台湾からフレームの供給を受ける「凪」は、2013年からレンタサイクルにも使用され、2017年には尾道側保有900台のうち100台を占めるに至っている。また、「シクロツーリズム」による自転車を核にしたまちづくりや愛媛県による自転車新文化創造のプロジェクトも進められ、「ONOMICHI U2」や「NAGI BIKE」などの新たな挑戦もある。これらがあいまって、しまなみ海道地域一帯に新たな自転車文化が形成されつつある。「シクロツーリズム」が進めてきた自転車を核にしたまちづくりの推進は、サイクリストや地域住民のニーズに沿って進められてきた。住民有志が軒先を提供する休憩スポットの「サイクルオアシス」は、庭先にベンチ

図4-4 「シクロの家」全景（2018年11月12日撮影）

をおき、空気入れやトイレを貸し出す簡易な施設である。

しかし、これは単にサイクリストへ施設を提供するだけでなく、住民との交流拠点の面を同時に持ちあわせ、これが自転車によるまちづくりに寄与している。この交流拠点の整備とまちづくりの推進にさらなる貢献をしているのが、「しまなみ自転車旅の宿」整備（2013年からの愛媛県からの受託事業）の一環で誕生したゲストハウス「シクロの家」である（図4-4）。

これは今治駅前の長屋を改装して2014年に開業した簡易宿泊所であり、サイクリストが交流するサイクルツーリズムによるまちづくりの拠点にもなっている。この整備はさらに進み、「シクロツーリズム」は、「シクロの家」に続き2018年には波方にも新たなゲストハウスを開業した。今治市内のサイクリスト向けの宿泊施設は、「サンライズ糸山」、今治駅前の「シクロの家」、波方の「なみトみなと」の3か所となり、この3か所を結んでトライアングル地帯が形成されることにより、これまで素通りされる傾向があった今治市内に、サイクリストが回遊するまちの態勢が整った。この仕組みによって今治における自転車によるまちづくりは新たな段階を迎えた。また、シクロの家がオープンした2014年には「ONOMICHI U2」も開業したが、「ONOMICHI U2」も単なる複合施設の整備に留まらなかった。尾道駅東側の商店街や傾斜地の移住者が創出した賑わいに対し、「ONOMICHI U2」は、レンタサイクル施設とあわせ尾道駅の西側にも自転車を核にしたにぎわいを創出し、内外の者が相互に交流する西御所町のまちづくりを進めるものである。

一方、尾道メイドの自転車、「凪」の生産・出荷の最小単位（ロット）は100台に絞られており、ハンドメイドに近い製法がとられている。このように、ブランドを守り育て非日常を楽しむための道具としての自転車を利用者に届け続けることが

「NAGI BIKE」の使命（ミッション）となっている（高橋 2016)。ここで象徴的なエピソードを一つ紹介しよう。

あるとき、高橋のもとに、かつて父親が乗っていた古い自転車に乗ってみたいので修理してほしいという案件が持ち込まれた。修理の依頼者は、その自転車の保有者だった父親とは体格も違い寸法も異なる。父親が乗っていた古い自転車なので、修理のための部品も簡単には手に入らない。部品の自製も必要になるため作業も困難をきわめたが、悪戦苦闘して修理して返したところ修理の依頼者にたいへん喜ばれた。このように昔のものを再評価して自転車と一緒に当時の記憶をよみがえらせ、それに今日的な価値を与える動きが出始めてきた。その意味ではこの地域において自転車が一つの文化として捉えられはじめているといえる（高橋 2016)。

こうした「シクロツーリズム」などによる自転車を核にしたまちづくりや、「NAGI BIKE」の自転車造りなど新たな自転車文化創造は、愛媛県による自転車新文化創造の取組みを含め、創造都市論など別の視点からの分析すべき課題である。「凪」の持つ完成車の再興の意義や課題についても、日本における自転車産業論のなかでも考察すべき重要な論点であろう。

5-3　広域連携の意義

本章では、しまなみ海道のサイクルツーリズム振興を牽引する担い手へのインタビュー調査から、しまなみ海道のサイクルツーリズム振興の広域連携が、愛媛県と今治市をコアに尾道市と上島町が連携する形を基本に、その上で「シクロツーリズム」が新たな振興策の揺籃役を果たし、しまなみ協議会がこれを支援する構造と、それぞれが果たす機能を明らかにした。

しまなみ海道のサイクルツーリズムは、愛媛県と広島県にまたがる広域的なものであり、これは愛媛県「愛媛マルゴト自転車道」「四国一周サイクリング」や広島県・島根県「やまなみ街道サイクリングロード」など周辺地域へ拡がる可能性がある。このような点を踏まえ、この広域連携の構造と機能を PC の構造と機能になぞらえて整理する。

表 4-2 のとおり、サイクルツーリズム振興には②のアプリ開発が必要で、これが起点となる。このアプリ開発を利用者や住民の目線に立ってできるか否か、また、まちづくりの視点があるかどうかが発展性や継続性を担保する上での鍵となる。また、こうした新たな芽の育成も大切である。しまなみの場合は愛媛県や今治市が「シクロツーリズム」の提案を受け止め、それを実証してきたが、この役割も

表 4-2　しまなみ海道のサイクルツーリズム振興の構造と機能

	構　　造	機　　能
①基盤体制	（広域連携の枠組み） 今治市・愛媛県 ＋　尾道市（＋上島町）	（今治市・愛媛県）→シクロの提案を事業化 （今治市→尾道市、上島町）→ノウハウ提供
②アプリ開発	シクロツーリズムしまなみ、 ONOMICHI U2、NAGI BIKE	・利用者、住民目線でサービス開発 ・自転車によるまちづくりの推進：ゲストハウス
③周辺の支援体制	しまなみ協議会→しまなみジャパンへ改組 （行政、観光協会、商工会等）	・①と②の側面支援（マップ作成、PR 等） ・周辺地域への拡張活動

出所）インタビュー調査をもとに作成。

重要である。ただ、これも普及が伴わなければ単なる社会実験に終わる。実証・普及の①の基盤体制、とくに受入側の受容が重要となる。これも普及の鍵になる。また、観光協会や商工会などとの連携、すなわち、③の周辺の支援体制が整えばサイクルツーリズムはさらに円滑に機能する。しまなみ協議会はこれによく貢献してきたが、それはまた、「しまなみジャパン」に継承されている。これまで考察してきたように、①と②と③の三つの仕組みが整いこの基盤体制、アプリ開発、周辺の支援体制の３者がバランスよく配置され機能することが鍵となる。主体が入れ替わっても、あるいは主体が複数になっても、各々に求められる役割が実行できるなら問題はない。求められる役割をいかに充足させるかが重要になる。以上のような仕組みがしまなみ海道のサイクルツーリズム振興を成功裏に導いたのであり、この構造と機能は同様に広域的なサイクルツーリズム振興を考える他の地域へも展開や応用が可能である。

一方、しまなみ協議会を継承した「しまなみジャパン」が、これまでの自転車振興に加え、第一にウエディング事業など DMO としての「稼ぎ」に力点を置き、第二には日本遺産村上海賊を生かした新たなプロジェクトに力を入れ始めている。収益力の強化に伴うサイクルツーリズム以外の事業への注力で、「しまなみジャパン」は変質する可能性もある。このため、「しまなみジャパン」の支援の変化が、今治の中心市街地や尾道の商店街や傾斜地などのまちづくりに影響を与えるのか、相互の関係は今後どのようになるのかは、今後も考察すべき重要な論点の一つである。

6　まとめ

本章では、しまなみ海道のサイクルツーリズムの振興の構造と機能を考察し、その成立過程と仕組みについて明らかにした。また、新たな自転車文化の創造や稼ぐ力への注力などについても考察した。

このなかで、本書の主題との関わりで最も重要なのが、インキュベーターとして、しまなみ海道のサイクルツーリズムのコンテンツ開発を地域目線で主導した「シクロツーリズムしまなみ」の山本の活動である。活動の出発点には、2001年の芸予地震をきっかけに知ることになった島の人々の暮らしや営みが、島々の自然に溶け合い魅力を発揮していることへの山本の気づきがあった。これは、前章で見た豊田たちの「商都850年の歴史・伝統・文化に基づくヒューマンスケールのまちづくり」と同様に、地域の固有性を発現するものであり、それが山本たちの運動の源になっている。

それは、瀬戸内の島々の景観と暮らしを、サイクリストが求める瀬戸内地域をゆっくり味わう旅（瀬戸内リズム）と結び、新たな発見の喜びへ誘うものであり、地域を丹念に調べて作られた地図やサイクルオアシスがそれを媒介した。また、それらは、しまなみ協議会を介し、尾道市側にも伝えられ、しまなみ海道の広域連携の基礎を作った。

ここにおいて、目的意識と感度の高いサイクリストの眼差しは、地域の魅力の源となる地域の固有性を発見し、新たな魅力を付け加えた。また、地域やサイクリストに向けられた山本の眼差しによる観察と発見から、島の暮らしや営みなど地域の日常のなかの新たな魅力が発掘され、それがサイクリストへと届けられた。こうして生まれたサービスが、サイクリストと地域の人々をつないでいる。たとえば、「サイクルオアシス」は、地域住民とサイクリストが交流する拠点施設となった。

加えて今治においても、前章でふれた豊田・村上や、金野、大南と同様、山本に共感・共鳴した人たちが集まり、駅前のゲストハウス「シクロの家」を起点とした「なみトみなと」「サンライズ糸山」に、今治の新たな回遊空間を形成した。また、尾道の空き家再生グループでは、年間6500万円の「現代版結」という小さな経済循環を生み出したが、今治においても、年間4000万円の小さな経済循環を創り出した。これら共通資産はコモンとしての性格も有するが、彼（女）らは、地域に経済循環を創出しつつ、学習するコミュニティとしての役割も担った。

これらの基底にあるのが、尾道同様、島嶼地域の人と暮らしへの愛着であり、本物を求め開発した山本のノウハウが、しまなみ海道をつたって、相互に参照され共有され、サイクルツーリズムの広域連携の礎を築いたといえる。なお、この愛着（アタッチメント）は、次章で考察する尾道の「生産の世界」において、「生産の世界」論が示す「個人間の世界」の特徴を表す重要なキーワードの一つである。

尾道地域への価値付与の試み

「生産の世界」論の観点からの再分析

05

第３章、第４章でみてきたように、造船業の衰退などによって、一度はまちの勢いを失った広島県尾道市が、若い移住者の集積やサイクルツーリズムの振興などから復興を遂げつつある。本章では、第３章や第４章の考察を踏まえながら、いったん産業都市としての衰退を経験した尾道が新たに経験しつつある変化のきざしの意味や要因を、地域への価値付与という観点から、ストーパーとサレの「生産の世界」論（Storper & Salais 1997）に依拠しながら明らかにしていこう。

1 地域への価値の付与に注目して尾道を考える

1-1 創造都市論と地域への価値付与

多くの先進諸国において、脱工業化やグローバリゼーションが進展するなかで、鉄鋼業、造船業などを中心とした従来型の工業都市や地域は、産業の空洞化とそれに伴う地域のアイデンティティの喪失といった深刻な状況に直面してきた。それに対し、第２章で説明したようにナントやビルバオといった都市では、産業構造を変化させ困難な社会・経済状況に対応する新たな発展の可能性が示されてきた。ナントは文化施設リュー・ユニックを活用した音楽祭などの施策を通じ（菅野 2004)、ビルバオはグッゲンハイム美術館の分館誘致を核とした文化政策などの実施により(吉本 2004a, 2004b)、まちに再び活気を取り戻した。

都市政策における文化・芸術の重視は、欧米の諸都市に限ったものではない。日本においても、横浜市のように都市ヴィジョンとして「文化芸術創造都市―クリエイティブシティ・ヨコハマの形成に向けて」を掲げ、「BankART1929」など創造都市への取組みをとおして重工業都市からの脱皮を図っているケースもある（佐々木

2012)。また、かつて瀬戸内工業地域の一角をなした銅精錬所の島、直島とその周辺地域一帯が、瀬戸内国際芸術祭の展開で工業依存体質から脱却し、現代アートの中心地として脚光を浴びているケースも、都市の規模や地域の射程に違いはあるものの、同様の文脈のなかで捉えられるだろう（高山 2017, 中島 2012, 山島 2014)。

文化・芸術が持つクリエイティブな力は、都市・地域に創造的な人材を引きつけると理解されてきた。たとえば、フロリダ（2008）は、芸術、デザイン、エンターテインメントなどに従事するクリエイティブ・クラスが、才能（Talent)、技術(Technology)、寛容（Tolerance）の三つのTがそろうアメニティ空間を好み、そうした特性を備える都市や地域にクリエイティブ・クラスが集積していると分析した。先述の都市・地域における「文化・芸術による都市・地域の再生」は、このようなクリエイティブ・クラスが好む空間を創出することにより、クリエイティブな人材を集積させ、都市・地域に活力を生み出した好例であるといえよう。

こうした創造都市の事例は、地域に新たな価値を付与し、クリエイティブな人材を集積させ、イノベーションなど地域変容の動力を形成する過程として理解することが可能である。そこでは、文化・芸術を通じて、新たな角度から地域のさまざまな資源を見出し、表現し、地域に価値を付与する過程が重要な意味を持つ。日本でも 2014 年の「増田レポート」（増田 2014）を一つの契機とし、「地方創生」に大きな焦点が当てられている（作野 2016)。そのなかにあって、2020 年 3 月の『地域経済学研究』（第 38 号）で「「地域の価値」を考える」が特集された。このように地域への価値付与は、創造都市に限らず地域の活性化において、そして、今後の地方創生を考える上でも、重要な概念になりつつある。

1-2 「生産の世界」論の分析枠組をとおした尾道の分析

創造都市論は、文化・芸術による衰退産業都市の創造都市への転換を強調し、都市や地域が持つクリエイティブな特性や政策手法を浮き彫りにした。そうした議論では、多くの政策的インプリケーション（含意）が提示されてきた。とはいえ、都市や地域における複雑な社会・経済の変化のなかで、いかなる過程を経てそのような特性を備えるに至ったのかは十分につまびらかではない。これに対し本章は、地域への価値付与という観点から、「生産の世界」論の分析枠組を用いて、地域変容の過程を浮き彫りにすることを目的とする。

具体的には、変化を遂げつつある広島県尾道市を事例とし、その変化のきざしを構成する諸分野の生産の世界に焦点をあてる。尾道において、個々独立して発展してきた生産の世界が次第に変化し、相互に参照されながら結びつけられ、それが地域に価値を付与し、尾道という地域をどのように特徴づけているのかを明らかにする。「生産の世界」論は、地域における財やサービスの変化の考察を通じ、内発的かつ自己維持的な経済発展の過程へと経済主体を参加させ、イノベーションへと向かわせるような諸慣行の編成を明らかにする（立見 2007：60）。人々の意識と行為を方向づける規範的な慣行が、財やサービスの質を規定し、あるいは、価値の付与（valuation）を可能にする枠組みとして機能するという観点から考察を加える。

なお、本章が対象とする尾道は、第 3 章で説明したように、瀬戸内海の交易の拠点や造船の中心として栄えた歴史がある一方、基幹となる造船業は高度経済成長期後に停滞した。また、文学や映画の舞台となったまちとしても知られ、尾道水道からの眺望と相まって、観光地としてのすぐれた特色を有しながらも衰退を経験し、活気を呈していた商店街もかつてのにぎわいを失った。

ところが 2010 年代、中心市街地へ若い移住者が集積するなかで、画家・写真家・映像作家などクリエイティブな人材が集まり、また、CNN が世界で最も美しいサイクリングロードと高く評価したしまなみ海道の起点として、尾道は再び全国的に注目されるようになってきている（望月 2018, 2019）。尾道市立大学を中心とした尾道学の蓄積を活用して尾道市が働きかけ、「尾道水道が紡いだ中世からの箱庭的都市」として、2015 年 4 月には、日本遺産の認定も受けた（尾道市歴史文化まちづくり推進協議会 2018）。さらに、移住した若者らが中心となって、傾斜地や商店街にパン屋、雑貨店、帽子屋などを出店し、中心市街地にも活気が戻った（望月 2018）。また、第 4 章で説明したように、サイクルツーリズムを起爆剤として、四国・今治ともつながる瀬戸内海地域一帯でツーリズムが広域的に展開されてきたことで、尾道はその中心的な役割を担うようにもなってきた（望月 2019）。

ところで、ツーリズム[1]は、文化・芸術と同様に創造産業の一つと理解されており（村田 2018, 山村 2017）、クリエイティブな人材の集積とあいまって、尾道では、これまで創造都市論のなかで論じられてきたような現象が起こっている。そうした尾道の変化のきざしを構成しているのは、第一に、一度は衰退した基幹産業の造船であり、第二にサイクルツーリズムで伸張する「観光」（ツーリズム）であり、第 3

1）ツーリズムには、大衆観光を意味する「マスツーリズム」と、価値観の多様化などに対応したオルタナティブな「ニューツーリズム」の流れがあるが、本章では、「ニューツーリズム」の流れをツーリズムと称し、「マスツーリズム」と分けて用いる。

に2000年代以降トレンドとなってきた移住、起業、生業などの新たな形態の経済的な活動領域と不可分な空き家再生事業である。

本章の構成は以下のとおりである。

第2節で生産の世界の成り立ちと地域の価値付与との関係を整理し、「生産の世界」論の基本的な枠組みを確認する。第3節において、尾道の新たな変化のきざしを特徴づける造船、観光（ツーリズム）、空き家再生の三つの生産の世界を概観する。第4節では、それらの生産の世界が地域といかなる関わりを持つのかについて考察する。そして、その相互の参照に目配りしながら、これら異なる活動領域に由来する諸資源がどのように結びつき、それが尾道という地域へといかなる価値を付与しているのかについて明らかにしたい。

2 地域への価値付与と「生産の世界」論

2-1 生産の世界の成り立ちと地域への価値付与

まず、「生産の世界」論の前提として、何らかの経済活動が成立するためには、市場交換に先立って財や人などさまざまな存在物の性質が規定されなくてはならないという考えがある。財の質への合意が存在しなければ市場交換は成立しないし、取引相手の能力が不確実であれば他者の行為に対する期待を形成できない。こうした観点から、「生産の世界」論は、「経済調整」（coordination）における「性質決定」（qualification）の問題を中心的な論点とする。そして、この性質決定は、特定の評価軸から存在物の質（価値）を定める作業であるという意味で、本節でいうところの価値付与におよそ相当するものである。なお、評価軸は一つではなく複数の可能性に開かれており、「慣行」（convention）としての性格を持つ。

「生産の世界」論は、製品の質を構成する二つの要素、すなわち投入物と市場との関係から「可能世界」（possible world）と呼ばれる、ありうべき経済調整の仕組みを明らかにする。市場の特性と投入物の特性から、四つの理念的な経済調整モデル（「個人間の世界」「市場の世界」「工業の世界」「知的資源の世界」）を析出する。

しかし、この可能世界は、あくまで可能性の次元にとどまる。それが現実の世界となるためには、人々の意識と行為を調整するような何らかの慣行が共有されなくてはならない。こうした可能世界から現実世界への移行を媒介するのが、アイデンティティと参加の慣行である（Storper & Salais 1997：189）。また、一つの可能世界は、互いに整合的な一群の慣行を持つ（「個人間の世界」「市場の世界」「工業の世界」「知的資源の世界」)。言い換えると、可能世界はありうべき経済調整の世界を示す「理念型」であり、それが実際の経済として実現するためには、人々の認知や行為を調整するための「装置」(dispositif) が必要となる。そうした装置の中心を占めるのが、慣行と呼ばれるタイプの制度であるといえる（立見 2019)。「生産の世界」論においては、人々の能力を規定し集団的な相互作用の仕方を定めるような慣行が重視される。

「生産の世界」論が依拠するコンヴァンシオン経済学においては、アクターが実際の行為の状況（プラグマティックな状況）において直面することになる「試練」(テスト）とその乗り越えが重視される。「試練」(テスト）を経てはじめて、人や物といった存在物の性質（あるいは偉大さ）が確定され証明される。「生産の世界」論においても、あらゆる生産は、現実において、経済的整合性の「試練」(テスト）を乗り越えなければならない（Storper & Salais 1997：21）とされ、経済的整合性の「試練」(テスト）が生産者に課せられる。生産者は特定の可能世界の論理と整合するように、適切な能力を形成し、相互の期待を調整し、固有の資源を発展させ、生産物の質の根拠を証明するなど、諸活動を展開しなくてはならない。なお、実際には、一つの可能世界が現実化するというよりは、いくつかの可能世界が接合した混交的な状況を構成する。

「生産の世界」論自体は、産業分析一般や労働経済など広範な応用範囲を持つ。しかし、共著者の一人であるストーパー (Storper 1997) が経済地理の分析を展開していることから、日本ではこれまで主として産業集積、なかでも産地の分析に用いられてきた。たとえば、立見は、アパレル産地の児島において、学生服やカジュアルジーンズの製品分野の各々が立脚する世界と構造的に両立する地域の慣行が、関係性資産として、試練（テスト）を乗り越え、生産物の質を規定することを可能にしたと論じる（立見 2019)。立見は言及していないが、本節の課題と引き寄せるならば、この結果、当該産地の振興が図られ、児島に新たなジーンズの産地としての価値（valuation）が付与されたといえる。立見による一連の研究（立見 2006, 2019）は、産地の変化を「生産の世界」論で考察することにより、地域の変化の過程と特徴を明らかにしている。これらの研究はいずれも、各々の生産の世界を地域の慣行と照らしあわせ、当該産地の生産の可能世界との整合性を検証した。そして、製品の価値付与は地域への価値付与と強い関連を持ちうる。立見（2006）によれば、今治タオルの産地が、環境変化に伴う生産の行き詰まりと対峙し、その当時の現状に対する問題意識とその解決方法を盛り込んだ「評価モデル」を産地内で共有することで、試練（テスト）を乗り越え、それに即し、旧来の慣行（取引関係、製品）を変化させることで成功をおさめた。これにより、中国製の安価な製品の流通で危機に瀕していた今治タオルは、高級なタオル産地としての新たな価値を創造し新たな発展の展望を得た。本章では、こうした考察を応用し、製品の価値付与と地域への価値付与の収斂を考察の焦点とする。

地域への価値付与に対する関心は、現代資本主義における地域産業の考察において高まりつつある。現代資本主義の特徴は、知識や情動などの非物質的な生産・消費にある。この特徴から、認知資本主義ともいわれ、先にみた創造経済とも同義と理解される（山本 2016）。それは知識やアイデアの生産・消費が中心となる世界である。こうして地域経済学・環境経済学者の除本は、現代が認知資本主義の時代であるとの前提に立って、「地域・場所・空間の「差異」、「意味」が人々のコミュニケーションを通じて間主観的に構築される」ことを地域の価値と呼ぶ（除本 2020）。地域はオーセンティシティ（真正性）を有することにより、他の地域にはない固有性を具備することになる（内田 2020, 佐無田 2020）[2)]。これが地域の価値を措定し、地域に価値を付与する。

ここでいう価値付与とは人やモノを特定の観点から評価し、テストしその性質を決める作業に等しい（立見 2019, 2020, Heinich 2020）。これは、生産の可能世界が、アイデンティティと参加の慣行による「試練（テスト）を乗り越え」（Storper & Salais 1997：21）、関係性資産を形成する過程とおよそ同義であると考えられる。

このような文脈から考えると、第１章で言及したように、ローカル志向や田園回帰も、地域への価値付与の源泉となる本物を地域に希求する動きの一つといえよう（松永 2015, 作野 2016）。一方、本物であることは、高い商品的価値を生む源泉にもなりうる。高い商品的価値は、山﨑と鍋山らによる「地域創生のプレミアム戦略」（山﨑・鍋山 2018）や田林らによる「農村空間の商品化」（田林 2013, 2015）といった概念が指しているものである（佐無田 2020）。これは、生活の質を求める動きと地域の魅力を商品化する動きにも分けられる（佐無田 2020）。このように、地域の価値は両義的である。このため佐無田は、地域の側が地域の価値を商品化する動向に対抗しながら、これを利用していくための地域的な制度の構築によって両者の相克を

2）たとえば、森崎（2018）は、コンヴァンシオン経済学の「シテ」の概念を用いて真正性（オーセンティシティ）の価値づけの分析を行い、伝統産業の和菓子の創造産業への変容を考察した。

乗り越えるべきだと指摘する（佐無田 2020）。この重要な指摘についても、本章における「生産の世界」論を用いた地域の価値の分析と照らしあわせて考えたい。

2-2　生産の可能世界

前項 2-1 での考察を踏まえ、次に、「生産の世界」論の四つの可能世界を詳細に確認する。市場の特性から横軸で専用化と汎用化で区分するとともに、投入物（製品）の特性から縦軸で専門化と標準化とを区分することによって、図 5-1 のように四つの区分（象限）が成立する。この四つの区分のうち、標準化と汎用化が右下の「工業の世界」、標準化と専用化が右上の「市場の世界」、専門化と専用化が左上の「個人間の世界」、専門化と汎用化が左下の「知的資源の世界」である。専門化が進めば範囲の経済が働き、標準化が進めば規模の経済が働く。また、専用化は不確実性を伴い、汎用化では予測可能なリスクが働く。市場の特性は消費者の匿名性と画一性の程度が指標となり、上段へ行くほど専用化が進み下段へいくほど汎用化が進む。上段では、絞り込んだ需要に向け生産が行われ、極端なケースでは特別注文になる。専用化された製品は消費者の好みに基づき質が決定されるため、製品製造は小規模で多品種な形態になり、結果として市場は不安定になる。一方、汎用製品は最終製品として、匿名的な市場で販売される。製品の質の標準化が前提となるので、ここでは市場は安定し計画的な投資ができる。投入物の特性は、より左側へ行けば専門化が進みより右に行くほど標準化が進む。

次に、各々の可能世界の特徴をみていく。「工業の世界」は、標準化され汎用化された製品の世界である。標準化・汎用化により、消費者は汎用品を容易に手にすることができ、生産者には設備投資の見通しがたつ。生産の不確実性に伴う予測可能

		投入物の特性	
		専門化	標準化
市場の特性	専用化	個人間の世界	市場の世界
	汎用化	知的資源の世界	工業の世界

図 5-1　可能世界の理念型

出所）Storper & Salais（1997）、Storper（1997）により作成。

なリスクを回避するために、生産者は、標準化・汎用化による代替置換で取引を安定化させる。大量生産により「大数の法則が働き」(Storper 1997：110)、生産者は市場の不安定要因を取り除くことができる。いわゆる典型的なフォーディズムの世界である。車の組立ラインのように、主に装置によって組み立てられ、個々の労働力に依存しない。製品の性格は非人格的で個人的な特徴は持たない。こうして生産が安定化する反面、標準化・汎用化は容易に模倣されうるので、生産者は価格競争にさらされる。

「市場の世界」は、標準化され専用化された製品の世界である。標準化は、生産者に対しロイヤリティの付与や特別な関与を回避させるので、生産者は消費者に対し標準的な製品の提供が可能となる。一方、専用化の性質から、特定の種類の製品は、特別な需要にあわせて生産される。その濃淡は標準化と専門化の組合せによる。アパレルファッション産業や家具産業などが該当する。市場の世界においては、競争は、価格と迅速な反応に重点が置かれる。つまり、市場の動きに敏感で、かつ迅速に製品を差別化できなければ、生産者は「市場の世界」で競争に打ち勝つことはできない。言い換えると、市場の変化への対応能力や市場の創出能力が、「市場の世界」で勝ち残るための鍵となる(立見 2006)。

「個人間の世界」は、専門化され専用化された製品の世界である。生産者と消費者の関係は、信頼、名声、イメージで支えられている。例としては、ヨーロッパのクラフト産業のほか、シリコンバレーの半導体産業、サンディエゴのバイオテクニクス産業(Storper 1997：113)などがある。生産者は、不安定な市場に対し暗黙知や慣行的な知識で需要を的確に把握し、短期間で製品をその需要にあわせる。それが製品の個性を高める。競争は製品の質をめぐって行われ、消費者の求める質を実現できれば、価格はある程度度外視できる。これを支える専門家やその共同体は、実際の地域社会に根ざし、特定の地理的範囲に集中している。ここには、地理的な近接性に伴う日常的なコミュニケーションにより暗黙的な知識が蓄積されているので、種々のイノベーションの実現が可能となる(立見 2006, 野尻 2015)。

「知的資源の世界」は、専門化され汎用化された製品の世界である。新たなものの開発や新たな資産の発見と、それを使用可能なものにする営みである。これは、サイエンス型産業の開発部門や大企業のR&D部門などの活動に相当する。ここでは市場がまだ確立されていないので、製品の需要やそれに伴う専門的な知識・ノウハウや手法は開発途上にある。知的資源の世界において必要となるのは、「個人間の世界」のような限られた製品やクライアントに特化したノウハウではなく、一般的なノウハウである。まず、科学や医者・弁護士などの専門的な規範（Storper & Salais 1997：37）に則って開発し、後に参照・認識できるよう知識を体系化する。この世界の知識やノウハウは、単なる過去からの継承でもなく、「個人間の世界」のような慣習にもとづく伝達でもない。この点でも暗黙知に依存する個人間の世界とは異なる（立見 2019：92）。

2-3 アイデンティティと参加の慣行

ストーパーとサレは、生産の可能世界と慣行の関係を次のように要約している。「生産の世界」は人と事物からなる可能世界と慣行で構成される世界である。また、「生産の世界」論においては、アイデンティティと参加の慣行が、行動の調整機能を担っている。そして、あらゆる生産は現実において経済的整合性の試練（テスト）を乗り切らなければならない（Storper & Salais 1997：42–43）。

このアイデンティティと参加の慣行が、諸個人の人格の規定と正当な行為の範囲を確定し、経済主体との関係性のあり方と行為原理を定める。アクターは、可能世界の論理に従って慣行を生み出し、財や人の性質を規定することで行動を調整しなければならない。それにより特定の製品に由来する不確実性を削減し、イノベーションを実現する（立見 2019：62）。

アイデンティティと参加の慣行は、他者の行為を評価する基準を提供するという意味で本来的に評価モデルとしての慣行である。また、その尺度はあくまでも相対的なものであり、可能世界に応じてそのあり方は異なってくる。そして特定の地域は、アクターの価値観や集団組織のあり方を形作るようなアイデンティティと参加の慣行に基づいて、特定の可能世界に進む（立見 2006）。

つまり、アイデンティティと参加の慣行は、アイデンティティの性質が人格的か抽象的かの区分と、集団への参加が成員か非成員かの区分で四つになる。可能世界と対応する形でアクターの行動を調整する行動の枠組みに類型化され、次頁の図5-2のように、右下の非成員で抽象的な「工業の世界」、右上の非成員で人格的な「市場の世界」、左上の成員で人格的な「個人間の世界」、左下の成員で抽象的な「知的資源の世界」の四つの区分となる。

図5-2に示す区分について、まず、「アイデンティティの性質」についてみれば、上段は経済的なアクターが持つ人格的な性質を基本に構築される。上方へ行けば人格的に、下方へいけば抽象的になる。上方では、個人の資質が問題となり、評判や馴染み深さによって構築される。ここでは、「アクター間の緊密な相互作用が最も

		集団への参加	
		成員システム	非成員システム
アイデンティティの性質	人格的	個人間の世界	市場の世界
	抽象的	知的資源の世界	工業の世界

図 5-2　アイデンティティと参加の慣行
出所）Storper & Salais（1997）、Storper（1997）により作成。

重要になる」(Storper & Salais 1997：190)。下段の抽象のカテゴリーは、免許や学位など形式的な知識や技能を基本にしている。抽象的で匿名性を帯び個人の人格に依存しないので、諸個人は「同じ資格を有する他者に置き換え可能である」(Storper & Salais 1997：190)。

次に、図 5-2 に示される「集団への参加」の程度を示すこの左右の位置は、集団の参入が外部に開放的なのか閉鎖的なのかを測る。左側が成員システムで左へ行くほど外部に閉鎖的で、右側が非成員システムで右へ行くほど外部に開放的である。成員システムでは参加は限定されるものの、一度参入が認められればそのなかで権利を享受し相互利益が期待できる。一方、成員には義務が伴い、また、成員システムは複雑かつ保守的で制約がある。アクター間の相互作用は協調的となる。他方、非成員システムでは参加が容易な反面、義務は生じないものの成員が持つ権利や相互利益は期待できない。成員システムに入るのか非成員システムに入るのかは参加の入口で分けられ（Storper & Salais 1997：189)、自由に参入できる非成員で抽象的な枠組みにおいては、完全競争に近い状態になる（Storper & Salais 1997：190)。

慣行は、結果としてアクターの行動を一つの方向に収斂させていく意味で、行動を調整する装置といえる（長尾・立見 2003)。また、それはアクターに特定の行動原理を付与する装置だと言い換えることが可能である（立見 2006)。このように、「生産の世界」の成り立ちと「地域への価値付与」との関係を整理し、次に、尾道の「生産の世界」の基本的な枠組みを確認することとしたい。

3 尾道の生産の世界：造船、観光（ツーリズム）、空き家再生

3-1　尾道の概観

尾道では、第一にかつての基幹産業であった造船、第二に自転車で特色づけられた観光（ツーリズム）、第三に若い移住者を集める空き家再生において、新たな動きが顕在化してきた。こうした認識に基づき、2017年7月から2019年5月にかけ、次頁の表5-1のとおり、この三つの範疇、造船、観光（ツーリズム）、空き家再生の主要な関係者に対し合計10件のインタビュー調査を行った[3)]。この調査を踏まえ、本節では、尾道における地域再生の動向を概観した後、この三つの領域の新たな変化のきざしを「生産の世界」論で考察する。なお、主要施設の位置は、図5-3と図5-4のとおりである。

まず、尾道の歩みである。「生産の世界」論での考察との関わりから、第3章第2節などと重複するところも多いが、ここで改めて尾道の歩みを振り返ることにする。

尾道が、中世の大田庄（現・世羅町）の積出港として公認の倉敷地となったのは、1169（嘉応元）年である。平家の滅亡後、大田庄は没官領として法皇領に組み

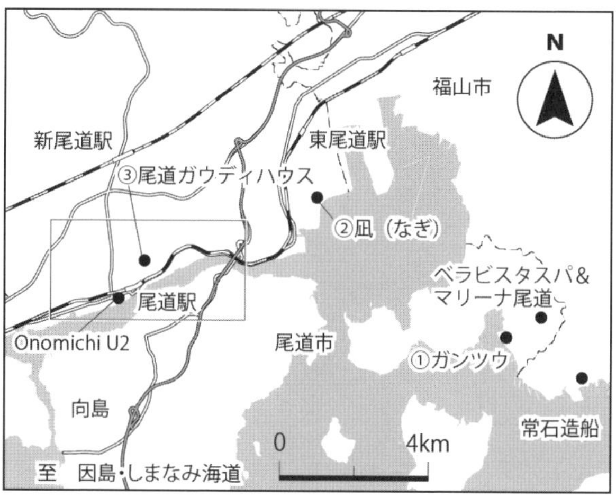

図5-3　尾道概略図（筆者作成）

3）また、2020年12月、合計3回の追加インタビュー調査を行った。本章注7)、14)、19)、20）参照。

表 5-1　新たな変化の兆しの特徴（アイデンティティと参加の慣行）[4)]

	インタビュー対象者			日　時	場　所	概　要
1	NPO 尾道空き家再生プロジェクト	代表理事	豊田雅子	2017 年 7 月 2 日	三軒家アパートメント	プロジェクトの成り立ち
2		副代表	山根浩揮	2017 年 7 月 3 日	浪漫珈琲（尾道駅）	プロジェクトの支援
3		専務理事	新田悟朗	2019 年 6 月 1 日	みはらし亭	空き家バンク制度の運用
4	尾道市都市部まちづくり推進課	主幹 住宅係長 専門員	實井公子 岩田紀子 内海博文	2019 年 5 月 31 日	尾道市都市部まちづくり推進課	空き家バンク制度の概要 登録数、居住数など
5	しまなみジャパン	専務理事 事務局長	合田省一郎 新宅康生	2017 年 7 月 3 日	しまなみジャパン	レンタサイクル事業などの運用状況
6	ONOMICHI U2（ディスカバリーリンクせとうち）	副社長（広報総括）	井上善文	2017 年 12 月 26 日	ONOMICHI U2	ガンツウ、ONOMICHI U2、尾道デニムの概要
7	尾道デニム（ディスカバリーリンクせとうち）	担当	綿吉杏	2018 年 12 月 3 日	尾道デニム（店舗）	尾道デニムの運用状況
8	アンデックス／NAGI BIKE	チーフプロデューサー	高橋要一	2018 5 月 31 日 2018 年 8 月 23 日	アンデックス／NAGI BIKE	凪（なぎ）の成り立ち
9	中国運輸局海事振興部	部　長 船舶産業課長	平尾嘉宏 竹本康裕	2019 年 5 月 30 日	中国運輸局海事振興部	海事都市尾道の特徴など
10	広島市立大学	特任教授	佐藤俊雄	2017 年 12 月 25 日	広島市立大学	瀬戸内造船クラスターの形成

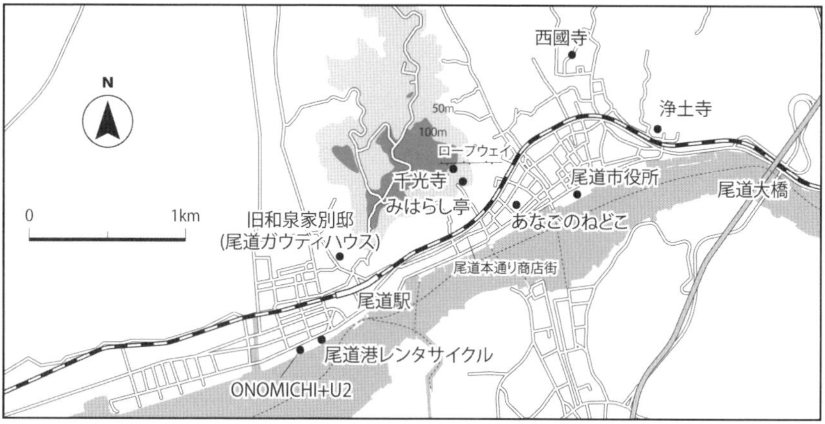

図 5-4　尾道拡大図（筆者作成）

入れられた後、1186（文治 2）年に、後白河法皇から紀伊高野山へ寄進された（青木 1977：78)。大田庄の年貢米を輸送する基地となった尾道では、他国や他領からの入港で津料も徴収された。南北朝の争乱期には、浄土寺が両勢力の錯綜する場に

4）「尾道空き家再生プロジェクト」をはじめ、高級宿泊船「ガンツウ」、自転車「凪」など今の尾道を特徴づける事例の内容や意義については、表 5-1 の関係者へのインタビュー調査をもとにしている。各々 1 時間程度のインタビュー調査を実施しまとめた。
豊田からは、「NPO 空き家再生プロジェクト」の立ち上がり経緯から、2017 年 7 月 2 日までの活動内容を調査した。また、プロジェクトの支援は副代表の山根から、制度は尾道市、運用は新田から聴取した。合田、新宅からは、レンタサイクルを中心に行う「地域連携 DMO しまなみジャパン」の活動全般と今後のビジョンを中心にインタビューした。井上からは、「ONOMICHI U2」の副社長であるだけでなく、「ディスカバリーリンクせとうち」やグループ会社の広報全般の責任者であることから、「ディスカバリーリンクせとうち」のプロジェクト全般及び、グループ会社の常石造船の高級宿泊船「ガンツウ」についてインタビュー調査した。綿吉には尾道デニムの運用状況を聴取した。「NAGI BIKE」の高橋からは「凪」の製造の成り立ちを聴取したのち、日を改め、「凪」の技術的な特性を聴取した。平尾、竹本からは、尾道がエンジン以外は全てがそろう日本でも屈指の船舶修繕基地であることを確認した。佐藤からは、ちゅうごく産業創造センター（2009）の取りまとめ経緯を含め瀬戸内造船産業クラスターハブ形成の概要を調査した。この調査報告書がとりまとめられた当時、佐藤は、（社）中国総合研究センター地域計画研究部長として、受託調査責任者の地位にあったためである。

なるなど（青木 1977：115）、瀬戸内海中部の港町として尾道は重要視され、室町時代は山名氏、応仁の乱後は毛利氏の直轄地となった。福島氏の検地の後、浅野氏の検地で、尾道町の町域が久保・十四日・土堂の3町に定められ、1713（正徳3）年には町奉行所も設置された（勝矢 2008：60）。

1672（寛文12）年からは、北前船も入港した。尾道港は広島藩の外港として年貢米や国産品の大坂蔵屋敷への積出港になり、大森銀山（現・島根県大田市）の銀が石見経由で尾道に運ばれ、船便で江戸へ輸送された（青木 1975：60）。豪商たちは寺社に寄進し、この高台の傾斜地には寺社や豪商の住居が建てられ、今日に連なる尾道の歴史景観の礎を築いた。海の道、中国山地からの銀の道、西国街道が交錯する尾道は、まさに、ターミナル（「尾」の道）として機能し、港町・宿場町・商業の町として栄えた。

一方、中世から港町として発達した尾道は、明治期以降も瀬戸内海航路の大阪・神戸と四国を結ぶ有力な寄港地として栄えた。また、対岸の向島や島一つ隔てた因島とともに、尾道では造船業も発達した。こうした背景から、尾道の造船業は周辺の関連産業を集め、外部経済効果を伴い産業が発展した。日清戦争や日露戦争による船舶需要拡大に伴う造船ブームの間、造船所の立地は、従来の阪神地区から瀬戸内海地域へ移った。建造量では、大阪鉄工所因島造船所が抜きん出て多く、日中戦争以降に設立された造船所が広島県に集中した。第二次世界大戦後、瀬戸内海沿岸地域を中心に日本の造船業は展開され、尾道はその中心的な役割を担った（寺岡 2012）。高度経済成長期に広島県の経済を牽引した造船業は、オイルショック以降、船舶需要や為替の激しい変動、あるいは韓国・中国の造船業の台頭などから低迷を余儀なくされ、尾道の造船業も衰退した。

広島県においては、第二次世界大戦後、広島市を中心に自動車産業のマツダが下請企業群との間に企業城下町を形成し、広島県経済を支えた。1960年代の備後工業整備特別地域の指定以降、日本鋼管やシャープで発展した福山市が広島県の東の拠点になり、1980年代以降はエルピーダメモリ（後のマイクロン）など電子デバイス産業の立地や、広島大学の東広島市への移転により、県の中央部に位置する東広島市が台頭した。1993年には、広島空港も県の中央部に移転開港し、尾道はさらに停滞した。

大正期、昭和初期には『放浪記』著者の林芙美子が暮らし、『暗夜行路』著者の志賀直哉も滞在した尾道は、文学のまちとして親しまれてきた。第二次世界大戦後には小津安二郎が『東京物語』の舞台として、尾道の傾斜地を選んだ。大林宣彦監督による故郷尾道を舞台にした『転校生』（1982年）、『時をかける少女』（1983年）、『さびしんぼう』（1985年）は「尾道三部作」として人気を集め、映画のまちとしても知られた。しかし、高度経済成長とモータリゼーションは、坂と路地のまちを歴史の後景に追いやり（望月 2018：70）、かつては人気を博した、尾道水道を臨む眺望に恵まれた傾斜地の住宅地も空き家と廃屋の場に変わった。

3-2　変化の新たなきざし：三つの生産の世界の変容

1）造　船

第二次世界大戦前から発展した造船業は、第二次世界大戦後においても、日本の高度成長期を支え、国策により大手造船会社を中心に、石油輸送のタンカーをはじめとした大型船を建造した。その結果、1956年以降1984年までの29年間、日本は新造船進水量世界1位を記録する造船大国となり、大阪鉄工所の流れをくむ日立造船因島工場や向島工場もその一翼を担った（村上 1986）。この時期は、大量生産が基調のフォーディズムの隆盛期であり、因島工場が造船所別進水量で1966年に世界3位、1968年に6位（日本船舶協会 1971：82–83）と、尾道は日本のみならず世界を代表する造船業を擁した。これに伴い、造船業の就業者数も1972年には8,000人を超え（日立造船 1985：8）、造船所の就業者は、土生地区から北部の重井地区や愛媛県の岩城村地域などへその居住地域を広げていった（村上 1973：87）。尾道の造船業は、「工業の世界」で発展し、地域の経済や雇用に大きく貢献した。

しかし、オイルショックによる急激な海運市場の低迷が大幅な船腹過剰を招き、造船業は構造的な不況業種となり大手企業が撤退するなかで、尾道もその影響を被る。こうして、石油タンカーを中心とした大型船建造の主力は韓国や中国へと移った。一方、こうした大手企業の撤退・再編に伴い、大手各社の京浜、阪神など大都市型工業地域にあった事業は（山本 1977：148）、瀬戸内地域へと移転・集約されていった。もともと中小・中堅造船企業の多くが瀬戸内海地域に立地していたため、これらがあいまって、尾道・備後、今治、玉野、坂出、丸亀の5地域は、船舶製造・船舶工業の世界シェアの6分の1に相当する17%を占める瀬戸内造船産業クラスターを形成し、尾道・備後はその中核的な役割を担った（ちゅうごく産業創造センター 2009）。それは、移転・集約に伴うメンテナンス拠点としての集積であった。このため、舶用機器・船体ブロックの製造や船体の修繕、船主の個別ニーズに細かく対応する組立・加工、修理などが造船業の主体となる。アルミ船を得意とするツネイシクラフト＆ファシリティーズや船の修繕が得意なユニバーサル造船因島事業所や向島ドックなどによる、多品種で少量の製品の製造や修理・修繕サービスが主となった。こうして、業務の内容は船主のニーズに専用化されてはいるものの、標準的な製品やサービスの提供が中心の「工業の世界」と「市場の世界」が混在した状態であった。

一方、NHK で放送された連続テレビ小説『てっぱん』[5] の舞台にもなった特殊な船を建造する技術を持つ石田造船や、和船を建造する岡田造船などが、船主の個別ニーズに細かく対応する専門化された「個人間の世界」の船舶の製造も行っている。このように、海事都市、尾道の造船業は今日多様であり、その担い手は、「工業の世界」「市場の世界」から「個人間の世界」にわたって広く分布している。かつての大型船建造の頃の影響力は失ったものの、造船業が尾道市の製造品出荷額の約 2 ～ 3 割を構成し地域経済を下支えしている。

このなかにあって、2017 年に常石造船が就航させた高級宿泊船「ガンツウ」は、造船からツーリズム、創造産業への接近を象徴する事例である。「ガンツウ」は、広島県が 2011 年 3 月にまとめた「瀬戸内海の道構想」[6] に基づき組成された地域ファンドの第 1 号案件で、「構想」の実現の一翼を担う。この豪華宿泊船は、尾道の境ガ浜マリーナを発着拠点に多数の航路で瀬戸内のシークエンス観光をつくり、19 部屋 38 人の定員で 1 泊 40 万円～ 100 万円の非日常の旅を提供する。クルーズやボートなどによる多島美を生かす船旅の充実による「船と航路とみなと賑わい」の創出は、次節で説明するサイクリング振興とならんで、瀬戸内ブランドの重要戦略の一つである（広島県 2011）。2013 年には JR 九州が高級宿泊列車「ななつ星 in 九州」を運行し成功をおさめたが、「ななつ星 in 九州」が「プレミアムな列車の旅を創造」（山﨑・鍋山 2018：39）したように、「ガンツウ」はプレミアムな船旅を創造した。「ガ

5）2010 ～ 2011 年放映でブームとなり、千光寺山ロープウェイの利用者が増加した（図 5-6 ☞ 114 頁）。

6）構想は、「瀬戸内海を地中海に勝るとも劣らない世界の宝」として活用すべきだと提言した。また、これを実現するためには瀬戸内海を共通財産とする複数県にまたがる広域連携が必要であり、シルクロードの名づけ親、ドイツの地理学者、リヒトホーフェンが絶賛した瀬戸内海を（リヒトホーフェン 1943：16-17）、その評価どおりにブランド化することも必要だとした。これらを踏まえ、瀬戸内 7 県による瀬戸内ブランド推進連合を経て、2016 年に、「せとうち観光推進機構」（3 月）と「瀬戸内ブランドコーポレーション」（4 月）が誕生したが、「瀬戸内ブランドコーポレーション」は、瀬戸内 7 県の地方銀行で構成する団体で 100 億円のファンドを組成し、「せとうち観光推進機構」の施策を資金面から支えている。

表 5-2　新たな変化の兆しの特徴（アイデンティティと参加の慣行）

区　分	ガンツウ	凪（なぎ）	尾道ガウディハウス
主　体	常石造船（企業）	アンデックス（企業）	空き家再生プロジェクト（NPO）
形　態	造船業：高級宿泊船（瀬戸内海の遊覧）	観光業：自転車（しまなみ海道）	空き家再生：空き家再生の原点
時　期	2017 年 10 月から運航開始	2010 年 4 月からプロジェクト開始	2008 年 1 月からプロジェクト開始
内容（可能世界）	19 室 38 人定員、1 泊 40–100 万円（特定顧客に専門化・専用化）、全長 81.2 m、3,200t。2 泊 3 日、3 泊 4 日の瀬戸内海周遊、多数のコース。	塗装ブースメーカーの新規事業（完成車への新規参入）。2011 年 9 月初号機リリース、ロット 100 台（専門化・専用化）。	尾道空き家再生プロジェクトの象徴、三軒家と並ぶ活動拠点、「みはらし亭」と共に有形文化財。利用者限定ゲストハウス（専用化・専門化）。
特　色（アイデンティティと参加）	着岸せずに錨泊しながら瀬戸内海を周遊。海の上で非日常を楽しむ（朝夕日、星空）。小型舟艇→無人島探検、バーベキュー、定置網漁師体験など（限られた顧客：成員かつ個人の感性を刺激する仕掛け）。ガンツウとは地元のカニにちなむ名称→時が経つほど愛される瀬戸内海の滋味を継承する。	坂と路地、しまなみ海道→尾道には自転車に必要な全てがそろう。小径でロードの乗り味の実現→グレッグ・レモンがその完成度を絶賛。2013 年〜レンタサイクル採用（→定番化）利用者のニーズに徹底的にこだわるクラフト産業に近似する（成員・人格的）。	車座での空き家談義など、空き家再生に係る学習の場。資材の搬出入を共同で行う「土嚢の会」など相互扶助の仕組みを確立。プロジェクトが会員組織の成員システムで成り立っており、「ガウディハウス」はその象徴として機能する（成員・人格的）。

出所）インタビュー調査をもとに作成。

ンツウ」は、富裕層向けの豪華な船旅の提供に専門化・専用化された「個人間の世界」に位置づけられるものである。

船の名称である「ガンツウ」は、瀬戸内海に広く生息するイシガニを表す備後地方の方言で、よい出汁がとれることから、味わい深いカニのように時がたつほど人々から愛され瀬戸内の滋味を継承するという意味が込められている。尾道、そして、瀬戸内への愛着がキーコンセプトである。「ガンツウ」は、錨泊という船上滞在や小型舟艇を使った瀬戸内海の無人島体験など、豪奢な非日常を楽しむ装置として機能する。なかには、生口島に寄港し、そこからサイクリングを楽しむ者もいる。また、瀬戸内芸術祭の拠点、直島で現代アートを鑑賞する者もいる。「ガンツウ」が届けるありのままの尾道や瀬戸内の日常が、利用者にとっては非日常の体験になる（表 5-2）。

顧客は、東京首都圏からの 50 歳代から 70 歳代のシニアの富裕層が大半でリピーターも多い。そのサービスは、富裕層向けの商品造成の専門家たちが提供する[7]。顧客ニーズを反映し改善を重ね更新され続けるさまざまなサービスは、たえず個人の感性を刺激する「仕掛け」となっている。こうして、顧客も間接的にサービスの生産に関わり、対象層も限られる。このため、「ガンツウ」は、会員組織で運営されるものではないが、成員システムに準じた性格とみなされる。これらのことから、アイデンティティと参加の慣行は「個人間の世界」に位置づけられる。

2）観光（ツーリズム）

尾道水道をのぞむ丘の傾斜地は、多くの豪商が寺社に寄進した建物が並び、豪商自らもそれらの豪奢な建物に居住した。かつてその傾斜地は、尾道の繁栄の象徴であった。文学や映画のまちとしての知名度もあり、高度経済成長期には、尾道は多くの観光客が大型バスで訪れ寺社を巡り、千光寺公園から尾道水道の眺望を楽しむ神社仏閣・物見遊山の地としてにぎわった。尾道の観光メニューは標準化され、旅行会社がターゲットにするマスツーリズムの適地の一つとして、観光商品は汎用化されていた。坂の上からの住宅の景観は、旅行商品の重要な構成要素でもあった。高度経済成長期において、尾道の観光業の可能世界は「工業の世界」にあったといえる。

一方、その後の多品種少量生産方式への転換期において、観光業界でもオルタナティブなツーリズムが模索され（山下 2011：116）、フルパッケージの旅行商品も、交通と宿泊だけを決めるフリープランの旅へと変わっていく。なかには航空券のみといった交通だけのプランも現れ、旅行者の選択肢が増えた。全国的な傾向として、旅行商品・投入物の特性は標準化されてはいるが、市場の特性は旅行者に専用化される「市場の世界」の可能世界へと重点を移した。尾道は 1980 年代から 1990 年代にかけての市場の変化には適応できなかった。さらには、そうした状況に造船不況が重なり、図 5-5 に示した旧尾道市で顕著なように、1980 年代から 1990 年代にかけて尾道は低迷した [8)]。

造船不況に伴い大規模な人員削減が敢行されるなかで、尾道駅前の旅館も、この頃から経営がきびしくなった [9)]。観光客の減少に加え、ビジネス客も減少したためである。これらの要素が重なり、かつては大型観光バスで訪れた多くの観光客は、尾道を訪れなくなった。家族や少人数の利用が主となる「市場の世界」の市場構造

7）2020 年 12 月 24 日、「ツネイシ L&R」（ライフ・アンド・リゾート）の井上善文と清水埣子へ追加のインタビュー調査を実施した（15:00–16:30）。清水は、グローバルにラグジュアリーホテルを展開するバリ島のアマンにかつて在籍し、そこに日本の富裕層を送客した経験を持つ。また、清水は、2017 年 4 月の立ち上がりから今日に至るまで、一貫して「ガンツウ」の運営に携わっている。顧客から得た意見を踏まえ、清水を中心に、約 50 人で構成されるクルーら専門スタッフが協議を重ね、提供サービスを更新している。

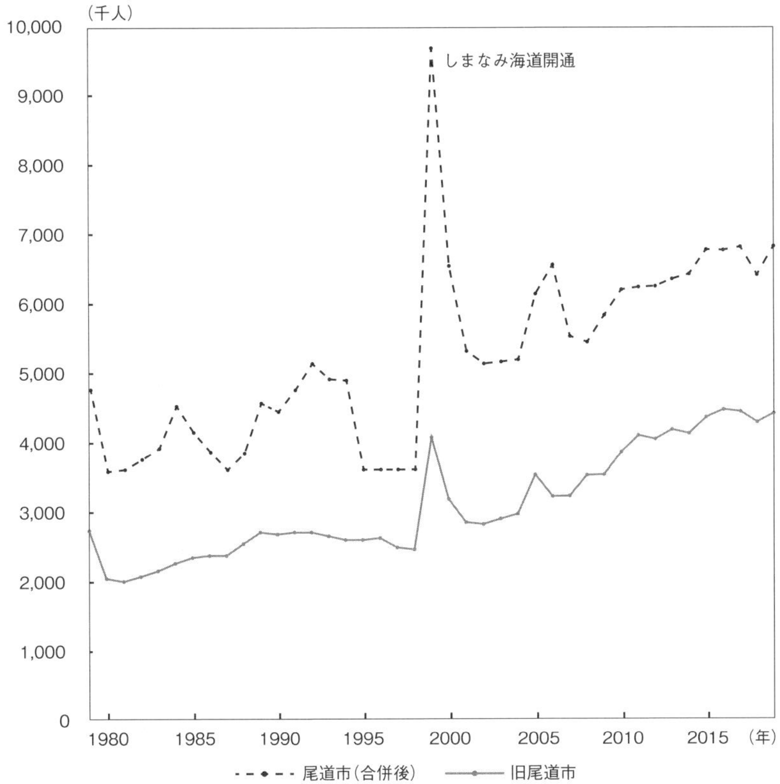

図 5-5　観光客数の推移　出所）尾道市資料により作成。

に適応できないまま、商店街も閑散とするようになった。2000 年代も、図 5-6 のように、観光客数も映画『男たちの大和』のロケに伴い 655 万人（2006 年）となるなど一時的な特需はあったものの、2008 年は 542 万人と従前の水準に戻った。

8）1999 年のしまなみ海道の開通時、観光客数は、尾道全体としてはそれまでの倍以上となっているが、旧尾道市の伸びは小幅である。旧尾道市は、2005 年 3 月 28 日に御調郡御調町・向島町と、2006 年 1 月 10 日に因島市・豊田郡瀬戸田町とそれぞれ合併し尾道市となった。本章は、尾道全体を視野に入れつつも、旧尾道市に焦点をあてて考察した。

9）高橋へのインタビュー調査においても、1980 年頃から、祖母の営む尾道駅前の旅館が経営的にきびしくなったことが語られた。

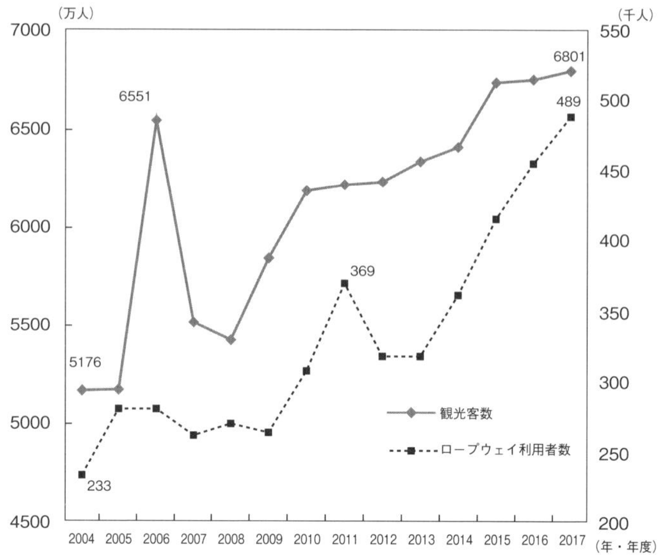

図 5-6　観光客数及び千光寺山ロープウェイ利用者数の推移　出所）尾道市（2018）により作成。

こういった状況に転機をもたらしたのが、しまなみ海道のサイクリングであり（図 5-7）、2010 年頃から観光客数が増加した（図 5-6）[10]。しまなみ海道が一部開通した 1999 年から、今治市と尾道市は相互に協力し、しまなみ海道振興のためレンタサイクル事業を開始したが、2000 年代はその利用者数は合計しても 3–5 万人前後に留まっていた（図 5-7）[11]。

2011 年度に 6 万人を超えたあたりから利用者が伸びはじめ、5 年後の 2016 年度には約 2 倍増の 14 万人超を記録するに至った（図 5-7）。これに伴い観光客数も着実に増加を続け、2017 年には 680 万人と、2008 年に比べ約 140 万人の増加となった。

こうして、しまなみ海道は全国的にも注目され、2011 年には、「尾道メイド」[12]の自転車の「凪」も販売が開始された。また、2014 年 3 月には、自転車を核とする複合施設「ONOMICHI U2」も開業した。「ONOMICHI U2」の U2 は県営の倉庫で

10）レンタサイクル、ロープウェイのデータは年度値、観光客数は暦年値である。

11）しかも、当初は、サンライズ糸山などサイクリングターミナルを設け自転車専用道の整備などに先行した今治側の利用者が大半を占めていた（望月 2019：129）。2006 年の完全開通後は、尾道側も徐々に利用者を伸ばし、2014 年度には尾道が今治を上回った（図 5-7）。

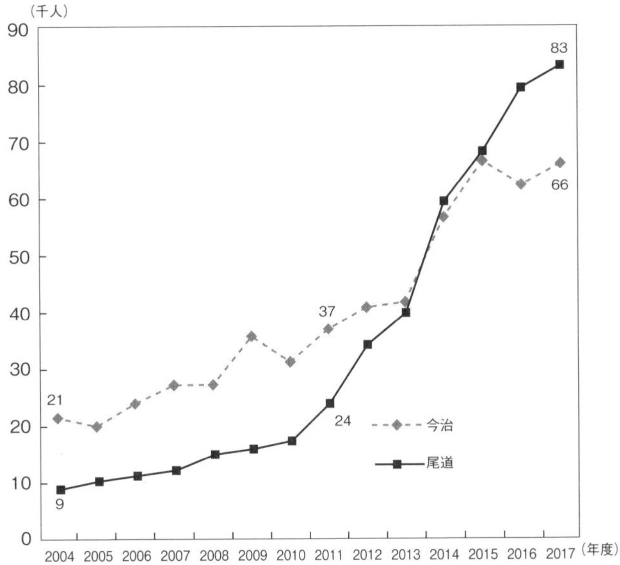

図 5-7　レンタサイクルの利用者数の推移（発地別）　出所）尾道市（2018）により作成。

あった西御所地区県営上屋（うわや）2 号からとられた名称で、「ガンツウ」と同様、「瀬戸内海の道構想」実現のキープロジェクトの一つであった。この海沿いの倉庫は、自転車を核とした複合施設に改装された。

一方、「凪」は、尾道市街地やしまなみ海道での走りに徹底的にこだわった自転車である。自転車産業においては、1980 年代、完成車の生産拠点が日本から台湾や中国へと移った。小規模ながらも、新たな完成車メーカーが尾道で誕生したことは、サイクリングの中心地尾道を特色づけるものとなった。

こうして、「凪」や「ONOMICHI U2」は、観光（ツーリズム）における新たなきざしの象徴的な存在となった。そして、しまなみ海道のサイクリングに特化された「凪」は、オーダーメイド型に近い生産方法をとり、「個人間の世界」に軸足を置く生産物である。自転車は非日常を楽しむための道具であり、そのニーズ、個人の自転車に対する愛着に応えるのが、「凪」を設計・製作した高橋要一の考えである。そ

12）「尾道が舞台の品物に尾道のタイトルを載せないという選択はしたくない、かといって「made in Onomichi」と言い切ることはできない。考え抜いて出した私の結論が「尾道 MADE（尾道メイド）」でした」（高橋 2016：71）。

れゆえ、生産台数も1回100台と必要最小限で、特定顧客をターゲットにしている。高橋は、限られたターゲット、すなわち成員システムの層の需要に的確に応える人格的なアプローチをとることで業績を安定させている。このように「凪」のアイデンティティと参加の慣行は、「個人間の世界」に位置づけられる（表5-2 ☞ 111頁）。

3）空き家再生

尾道の空き家再生は、2008年1月に設立された「NPO尾道空き家再生プロジェクト」によって、代表理事の豊田雅子や副代表の小野環（大学教員）、山根浩揮（会社経営者）などを中心に進められている。空き家バンクの運営・実務は、主に専務理事の新田悟朗が当たっている。傾斜地付近の約500軒ある空き家は、その大半が個別の顧客により建てられた大工の手仕事による建築基準法の対象外のもので、建築当初から「個人間の世界」に位置づけられ、戦後住宅が標準化され「工業の世界」が主流となる時代には価値を喪失し、空き家が増加していた。モータリゼーションの発達で、生活者にとっては歩行が辛い坂があり、下水も整備されず不便で住みにくい傾斜地は、居住地としてマイナスのイメージがもたれ、空き家は、不動産の流通にのらず、2000年代当初から設けられた尾道市の空き家バンクの登録も進まなかった。尾道市から委託を受け、これら明治・大正・昭和の特徴ある建物の再生を手がけたのは、豊田らであった。

豊田らは、移住を検討する者に、自ら修復を行うことを前提に、再生に必要な建物の基礎知識のほか、建築、土木、左官の技術の習得や相互扶助による再生の仕組みを整えた。再生の仕組みには、尾道空き家談義、尾道建築塾、尾道空き家再生チャリティ・イベント、チャリティ蚤の市、空き家再生ピクニックなどがある。壁塗りや床の補修は自分で行うが、メンバー同士で道具の貸し借りや余った材料の譲渡、ノウハウの共有などをする。また、空き家から出た骨董類を蚤の市に流通させ、残余の家財道具の搬出、粗大ごみの処分、改修資材の搬入などをボランティアで共同して行う仕組みもつくった（望月 2018）。

この結果、放置され、かつ、行政では登録が進まず、登録後にも成約に至らなかった空き家が流通しはじめた。2009年度より尾道市から受託し、「空き家再生プロジェクト」事業を開始した。年間約600件の相談がコンスタントに寄せられ、毎年、物件の登録は20件程度で、居住は10世帯前後となっている。2009年から2018年までで、216件の空き家が登録され、104世帯が居住した（2018年度末現在）。

旧和泉家別邸、通称「尾道ガウディハウス」[13] は、豊田がNPOになる前の任意団体の時から活用する自らの修復建物であると同時に、空き家再生に必要となる知識や、技術の習得、相互扶助の仕組みなどを構築するための戦略拠点であった。その意味で、「尾道ガウディハウス」は空き家再生の原点であるとともに、尾道中心市街地へ若い移住者を集めた象徴であった。これは、豊田の考えや取り組みに共感した若者たちの参加から構成された世界であり、その可能世界は「個人間の世界」に位置づけられる。この空き家再生に加え、豊田らは、「尾道ガウディハウス」を含め北村洋品店や三軒家アパートメントなど14の大型物件を再生した。このなかには商店街の「あなごのねどこ」や、傾斜地の「みはらし亭」などのゲストハウスもある。「尾道ガウディハウス」も、引き続き、空き家再生の活動拠点として機能しながら、特定顧客専用のゲストハウスにもなっている。

空き家再生のきっかけは、空き家となった建物に関する情報や、「尾道ガウディハウス」修復の様子を発信する豊田のもとに、全国から多くの賛同者が集まったことにあった。豊田の再生活動に共鳴した仲間たちが空き家再生を始めた。このため、「尾道空き家再生プロジェクト」は、会員制の成員システムを基盤とし成員間の人格的な結びつきで成り立ち、アイデンティティと参加の慣行は、当初から「個人間の世界」にあった（表5-2 ☞ 111頁）。

4 生産の世界から地域への価値付与へ

4-1 生産の世界と地域との関わり

次に、個々の生産の世界の尾道との関わりである。前節で見たように、造船業、観光業、空き家再生の三つの範疇のうち、それぞれの変化を特徴づける活動としての「ガンツウ」「凪」「尾道ガウディハウス」を取り上げ、それらがどのように地域に関わっているか考察する。

1）「ガンツウ」

「ガンツウ」を建造したのは、尾道近郊、福山市沼隈地域に拠点を置く常石造船である。尾道において造船業が衰退するなかで、常石造船は、為替差損の回避のためには、グローバル化への対応が鍵となると考え、海外生産体制を確立した。1994

13）旧和泉家別邸は、屋根に個性と特徴があったので、尾道の観光マップに「和製ガウディ」と載り、「尾道ガウディハウス」という通称で呼ばれた。

年にセブ島（フィリピン）、2001年には江蘇省鎮江（中国）に工場を設け、国際分業体制を確立することで安定経営基盤を整えた。一方国内では、新製品の開発、販売、設計、資器材の調達・輸送、生産技術開発、工程・品質管理、IT化、技能伝承などの中枢を担う。頭脳となる企画・中枢機能は日本に置いて、海外工場をコントロールする仕組みである。日本の中枢機能は、国内外の工場の強みを最大限に生かしたグローバルな生産体制の拠点と位置づける（寺岡 2012）。

また、常石造船は、こうした安定経営基盤をてこに、「せとうち観光推進機構」とも連携し、瀬戸内海地域への積極的な観光投資も行ってきた。ツーリズムへの新たな投資は、常石造船を母体とする「せとうちホールディングス」が社会貢献の一環として行った。この取組みは尾道の活性化を促す一つの契機となった。建設カンパニーの前身の「せとうちトレーディング」が主に資金面を担当し、「ディスカバリーリンクせとうち」が、まちおこしやまちの活性化を担当する構成になっており、この二つの会社が車の両輪のように機能することで、事業の収益性と継続性を確保してきた。

「ディスカバーリンクせとうち」は2012年に設立され、「ONOMICHI U2」を経営する他、「尾道自由大学」「せとうち湊のやど」などを運営してきた。常石造船の本社や主力工場がある沼隈地域から、尾道・鞆の浦地域へ、さらには瀬戸内全体へとプロジェクトマップを広げていく展開方針を持っていた。とくに、尾道は風景に恵まれ歴史のあるみなとまちである。「ONOMICHI U2」付近の倉庫群は1943年の終戦直前につくられた。空き家再生で賑わう尾道駅東側の商店街や傾斜地に対し、船と積荷が往来する地であった西御所町のまちの記憶を、建築物のリノベーションで掘り起こし再生する活動である。

一方、「湊のやど」は江戸時代のものである。尾道にはこのように時代背景の異なるさまざまな古き良きものがあり、「ディスカバーリンクせとうち」は、それを建築という表現方法で生かし活用する。古くからあるものの価値の承継が、「ディスカバーリンクせとうち」のプロジェクトのキーコンセプトであった[14)]。

このような歴史を背景に、「ガンツウ」は、尾道の伝統産業の造船で新たなツーリズムを創造するために生まれた。このため、建築家の堀部安嗣が100年先まで残す船舶として設計した「ガンツウ」は、ありのままの瀬戸内の姿と調和しながらも新しい価値を創出するシンボルと位置づけられている。

シルクロードの名づけ親であるドイツの地理学者リヒトホーフェンは、カリフォルニアから中国へ渡る途中で紀行した日本のことを『支那旅行日記』に次のように書き残している。

> これから内海の最も美しい区域になる。大小無数の島嶼の間に残された狭い水路を通っていくので、約80kmにわたり両側に種々様々な形をした見事な山々が見られる。（中略）広い区域にわたる優美な景色でこれ以上のものは世界の何処にもないだろう。将来この地方は世界で最も魅力ある場所の一つとして高い評価をかち得、たくさんの人々を引き寄せることであろう。そこには至る所に生命と活動があり、幸福と繁栄の象徴がある。
> 私は、この島々が、多くの類似点をもつギリシャ諸島よりも良い運命に恵まれんことを祈ってやまない。これらの美しさは、見飽きることがなかった。新しい発見が絶えず私を驚嘆させた。（『支那旅行日記』（リヒトホーフェン 1943：16–17）1868.9.1–9.2（鞆の浦～下関））

尾道の境ガ浜マリーナを発着拠点とする「ガンツウ」の航路は、このリヒトホーフェンが高く評価した「鞆の浦から尾道を経て芸予諸島に至る航路」を再現したものとなっている。これは尾道ならではの尾道らしい価値の提供であり、航路の再現も尾道に新たな価値を付与している。

2）「凪」

「凪」を製造する「NAGI BIKE」は、尾道市東部で自動車の塗装ブースを製造するアンデックスの独立した自転車部門である[15]。この自転車の製造プロジェクトは、2010年に、創業40周年へ向けた新規事業として始められた（望月 2019）。「凪」の

14）そして、その後、「ディスカバーリンクせとうち」は分社化され、「ONOMICHI U2」の事業は、2019年春から、「ガンツウ」を運営する「ツネイシL&R」に移管された。従前の「ディスカバーリンクせとうち」の事業コンセプトは、「ツネイシL&R」が吸収し、かつ、統括している。これに伴い、井上も「ツネイシL&R」に異動した。現在のツネイシホールディングの事業は、造船などBtoB事業と「L&R」のBtoC事業の二つの柱で成り立っている。注7）のインタビュー調査による。ただし、組織の再編には紆余曲折があり、最終的には、図6-3（☞144頁）のようになっているということに留意する必要がある。

15）尾道市に拠点を置くアンデックス株式会社は自動車用塗装乾燥ブース国内シェア第1位のメーカーである。会社の財務状況に対する評価も高く、世界的な企業格付け会社スタンダード＆プアーズによる日本SME格付けにおいて、平成27年6月決算まで8期連続で最上位の格付けであるAAA（トリプルA）を取得している（高橋 2016：46）。

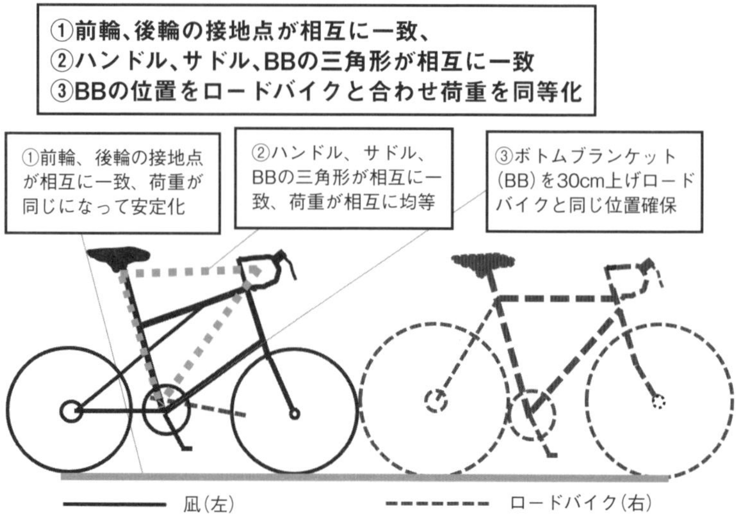
①前輪、後輪の接地点が相互に一致、
②ハンドル、サドル、BBの三角形が相互に一致
③BBの位置をロードバイクと合わせ荷重を同等化
①前輪、後輪の接地点が相互に一致、荷重が同じになって安定化
②ハンドル、サドル、BBの三角形が相互に一致、荷重が相互に均等
③ボトムブランケット(BB)を30cm上げロードバイクと同じ位置確保
凪(左)
ロードバイク(右)

図 5-8　凪とロードバイクの類似性　出所）高橋へのインタビュー調査により作成。

設計・製作にあたった高橋は、アンデックスのデザイン統括で、工業デザインに精通し自らもレースに出る自転車の愛好家である。高橋は、「凪」の設計・製作にあたり LEGON という自転車愛好家の SNS サイトを活用した[16)]。しまなみ海道と尾道のまちなみ約 160㎞を試走し、愛好家の意見を反映しながら試作を繰り返し、1 年かけて「凪」を完成させた。「尾道には自転車づくりに必要な条件がそろっている」と高橋はいう。坂道、路地、そして、しまなみ海道である。「凪」は、この尾道の特性を踏まえ、この条件を満たすべく作られた。また、SNS を通じ、「しまなみ海道を愛する者みんなで作った自転車」でもあった。

「凪」は、瀬戸内海・尾道の風物詩、朝夕の風がやんだ（ないだ）状態を示す「凪」にちなんで命名された。小型で小回りを利かせながらまちなかを回遊できると同時に、長距離を高速で疾駆できるロードバイクと同じ乗り心地が得られる。その特徴は、フレームを合成力の強い三角形の成形で安定化させ、さらにベアリングを上下に広げ、ハンドル軸を安定させているところにある。これで小回りが利き走行も安定する。さらに、図 5-8 のように、①前輪、後輪の接地点を一致させ、②ハン

16）高橋へのインタビュー調査では、その後、LEGON は閉鎖され、そのコミュニティは Facebook へ移行したということだった。

ドル、サドル、ボトムブラケット（BB）の三角形も一致させ、③ボトムブラケット（BB）の位置をロードバイクと合わせ、荷重を同等化することでロードバイクと同等の乗り心地が体感できる。これにより、坂道と路地を小回りを利かせて走ると同時に、しまなみ海道を高速で疾駆するという相反する条件を技術的に克服した。これが、ツール・ド・フランスを3度制したグレッグ・レモンが高く評価し、その場で購入しアメリカへ持ち帰った理由である（望月 2019）。

しまなみ海道が世界からサイクリングの聖地として注目されるなかで、起点となる尾道にサイクリングの機運が高まっている。だからこそ、尾道でオリジナルな自転車をつくりたい、と高橋は考えた。「凪」のフレームは台湾で溶接・塗装されている。このため、厳密には、「凪」はメイド・イン・尾道の製品ではない。尾道の工房に運び込まれたフレームは、スタッフによって最終調整と仕上げが施され、販売店ごとに指定された組み上げ方法と梱包という最終プロセスを経て出荷されている。このようにサイクリストの聖地である尾道において、尾道ならではの自転車造りが行われている（高橋 2016）。

3）「尾道ガウディハウス」

約1,200の傾斜地人口に対し、300超を占める若い移住者の集積[17)]は、尾道に活気をもたらす大きな要因である。「尾道空き家再生プロジェクト」は、その中心に位置するものである。ここでは、現代版の「結」と呼ばれる相互扶助システムと複合的ビジネスマッチングと呼ばれる複数の仕事を斡旋する仕組み（望月 2018：73）があり、田園回帰やローカル志向の議論で語られる起業や生業の特徴が典型的に現れている（松永 2015, 伊藤 2012, 西村 2003）。

豊田が帰郷した2000年代当初、中心市街地や傾斜地には多くの空き家があった。中心市街地や傾斜地の空き家には廃屋同然のものが点在する一方で、状態の良いものや個性的な建物も数多くあった。これらの建物を調べ歩き、6年間の建物探訪で豊田が出会ったのが「尾道ガウディハウス」であった。そして、大工の夫と二人で修復を始めた。

建物探訪の間には、地元の町内会長や寺の住職、不動産業者ともつながりができ、その関係は、後の空き家の斡旋や建築物の修復の際の礎となった。また、近所で活

17）望月（2018：72）では、2017年の傾斜地の移住者は合計340人で、うち「尾道空き家再生プロジェクト」によるものが180人であった（概数）。

動する同じ世代の若い人たちとの交流もできた。彼（女）らは、尾道へ移住し、空き家を直して住み始め、路地裏で雑貨屋や個性的なカフェを開いていた。ちょうどブログが流行り出した時期で、豊田は、建物の修復過程を毎日携帯電話で写真を撮ってブログで発信した。

また、尾道の空き家の状況や、かつての旅行業の仕事で訪れたヨーロッパの街並みから学んだこともあわせて発信した。これが大きな反響を呼び、全国のさまざまな人々からさまざまな意見や感想が寄せられた。彼（女）らは単に意見や感想を述べるだけでなく、わざわざ尾道に足を運び豊田に会いに来た。同じ世代、もしくはもっと若い20代ぐらいの者が、坂と路地が尾道の魅力だという豊田のメッセージに共感し共鳴した。そして、不便であることを理解した上で、移住を表明し、他に空き家はないのかと、豊田のブログに共鳴した者が問いあわせてきた。これが空き家再生のスタートとなり、空き家再生のメンバーは、「尾道ガウディハウス」で毎月イベントを行いながら部屋の中の片づけをした。そして、修復した一室が、仲間たちとの空き家談義の拠点になった。また、この場へは、町内会長や寺の住職、不動産業者、地域住民も参加し、地域と一体となった活動へと発展していった。その活動は、2000年代以降の移住、起業、生業など新たな形態の経済的な活動の典型として、全国的にも知られるようになる。

4-2　活動の重なりから相互参照へ

造船、観光（ツーリズム）、空き家再生における新たな変化のきざしは、いずれも「個人間の世界」に軸足を置き、地域と深い関わりがあった。本来的には、港町由来の造船業、サイクリングが牽引する自転車が鍵になった観光業、空き家再生などはそれぞれ始まりが異なり、各々独自に成長をとげてきた。これら始まりの異なる「ガンツウ」「凪」「尾道ガウディハウス」が「個人間の世界」を価値付与の共通基盤としながら、とりわけツーリズムを介して相互に影響を及ぼしあい、尾道という地域への価値を付与している。

それぞれの生産の世界が相互に参照されるなかで、空き家再生が「個人間の世界」に復元され、「市場の世界」へ重点を移す1980年代から1990年代以降の観光の流れにあって、とくに、2010年代以降、尾道のサイクルツーリズムは「個人間の世界」に重心をおいて発展し、造船もツーリズムへの接近の中で「個人間の世界」へとつながってきた。2018年10月には、JR西日本イノベーションズ出資の瀬戸内チャーターと「せとうち観光推進機構」[18]が共同で、「サイクルシップラズリ」（サイクリングに専門化・専用化された自転車専用船）を新造し瀬戸田への航路が新設された。また、同じJRグループが、2020年10月には、観光型高速クルーザー「SEA SPICA」を広島〜尾道間で就航させるなど、造船のツーリズムへの接近の動きは広がった。

そして、三つの活動領域は、相互に関係を深めている。「ONOMICHI U2」に隣接する県営駐車場には、「地域連携DMOしまなみジャパン」が運営するレンタサイクルの基地があり、ホテルの利用客は簡単に自転車を楽しめる。一方、商店街の「あなごのねどこ」は、簡単に泊まれるゲストハウスである。その安価さゆえに、長期滞在も可能で外国人にも人気がある。「あなごのねどこ」の改修工事が始まったのは2012年3月であり、「ONOMICHI U2」の公募の時期に重なる。

また、しまなみ海道のサイクルツーリズムの盛り上がりから、高橋が「凪」を手がけ、その1号機を販売開始したのが2011年9月である。2013年からは、「凪」がレンタサイクルに採用された。また、同2013年10月、「凪」は、尾道を訪れた自転車活用推進議員連盟の谷垣禎一会長（当時）に贈呈された。高橋は、趣味のバンド活動を通じ仲間から豊田らの再生活動を聞き[19]、それに刺激され、尾道をサイクリングの中心地にすべく「凪」の製造に精魂を傾けた。2014年の「ONOMICHI U2」の開業後、2016年には、「みはらし亭」が開業し、2017年には「ガンツウ」が就航している。

一方、「ONOMICHI U2」は、「凪」と共に新たな自転車文化の創造を目指し、立地する西御所町に傾斜地や商店街とは異なる趣きのコミュニティを創造している。井上たちは、豊田たちの活動に影響を受けその動きを注視しつつも、傾斜地や商店街とは違う西御所町の歴史・文化を生かしたまちづくりを目指している。

他方、飲食チェーン店（いっとくグループ）を経営する「NPO尾道空き家再生プロジェクト」の副理事長の山根は、社員で「土嚢の会」を結成し、空き家の家財や粗大ごみの搬出や資材の搬入を支援する（望月 2018：74）。また、移住してきた者にも仕事も斡旋し、豊田の活動を支援している。

このように異なる諸活動を展開する人物たちが、日常的なコミュニケーションの中で、互いの活動を相互に参照し、相互に影響を受けながら関係し、生活者の視点に立ったヒューマンスケールのまちづくりに関して、地域内にある種の暗黙知を蓄

18）本章注6）を参照。

19）高橋へのインタビュー調査によると、尾道では10歳代から70歳代まで幅広い年齢層の音楽愛好家が交流しており、そのバンドの活動を通じて、空き家再生のことを知ったという。

積している（望月 2018：76-77）。これは専門家のコミュニティによって成り立つ「個人間の世界」の特徴を示し、かつ、2017 年から 2020 年の本章調査時における尾道の特徴を映しだす。

4-3 「個人間の世界」における地域の価値の形成

こうして、2010 年代の 10 年の尾道への若い移住者の集積やサイクルツーリズムは、相互に参照されながら、もともとは異なるさまざまな世界から一つの世界へと収斂するなかで、互いの活動を結びつけ発展してきた。その底流には、いずれも「個人間の世界」に由来する尾道への愛着（アタッチメント）と関わり（コミットメント）があり、これが尾道地域に固有な価値を付与する礎になっている。

一方、こうした地域の価値の形成には、産業活動以外の要素も重要になる。このなかで、日本遺産の認定は、価値を特定しその根拠を示すための試練（テスト）の一つとして理解ができる。たとえば、傾斜地の石垣積みや階段状の坂道（谷岡 1978：9）は、尾道らしいスタイル（馬場・Open A 2016：173）の考えや不便ななかに豊かさを見出せる価値観（馬場・Open A 2016：187）を補強する。それらは、住むように訪れるまち（池ノ上他 2016：21）のイメージも強化する。この文脈において、尾道大学を中心とした尾道に関する調査・研究からなる尾道学の蓄積もまた地域の価値を証明する試練（テスト）の役割を果たす。

他方、移住者たちも語り部になって、この価値付与を強化する。たとえば、2020 年のインタビュー調査時点で、東京から移住して 6 年になる写真家の H. K. は、「尾道の暮らしの今」を写真や動画で切り取り、その特徴を発信する。移住歴 12 年の漫画家、つるけんたろうは、自らの著作（つる 2014）で移住者の暮らしや営みを伝える。また、「あなごのねどこ」の運営に携わりながら、ツーリストと交流し尾道の今を語る[20)]。たとえば、サイクリストや昭和のレトロに憧れる 20 歳代の移住が、2020 年のインタビュー調査時の尾道において特徴的な事象だという。

このように、移住者はまちの観察者であると同時に、尾道の特徴を捉え写真や漫画でそれを伝える、尾道の表象の生産・発信者でもある。彼（女）らの活動も地域に新たな価値を付与する。一方、清水たちによって、利用者からのフィードバックで更新される「ガンツウ」のサービスも地域と接点を持つ。その尾道・瀬戸内ならではの尾道・瀬戸内らしい価値の提供も、地域へ価値を付与すると解釈できる[21)]。

また、このような営みは、相互に参照されながら共有され、暗黙知として形成されてきた。ただし、その源泉となる愛着には強弱などの差があり、留意が必要である。たとえば、豊田たちの活動の特徴は三つある。第一に、空き家再生そのものがコミュニティ形成の場となっていたことである。第二に、古いものが持つその価値を尾道の魅力として尊重しながら、そこに新しい要素も付加する「尾道スタイル」の共有である。また、第三に、古いものに愛着を持ちそれを大切にしながら、ゆったりと時間の流れる余裕に溢れる生き方を尊重する。金銭には還元できない価値の創出である。「凪」はこの価値に近いが、「ガンツウ」は、基底に尾道への愛着はあるものの、空き家再生ほどの強さはなく、また、贅沢な商品としての性格も強い。

そして、この「個人間の世界」への収斂は、対象事例だけでなく、広がりを見せる。朝ドラ『てっぱん』の舞台となった石田造船は、顧客ニーズに合わせ「波に強くゆれない3胴型、4胴型などの多胴型を考案し、業界で初めて建造した」(海事都市尾道推進協議会 2010：18)。年間2隻を受注生産している。

また、「ONOMICHI U2」は、西御所地区県営上屋倉庫第2号が海運倉庫として扱った貨物や造船の歴史を踏まえ設計・建築され、倉庫という空間に尾道が自慢できるものを数多く詰めあわせてつくった小さなまちであり、旅人と地元の人たちが交流する西御所町のまちづくりの拠点である（望月 2019：131-132)。豊田の表現によれば、そこでは、生活者の視点に立つヒューマンスケールのまちづくりが指向されている。

さらに、登録文化財の「みはらし亭」は、空き家再生の一環として、千光寺南の傾斜地に設けられたゲストハウスであり、「尾道ガウディハウス」と考え方を共有する。これらはいずれもその可能世界と慣行を「個人間の世界」に置くものである。

20）2020年12月18日の追加インタビュー調査（Zoom。18：00-20：00）による。つるは、空き家再生に深く関わり、とくに、「あなごのねどこ」の再生では中心的な役割を果たした。また、つる（2014）では、自身の移住の経緯や尾道での暮らし、さらには、豊田らの空き家再生の活動を活写している。インタビュー調査では、つる（2014）の執筆後の尾道の状況を中心に聴取した。このインタビュー調査当時、尾道では、深夜11時から開店する古本屋「弐拾dB（にじゅうデシベル)」が、昭和のレトロに憧れる20歳代の移住者を象徴する店として流行っているとのことだった。また、H. K.は、東京の大森出身で、画家の夫と傾斜地の空き家で暮らしながら、せとうち暮らしや備後絣など地域の伝統産業の取材などの仕事をしている（Zoomによるインタビュー調査、2020年12月29日10：00-12：00)。

21）「ガンツウ」の場合は、瀬戸内への拡張性を持つ。表象の生産者はクルーや清水らであり、顧客は間接的な生産者であり発信者である。

5 まとめ

これまで見てきたように、尾道の変化を代表するような造船、観光（ツーリズム）、空き家再生の異質な諸資源は、ともに「個人間の世界」において相互に結びつけられ、地域へ価値を付与していた。そのなかで尾道の観光業は、旧来型の観光が停滞した後に活性化したサイクルツーリズムで再生された。そして、ツーリズムは、先行して形成されていた移住、生業の創出などを支える空き家再生事業に接合されながら、地域の固有性を強調した。諸資源の接合・慣行は、さらに、観光（ツーリズム）とは異質な「工業の世界」に由来する造船業までをも引き寄せ、クルージングツーリズムという形でツーリズムを新たな文脈へ結びつけた。そして、この相互の結びつき・慣行は、新しいきざしを牽引する動力源となって、本章の調査時における尾道という地域を特色づけ、価値を付与している。このなかで、尾道学の蓄積や移住者などの観察、表象の生産・発信も、その価値付与に重要な役割を担っている。

以上の検討から、従来の創造都市論の枠組みでは分析されてこなかった都市・地域の変化の動態が、「生産の世界」論の観点から明らかになったと考える。

本章では、移住者の集積やツーリズムの振興など、この新たな潮流を複合的に備え、変化している都市・地域について考察した。これは創造都市と類似の変化を見せる都市のその複合的な変化に着目し、変化を促す諸力とそれらの作用の過程を包括的に明らかにする試みであった。

さらに、次章以降の考察との関わりにおいて、大事なポイントが2点ある。第一に、地域の魅力、その固有性を引き出すのに重要な役割を果たす「個人間の世界」における愛着（アタッチメント）という特徴の共通性である。

この地域への価値付与を促す地域の固有性への愛着は、第4章でみた「シクロツーリズムしまなみ」における山本らの島の暮らしや営み、自然に対する愛着と同種なものである。このため、第4章は、「生産の世界」論による考察を試みたものではないが、山本たちの活動も「個人間の世界」に立脚したものとしての同定が可能である。

第二に、日本遺産の認定、尾道学の蓄積、移住者の観察と表象の生産・発信、利用者からのフィードバックで更新される「ガンツウ」のサービスが、質の規定についての試練（テスト）という機能を果たすことである。移住者と「ガンツウ」の場合は、移住者や旅行者の眼差しと言い換えられるだろう。第4章の例でいえば、サイクリストが見る島々の景観や人々の暮らしと営みへの眼差しである。それは、愛好家として求める「瀬戸内リズム」の眼差しであった。すなわち、移住者やツーリストが地域を見る目は、第１章で確認した「生産の世界」論が依拠するコンヴァンシオン経済学の評価の慣行の試練（テスト）の機能・役割を果たすといえる。

「ツネイシグループ」の尾道のまちづくりへの接近

「豊穣化の経済」の観点からみる

06

本章では、造船業を海外展開する常石造船を中核とする「ツネイシグループ」について考察する。グループの基本理念として「まちづくり・船づくり・人づくり」が三位一体となった「地域との共生」という考え方を掲げながら、環境、観光など地域に根差したさまざまな事業を行い、尾道のまちづくりと近しい関係を持つ同グループについて、ボルタンスキーとエスケールの「豊穣化の経済」(Boltanski & Esquerre 2020)の観点から考えてみたい。

そして、その考察をとおして、「ツネイシグループ」のまちづくりへの接近が、同グループの掲げる「地域との共生」というエートスに基づきながら、「豊穣化の経済」でいうところの「コレクション形態」を形成し、それが尾道に「豊穣化」をもたらすと同時に、新たな価値を付与していることについて明らかにしていきたい。

1 はじめに

「ツネイシグループ」は、福山市沼隈（ぬまくま）地域を拠点に常石造船による造船業を中核としたグループである。本章は、グループの中核をなす常石造船の特徴を同じく造船業を営む今治造船との対比により考察し、それをふまえ、尾道市における「ツネイシグループ」のまちづくりへの接近の特性を、ボルタンスキーとエスケールの「豊穣化の経済」(Boltanski & Esquerre 2020)の観点から明らかにしてみたい。

現代資本主義における「非物質的な転回」(諸富 2020)、いわゆる認知資本主義の進展(山本 2016)のなかで、都市・地域の捉え方も大きく変化している。背景には、フォーディズムからポストフォーディズムへの転換において、都市・地域が物質的な生産の場から、非物質的な生産・消費の場へ変質したことにある。

フォーディズムにおいて、都市・地域は、物質的な生産の場として、いわば、ものづくりをキーコンセプトとして把握されてきた。たとえば、銅器の里の高岡（立見 2019）、ジーパンの児島（吉村 2019）、メガネフレーム生産の鯖江（石川 2021）、というように、地域の顔や看板となった産業は、地域を代表する表象となり地域を特色づけた。

ところが、ポストフォーディズムの「非物質的な転回」にあって、ものを作る場としての産地なり地域なりは、地域の表象としての意味づけを変えつつある。たとえば、高岡における農作のカフェや体験工房が併設された鋳物ミュージアム[1]や、街全体が一つの博物館ともいえる児島のジーンズストリート（吉村 2019）は、産品が生み出された背景、地域を取り巻く自然や環境、歴史・文化などの諸要素からなる由来の物語を伝え、そして地域に新たな価値を付与する。地域を一つの器として歴史、伝統・文化などさまざまな要素がコレクションとして編まれるなかで、地域なり産地なりはもはや産品によるステレオタイプな規定からのがれ、さまざまな観点から重層的に価値づけられる空間へとその性格を変えつつある。その際、鍵となるのがモノの背景にある地域の多面性や重層性を一つの物語として可視化し、地域に新たな意味を与える、本章で扱う「豊穣化」の視点である。

このような変化をふまえ、近年、「地域の価値」を巡る議論が活発化している。たとえば、第1章でもふれたように、2020年3月には『地域経済学研究』（第38号）で「「地域の価値」を考える」というテーマの特集が組まれた。そこで除本（2020）や佐無田（2020）が、地域の価値づけの中心概念の一つにすえたのも「豊穣化」の概念である。それは、地域の固有性に関する来歴や由来の物語が伝達され、新たな知識や情動が産出されるプロセスであり（除本 2020：5）、その際に参照されたのが、ボルタンスキーとエスケールの「豊穣化の経済」の分析枠組である（佐無田 2020：47）。

また、2021年5月の経済地理学会第68回大会においては、「価値づけの経済地理学」が共通論題に編まれ、従来の細分化された専門領域を超えた共通の地理空間における価値づけの発現に注目が集まり議論が展開された。そのなかで注目されたのが、モノが本来的に持つ価値、「使用価値」の復権である（川端 2021）。それは、資本の際限ない自己増殖（ボルタンスキー・シャペロ 2013）という資本主義の交換価値ヘゲモニーによって捨象された使用価値（質）の復権であり、質の規定によりモ

1）能作ホームページ（https://www.nousaku.co.jp　2024年1月30日閲覧）。

ノの本来価値にスポットが当てられることで、由来の物語は使用価値（質）の意味を強化し、よみがえらせる（山本 2023）。川端（2021）の例では、ある商品なり製品は、各々の国が持つ「ローカルな規範感覚」とすり合わされることによって、各々の国に適合した使用価値へと落とし込まれ本来価値が顕現される（つまり「質が規定される」）。

そして、これらの議論が向かうべき方向の一つとしてあるのが、都市・地域の価値への問いである。とりわけ、複合的な要素で構成される都市・地域を、その編成原理も含め、空間的にトータルに把握しようという問題意識である。たとえば、本書第5章で広島県尾道市における新たな変化のきざしを、ストーパーとサレの「生産の世界」論（Storper & Salais）の観点から地域への価値付与の現象として考察したのも、こうした研究動向をふまえた一つの試みである（望月 2021）。

そもそも価値には判断が伴う（オルレアン 2013）。また価値は所与のものではなく構築されるもの、すなわち価値づけられるものである。そして、価値は、価値づけの主体、価値づけの客体、価値を生む状況や文脈の三つの要素からなる（Heinich 2020）。価値づけの対象は集合的活動であり、主体を超えて存在する基準の共有が含意されている。これが、本書が依拠するコンヴァンシオン経済学の中心概念で（本章第2節で詳述）、たとえば、「生産の世界」論では可能世界が、本章で用いる「豊穣化の経済」の分析枠組では、第2節の四つの価値づけ形態がそれに相当する。そして、この共通の基準（質の慣行）によるテスト・試練が価値づけであり、それに作用するのが価値づけの主体・権力である（山本 2023）。先の望月（2021）の例では、サイクル複合施設、「ONOMICHI U2」が、尾道を全国でも有数のサイクルツーリズムの拠点へと押し上げたということは、「ONOMICHI U2」の経営体が尾道という地域の価値づけの主体・権力として作用したことの一端を示している。

ここで考察された尾道は、瀬戸内海の交易拠点や造船の中心として栄えた歴史がある一方、基幹となる造船業が高度経済成長期後に停滞するなかで、観光地としての魅力も低下した都市であった。しかし、2010年代、中心市街地へ若い移住者が集積するなかで、クリエイティブな人材が集まって中心市街地にも活気が戻り（本書第3章、望月 2018）、また、しまなみ海道の起点として、四国・今治との間で広域的なサイクルツーリズムが展開されて（本書第4章、望月 2019）、尾道は再び全国的に注目される地となった。しかし、その活性化の成り立ちは明らかではなかったことから、本書第5章では、「生産の世界」論を用い、尾道の生産の世界を構成する造船、観光、空き家再生の異質な諸資源が、ともに「個人間の世界」で相互に結びつけられ地域へと価値を付与していること、すなわち、近年における尾道の変化の動態とその編成原理を紐解いた（望月（2021）も参照）。

しかしながら、この考察によってもなお、尾道の活性化に大きく寄与した企業体が、どうして尾道のまちづくりへ関与するに至り、そして、その関わりがどのような意味を持ったのかについては、まだつまびらかにされてはいない。そして、この企業体こそが、本章で考察対象とする「ツネイシグループ」である。

そこで、本章では、価値づけの主体・権力とその作用という要素にも目配りしながら、造船業を中核とした「ツネイシグループ」が、いかに、尾道の地域固有性に関する来歴や由来の物語をコレクションし、新たな意味づけを与えていったか、すなわち地域を価値づけたかを「豊穣化の経済」の分析枠組を用いて明らかにしていく。

本章は以下のような構成をとる。まず、第２節において、本書が依拠するコンヴァンシオン経済学の特性をふまえ、「豊穣化の経済」の理論枠組を地域の価値づけとの関係から考察する。また、「ツネイシグループ」のまちづくりへの接近の特性、とくに地域の価値づけとの関係を把握するには、母体事業の造船業の特徴をふまえる必要がある。そこで、第３節では、地理的にも近接し中手（ちゅうて）（= 中堅）から日本を代表する企業に成長したという共通特性を持つ今治造船と比較することで常石造船の特色を把握し、「ツネイシグループ」のまちづくりへの接近との関係を明らかにする。なお、共通特性を持つ一方で、常石造船が多様な業態からなるグループ制をとるのに対し、今治造船は造船業に特化しているといった違いも、比較対象として好ましい理由の一つである。

それらをふまえ、第４節では、「ツネイシグループ」のまちづくりへの接近の特徴を考察し、それが「豊穣化の経済」の観点からいかなる特性と意義を持つのかを第５節で明らかにし、６節でまとめを行う。

なお常石造船の本社は福山市西部に位置するが、地理的には尾道市東部に接している。かつて造船の取引企業との迎賓館の役割を果たした現在の「ベラビスタスパ＆マリーナ尾道」（高級ホテル）も常石造船本社から至近の尾道市域内にあることからも、「ツネイシグループ」の主たる活動拠点は尾道市にもあるといってよい[2)]。加えて、近年のまちづくりへの接近が、主に尾道市、とくにその中心地街地を舞台に展開し活性化を促していることから、本章の研究対象地域を尾道に定める。

2）2023年３月の尾道市観光課のＡとＢへのインタビュー調査でも、ツネイシグループは尾道市の企業でもあるとの認識が示された。

2 「豊穣化の経済」の分析枠組の地域の価値づけ考察への援用

2-1 コンヴァンシオン経済学と「豊穣化の経済」の四つの価値づけ形態

本書が依拠するコンヴァンシオン経済学（バティフリエ 2006）が中心概念に据えるのが、相互行為を調整する共通の価値基準＝慣行（convention）である。コンヴァンシオン経済学においては、この共有する基準を参照しながら具体的な状況の意味を解釈し判断して主体間の相互行為を調整する（Diaz-Bone 2018）とみなす。これにより、主流の経済学の「価値実体仮説」では不可視化され、ブラックボックス化[3]されていた質（使用価値）や「価値の評価」（assessment）と「価値の生産」（production）の諸過程（processes）が顕在化する（Vatin 2013）。これは先の川端（2021）の問題意識とも親和する。

またこの相互行為の調整の際に、性質の判断・見極め＝テスト・試練が行われ「性質決定」（qualification）がなされるが、この性質決定は、特定の評価軸から存在物の質（価値）を定める作業であるという意味で、おおよそ本書でいう「価値づけ（価値付与）」に相当する。本章では、「共通の価値基準＝慣行」（convention）として、「豊穣化の経済」の四つの価値づけ形態を用い、この性質決定の機能を「地域の価値づけ」の考察へと援用する。

「豊穣化の経済」の第一の特徴として、富裕者層に向けられているという点がある[4]。第二に、新しいモノの生産というよりは、すでに存在するモノの「豊穣化」に依拠しているという点がある（Boltanski & Esquerre 2020, 立見 2019）。つまり、過去に準拠したかたちが基本となり、「古い歴史や場所の記憶などと結びつくことによって価値を再付与」（川野 2020：107）するため、あらゆるモノが豊饒化される可能性を持っている。そして、ここで措定される価値は、価値づけの作業の結果であり、その前提として複数の価値基準が存在する。加えて、この分析枠組では経済的価値と規範的諸価値の分断は棄却される（立見・山本 2022）。

ボルタンスキーとエスケールは、「豊穣化の経済」における「事物の価値の措定」

3）「まえがき」でも述べたが、もちろん主流の経済学は、故意にブラックボックス化したのではない。いずれも需要と供給の交差から得られる価格＝交換価値のなかに埋没しただけのことで、資本主義における交換価値へゲモニーの確立に必然的に伴うものである（山本 2023）。

4）「富裕者層に向けられる」というのは、価値を増加させる特性を意味する enrich という言葉を比喩的に強調したものである（Boltanski & Esquerre 2015：80）。

表 6-1　四つの価値づけ形態

	分析的な提示	叙述的提示
市場的力　−	標準形態	トレンド形態
市場的力　＋	資産形態	コレクション形態

出所）Boltanski & Esquerre（2020：107）より作成。

を「言説提示」(presentation）という装置で行い、「形態」という概念で整理するが、そこで鍵となるのは言説と時間である（Boltanski & Esquerre 2020)。「形態」は、モノの性質を表す「言説」が、数値で測られる「分析的」なものであるか、またはモノを規定する背景や状況を説明する「叙述的」なものであるかという軸と、モノが「時間」によって価値を喪失するか（市場的力マイナス）または逆に価値を獲得するのか（市場的力プラス）という軸の二つの軸から把握される。

こうして、これらの二つの軸の交差から、モノの価値づけに関わる四つの形態が得られる（表 6-1)。分析的で市場的力マイナスの「標準形態」、叙述的で市場的力マイナスの「トレンド形態」、分析的で市場的力プラスの「資産形態」、叙述的で市場的力プラスの「コレクション形態」の四つである。それぞれの形態は、「価格を正当化し、価格形成を促進するとともに、価格に向けられる批判の基盤ともなる」(Boltanski & Esquerre 2020：107)。

2-2　基本となる「標準形態」と市場経済を支える「トレンド形態」・「資産形態」

「標準形態」の事物は、新品の時が最も価値が高く、時間の経過とともに価値は減損し、やがては廃棄される。フォーディズムにおいて主流だった大量生産された工業製品は、その典型例である。「標準形態」の「分析的提示軸」は事物の固有性を示し、上方は差別化されたプロトタイプを、下方は差別化されないプロトタイプを示す。一方、「時間の潜在市場性軸」では、右側へ行けば耐久性が高く、左側に行けば耐久性が低い事物が該当する（図 6-1)。

この２軸で、図 6-1 のように４象限が得られ、差別化され耐久性の高い右上の「ハイエンドな耐久財」の象限には、メルセデスベンツの高級モデルやスイスのブランド品の時計などがあてはまる。左上は、差別化されているが耐久性が低い「技術革新により急速に陳腐化される財」の象限である。ここにはスマートフォンやノートＰＣなどがあてはまろう。左下は、耐久性が低くほとんど差別化されない「使い捨てのもの」の象限である。ルノーのスタンダードモデルの自動車やディスカウントストアで売られる時計、ボールペンなどがここに該当するという。右下の差別化

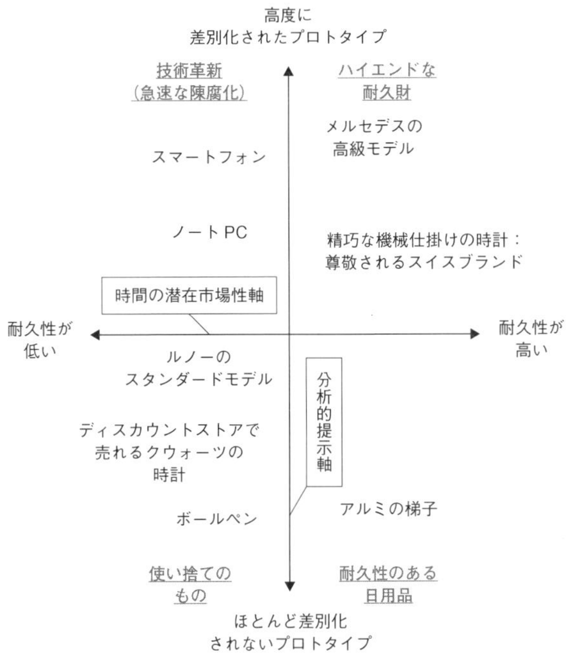

図 6-1 標準形態の構造図式（Boltanski & Esquerre（2020：137）を訳し、一部改変した）

されないが耐久性のある「耐久性のある日用品」の象限は、たとえばホームセンターにあるアルミの梯子などが当てはまる。「標準形態」の事物は、規格化された画一的な製品なので個性は乏しい。

ポストフォーディズムにおいて製造業・ものづくりからサービス産業への移行に伴いコト消費が前景化したことから、流行を追い情動を生産する「トレンド形態」や、投資や投機を基礎づける「資産形態」は、現代の市場経済を象徴する形態になっている。

「トレンド形態」では、商品が流行の芽を出す段階から新奇性や利益率の高さに裏打ちされ流行に乗り、次第に定番化するなかで陳腐化しやがては衰退するサイクルをたどる。ファッションは常にモードを変え、テーマパークのアトラクションは目まぐるしく入れ替わる。さらに情報化の進展に伴うサイクルの高速化で商品の陳腐化も早くなる。ここでは人々の趣味・趣向やトレンドを的確に捉えるマーケティングが有用な経営ツールとなる。なお、流行の芽を出す段階の例としては、ジーンズ（デニム）がわかりやすい。労働者の作業着だったものが、若者の支持を得て個人の個性を主張するファッションとして市民権を得るような例である。初期の段階では、新奇性は高いがまだ流行のトレンドには乗っていないといえる。

「資産形態」では、価格が安定すれば商品の市場での流通は活発になるが、価格が変動し不安定な状況では停滞する。また、「資産形態」で扱われるモノは不確実な価格の評価に依存している。1980年代から1990年代初頭における日本のバブル景気のように、この不確実性は、短期的な変化にさらされるとき資産を不安定な状態にする。たとえば、この時期には、ゴッホやピカソなどの絵画が投機の対象となり、それを見て他のアクターも同様な行動をとるバブル期特有の特徴が顕著に現れた。「資産形態」は、「流動性を保証する正当な媒介者の存在を前提」（ベッシー 2020：138）として成立し、市場経済の歪みのなかで時に貨幣的な価値を伴う。たとえば、両大戦間のソビエト連邦において、世界最初の切手であるペニーブラックは、ルーブルに匹敵する準通貨の役割を果たした。また1929年の世界大恐慌の際には、クリスティーズやサザビーズなどのオークション機関の発達を背景に、パリのアート市場は経済危機に対する防波堤になった。

2-3 「コレクション形態」から地域の価値づけへ

近年、伝統的な技術やクラフト品の再評価も起こっている（立見 2019）。これは、社会・経済の成熟化に伴い、すでに価値を失ったものに新たな観点から価値を再付与する動きであり、「古民家やエリアのリノベーションは、（中略）すでにあるモノの豊穣化の典型例」（筒井 2021：201）である。

これが、「コレクション形態」といわれる「豊穣化の経済」において中心的な価値づけ形態である。ボルタンスキーとエスケールは、「コレクション形態」を体系的コレクションと呼ぶ。体系的コレクションとは、「系列の次元を有し、それは何らかの関係性の下でさまざまなモノを関連づけ、体系的に組織し、適切だと認められた差異に従ってモノを分配し、一つにまとめ上げる論理である」（立見 2019：193）。「すでにあるものに価値付与することは、「標準」的生産が依拠するものとは大きく異なる論拠と試験（テスト）＝試練の確立を前提とする」（立見 2019：193）。

この「コレクション」形態の縦軸の「叙述的提示軸」は、モノが提示される状態をプロトタイプ（ただ一つの標本）と、すでに確立された複数のプロトタイプ（複数の標本）で説明する（図6-2）。プロトタイプとはあるモノのオリジナルな原型のことであり、すでに確立された何らかのプロトタイプを基に生み出される見本が標

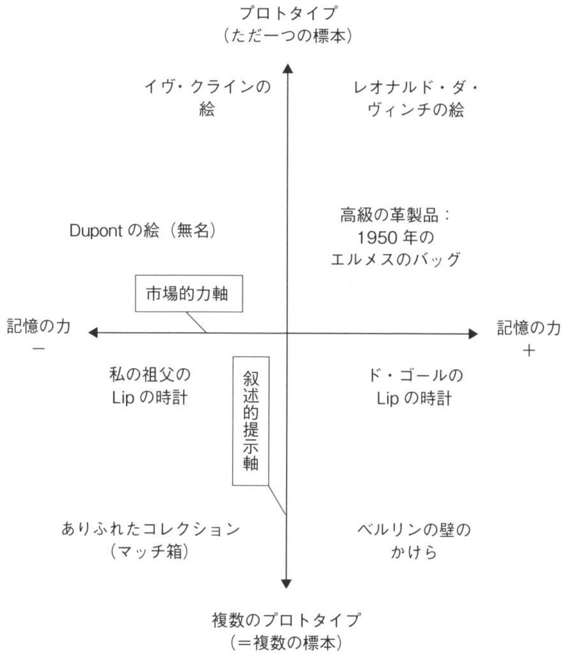

図 6-2　コレクション形態の構造図式（Boltanski & Esquerre 2020：190）

本（サンプル）である（立見 2019：191）。この軸の上方は、ただ一つの標本からなるようなプロトタイプが位置づけられる。たとえば高級な革製品である 1950 年のエルメスのバッグが典型だが、パテック・フィリップの 1955 年以降の金仕様のカレンダーのついたムーンフェイズタイプの時計もここに当てはまる。また、この軸の最上位には、プロトタイプと標本の間の区別が弱いか、あるいは、その区別が廃棄されたようなモノから構成されるコレクションが位置づけられる（Boltanski & Esquerre 2020：189-190）。著名なアート作品がここに該当し、レオナルド・ダ・ヴィンチの絵『岩窟の聖母』のような古い作品もあれば、イヴ・クラインの『青のモノクローム』といった現代アートもある。これらのプロトタイプは、「独創的」あるいは「特異な」ものとして扱われ、かつ、それは、ただ一つの標本しか持たないプロトタイプである（Boltanski & Esquerre 2020：191）。

下方は、すでに確立されたプロトタイプに基づき生産される見本や標本と捉えられるようなモノが位置づけられる。マッチ箱、パイプ、ビールやウイスキーの空瓶などありふれた事物の収集である。もともとは安価な製品で、その後あらゆる市場的価値を失った後、コレクションの対象となったものが多い。「標準形態」にあった職人が作った事物や工業製品が、時間の経過とともに価値を失ったのち、「コレクション形態」の事物として、再び評価を受けるような事例である（Boltanski & Esquerre 2020：189）。

一方、横軸の「市場的力軸」では、時間の経過で価値を失う「標準形態」とは反対に、時間の経過とともに価値を増加させる。しかし、モノが生み出す記憶の程度によって生み出される価値は異なる。人物や出来事との物理的な接触、近接性が重要な要素になり、「コレクション形態」は、それに付随する物語に依存する。物語の条件・人物・背景事情などの物語性とそれを裏づけるものが鍵となる（立見 2019）。

自然・文化・産業・歴史を有する地域は、物語を紡ぎコレクションを構築する素材の宝庫であり、「地域という空間がコレクションを収容する容器」（小田切 2022：18）の役割を果たす。地域に固有なモノなら「ただ一つの標本性」も持ちやすい。そして、容器としての共通空間で複数のコレクションが、相互に参照され影響を及ぼしながら一つの物語のように編まれる。

このため、相互参照はストーリーを紡ぐ重要な役割を担う。このように「豊穣化の経済」の理論枠組、とくに地域の諸資源に新しい意味や物語を付加する「コレクション形態」は、地域を価値づける重要なツールとなり（佐無田 2020, 除本 2020, 除本・佐無田 2020）、時間の経過に伴い、新たに付加され意味づけられた物語（ストーリー）が価値づけの鍵を握る。その際、相互参照は、豊穣化のストーリーを編み上げ、意味づけることを手助けする。

こうして、現代社会が大きな趨勢としては、「トレンド形態」や「資産形態」とも混交しながら、「標準形態」から「コレクション形態」へ向かう過程にあることを念頭に置きながら、かつ、四つの形態が混交した状態にある現実をふまえ、価値づけの諸要素・背景を十分吟味し、地域の価値づけの考察を進める必要がある。

3 「ツネイシグループ」の地域との共生のエートス

3-1 高度経済成長期以降の日本の造船業

「ツネイシグループ」のまちづくりへの接近の特性、とくに地域の価値づけとの関係を把握するには、母体事業の造船業の特徴をふまえる必要がある。そこで、本章では、地理的にも近接し、中手から日本を代表する企業に成長したという共通特性を持つ今治造船との比較から常石造船の特色を明らかにし、その特色と「ツネイシグループ」のまちづくりへの接近との関係を考察する。造船業については多くの研究蓄積があるため、本章では、研究の方法論として文献調査を基本に行う。まずは、造船業の流れの考察から始めたい。

戦後期から1990年代までの日本の造船業は、①復興期（1947-59年度）、②拡充整備期（1960-66年度）、③大型造船所立地期（1967-76年度）、④造船不況期（1977-79年度）、⑤設備処理再編期（1980年度以降）の5期にわかれる（村上 1986：429）。戦後の復興期に国策として、三菱重工、石川島播磨重工、日立造船、住友重機械工業、日本鋼管、川崎重工などの中核企業の主導で造船業が強化（①, ②, ③）された。その結果、日本は新造船進水量において、1956年以来1984年まで29年間世界第1位を占めることとなる。しかしこの間に、オイルショックによる海運市場の低迷と石油タンカーの大幅な船腹過剰に、船舶需要の激減が追い打ちをかけるといった深刻な不況に直面することになった（④）。これに伴い、三菱重工、石川島播磨重工などの造船大手が京浜、阪神、中京の主要地帯から撤退するなど、造船所の再編が進んだ（⑤）（村上 1986）。こうして、従来の東京湾岸と大阪湾岸の主力造船所の多くがこの設備処理により姿を消し、主要造船所が瀬戸内海地域に数多く集中することになった。

この再編・集約と同時期にあたる、1980年代後半には、韓国や中国など新興国の台頭の影響を受けて造船における日本の国際競争力は低下した。しかし、1990年代以降、世界全体の船舶需要の増加に伴い日本も建造量を伸ばした。とくに、2002年以降の増加が著しく、2010年には、建造量が急落する直前の1975年を凌駕した（内波 2017）。

このなかにあって、特色ある取組みでこの危機を乗り越え、さらに発展したのが中手の常石造船と今治造船である。常石造船は、次項3-2で説明するように、フィリピンや中国への海外展開に際して企画・運営を行う本社と海外拠点の間に国際経営ネットワークを形成し、バランスのよい経営を実現した（寺岡 2012）。今治造船は、「2010年には大都市圏」の主要造船所が「12%と大きく縮小したのに対し瀬戸内地域は49%と拡大した」（内波 2017：79）という瀬戸内地域への造船資源の集約を生かしM&Aなどで企業規模を拡大しながら、経営の安定基盤を確立した。その結果、今治造船は現在では日本を代表する造船事業者となり（西川・具 2020）、世界第3位の建造量を誇る日本の造船業を支えている[5)]。

3-2　常石造船の歩みとその経営手法

常石造船は1903年に神原勝太郎が興した海運会社発祥の企業である。海運業の発展に伴う用船需要に外注では追いつかないことから、自ら造船業を始めるに至った。広島県福山市の常石に1917年に塩浜造船を設立したことが、常石造船の造船業の始まりである（小野瀬・山口 2020）。

1950年には鋼船の建造を開始し、1966年には三井造船と業務提携を結んで業容を強化・拡大することで、造船業界において大手に次ぐ中手と言われる企業に成長した（西川・具 2020）。

船腹過剰による需給調整や二度にわたるオイルショック後、日本の造船業は国際競争力を失う。とりわけ、1985年のプラザ合意以降の円高の昂進は輸出企業にとって円に換算した場合の輸出代金の大きな減少をもたらし、日本国内の造船業の経営も圧迫された。このなかにあって、今井（2014）が示すように、大手や他の中手の企業が国内において生産拠点の選択と集中を図るのとは逆に、常石造船は韓国の三星重工業との関係を深めるなど海外での生産体制の確立を模索した。このような探索活動の積み重ねから、1992年にフィリピンのセブに造船設計会社を設立し、1996年からは建造を開始した。また、2001年には、中国江蘇省鎮江に船舶用小型艤装品等の製造工場を、2003年には、浙江省舟山に、船舶用居住ブロックや機関室総室ブロックなどをつくる船体ブロック工場を設けた[6)]。

こうして、常石造船は日本の本社をハブに受注、企画・設計、資材調達などをコントロールし、中国において船体ブロックなど重要な装備品を製造しフィリピンにおいて建造する国際分業ネットワークを形成することで新たな造船体制を確立した（寺岡 2012）。これは、国内事業に集中した他の造船企業とは異なる逆張りの経営戦略であった。日本の造船業が国際的に比較劣位におかれるなか、常石造船はドル建ての建造契約における為替リスクを軽減させ、国際競争力を担保する独自の経営手法によって競争優位を手にした（今井 2014）。

5）今日では世界における竣工船舶5822万tのうち中国が40%、韓国が31%とこの2か国で7割を占めているが、日本の造船業は現在でも22%と世界第3位の建造量を維持している（日本造船工業会 2022）。

6）常石造船（兼）ツネイシ・ローカル・ベース（TLB）の広報担当のFへのインタビュー調査によれば、当初は、中国政府が「1船建造」を許してくれなかったので、前と後（フォアとリア）の船体ブロックをそれぞれ別の会社で作って日本で溶接していたが、2007年に中国政府から「1船建造」を許されて以降は、「常石集団舟山」の1社となった。

こうした常石造船の事業展開の核にあるのは、「まちづくり・船づくり・人づくり」三位一体型の「地域との共生」の精神である。労働集約型の造船業では、そこで働く人々が重要であり、共に暮らす人たちを支えるまちづくりが船づくりの基本になる[7]。神原（2007）の2100年をみすえた100年の構想においても「地域との共生」が柱の一つとされた。また、「地域との共生」の精神は、海外展開にも生かされた。IHI（旧石川島播磨重工業）をはじめ、多くの大手造船企業が海外生産に失敗する一方、常石造船は、フィリピンにおける現地企業（セブのアボイティス）との協働・共創により地域に密着し地域を支えることで、事業を成長軌道にのせたのである（芦澤 2018）。

3-3　今治造船の歩みとその経営手法

今治造船の源流は、1901年に創業者の父である檜垣為治が漁船などの建造、修理・修繕で立ち上げた事業にある。1956年の鋼船建造以降、M&Aにより規模を拡大し、これに伴い積極的な設備投資を行って今治造船は業容を拡大してきた（西川・具 2020）。背景には、今治市最大の産業としての地域特性もある。たとえば、「愛媛方式」と呼ばれる年賦償還方式（今治市教育委員会 2010：8）や「「無尽の会」という地域独特の支援組織」（内波 2017：87）である。無尽の会は「困難な暗黙知を含んだ粘着性の高い情報」（内波 2017：87）の共有を可能にし、対面接触を通じた厚い信頼関係を構築することで、造船所、船主、金融機関、船用メーカー、商社・オペレーターなどを強い紐帯で結びつけ、今治造船の躍進を支えた（内波 2013）。

寺岡（2012）が指摘するように、今治造船は非上場の同族経営の色彩の強い企業であるが、その主な特徴は[8]、合併や買収を重ねながら規模を拡大し、配下に特徴

7）インタビュー調査に応じてくれたFは、次のように説明した。まちづくりは、創業者の神原勝太郎の時から重要視していた「ツネイシグループ」のキーワードであり原点である。造船は労働集約型の人を必要とする産業である。人を大切にするというのが常石造船の特徴である。IHIをはじめ、多くの大手造船企業が海外生産を試みたがいずれも失敗した。一方、常石造船は海外生産体制を確立した。進出当初は、2万人前後だったフィリピンのバランバランも今では8万人を超えるまちへと成長したが、常石造船は、このまちの成長に貢献した。その背景にあるのが、常石造船の「まちづくり・船づくり・人づくり」三位一体の考え方である。それは、「ツネイシグループ」、とりわけ、常石造船の経営理念のDNAと呼べるものである。

8）今治造船ホームページ（https://www.imazo.co.jp/sdgs/　2024年1月30日閲覧）。

のあるさまざまな企業を配置していることである。たとえば、愛媛県下には、特殊船に強い岩城造船、中型船が得意なあいえす造船やしまなみ造船を、そして山口県の新笠戸ドックも配下に持つ。広島県でコンテナ船やLNG船を主に建造してきた幸陽船渠も2014年に吸収合併したが、これに先立ち、2013年には常石造船の多度津工場も譲り受けていた。こうした体制強化により、大型タンカーや自動車運搬船のみならず、ケミカルタンカーやLNG運搬船、カーフェリー船、大型のコンテナ船、ばら積み船、チップ運搬船など多種多様な建造ができるのが、今治造船の特色である。

このようにして、かつて中手であった今治造船も、今では、日本における造船業の中心的な役割を担う企業に成長し、今治市の就業者の10%が従事する市内最大の基幹産業となった（今治市教育委員会 2010：1）。将来展望も、「環境に優しい船の開発」など船造りへのこだわりが同社の基本である[9)]。今治造船の拠点である今治市は、しまなみ海道の四国側の起点でサイクルツーリズムの中心地であり（望月 2019）、全国によく知られるタオル産業の集積地でもある（塚本 2013, 岩本・飯村 2014, 岩本 2015）。しかし、今治において、造船、サイクルツーリズム、タオルは確かにそれぞれに存在感を持つものの、相互には関係しあっていない。これは、今治造船が本業の造船業に特化・注力しているためである。

3-4 「ツネイシグループ」の「地域との共生」のエートス

これまで見たように、今治造船も常石造船も共に創業家のオーナー色の強い企業であるが、その経営手法は対照的である。今治造船は瀬戸内一帯に造船クラスターを形成し、日本における造船業を代表する企業として、また、今治市の基幹産業として、地域の雇用や経済に貢献している。構造不況期に総合重工メーカー傘下の企業が国内工場を廃止・統合するなかで、その選択と集中の過程で起こった瀬戸内海地域への造船クラスターの形成を生かし、国内での造船業の拡充に注力してきた結果、今治造船は成長してきた。本業である造船業への強いこだわりが今治造船の企業理念であり、これにより、今治造船は今治市の基幹産業として地域の雇用を支えている。

一方、常石造船は、受注、企画・設計、資材調達などを統御する日本の福山市常石の本社をハブに、中国とフィリピンとを結んだ国際分業ネットワークを構築する

9）本章注8）参照。

ことにより人件費をおさえ、為替変動リスクを軽減しながら堅実な経営を行っている。その常石造船の核になっているのが、「まちづくり・船づくり・人づくり」三位一体型の「地域との共生」の精神である。そして、この地域への共生の精神を海外展開、とくに、フィリピンのセブにおける事業活動にも発揮した。「地域との共生」を共通理念に、文化の壁を乗り越え信頼関係を築いたのである。

このように、「地域との共生」の精神は、「ツネイシグループ」の通奏低音をなす理念であり、海運・造船企業という創業の枠にとどまることなく、「ツネイシグループ」全体を支えるエートス[10)]となっている。この点が、本業の造船業に特化した今治造船との違いであるといえよう。

このため、このエートスは、エネルギー、環境、ライフ&リゾートなど、とくに地域に根ざした事業の礎となり、「ツネイシグループ」の事業が、地域と関係を結ぶ、すなわち、地域を価値づける主体・権力として作用する際の行動原理になっているといってよい。とくに、2010年代に入ってからはライフ&リゾート事業の拡充が著しい。「ツネイシグループ」は、後述する独立系[11)]の「ディスカバーリンクせとうち」とも関係を結びながら、事業を行っている。この「ディスカバーリンクせとうち」と「ツネイシグループ」の関係を整理すると図6-3のようになる。

もともと「ツネイシグループ」のライフ&リゾート事業（L&R部門）として宿泊関連事業が展開されていたところに、常石造船の創業一族の神原が積極的に関与し、2012年に「ディスカバーリンクせとうち」が誕生した。その後、事業の多角化に伴い発生していたさまざまな関連事業が2015年には「ツネイシグループ」配下の「せとうちホールディングス」へ集約・統合された後、2019年に再び、資本としては独立した「ディスカバーリンクせとうち」と、「ツネイシ・ローカル・ベース」（TLB）へと再編されたのである[12)]。

このような経緯からも明らかなように、「ディスカバーリンクせとうち」と「ツネイシグループ」は密接な関わりを持って成長していった。事業全体が「せとうちホ

10）アリストテレスは、「倫理的卓越性は習慣づけに基づいて生じる「慣習」「慣習づけ」（エートス）という言葉から少しく転化した倫理的（エーティケー＝エートス的）という名称を得た」（アリストテレス 1971：69）とし、エートスが、習慣を通じて獲得される倫理的な特性であることを示した。本章では、ツネイシグループの「地域との共生」の精神が、アリストテレスの指摘する倫理的な陶冶に近い慣習となっているという意味合いからエートスの語を当てた。

11）ツネイシグループと直接資本関係にないため「独立系」と呼称した。

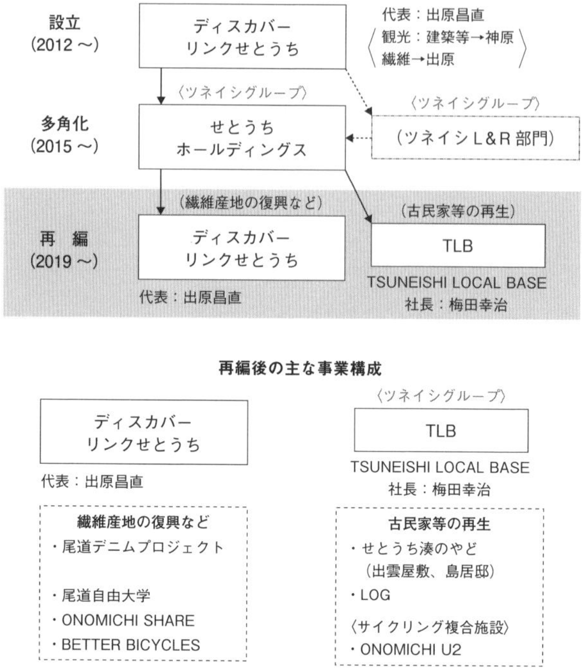

図 6-3 「ツネイシグループ」と「ディスカバーリンクせとうち」の関係

出所）各社ホームページ、インタビュー調査により作成。

ールディングス」に属し一つに束ねられていた時期もあり、「ディスカバーリンクせとうち」は独立系の企業でありながら、創業一族トップが経営に関与するなど「ツネイシグループ」と深い関わりを持つ。このため本章では、これらの事業を一体のものとみなし考察を進める。

12）細かく見れば、ツネイシヒューマンサービスとツネイシ境ガ浜リゾートを合併させたツネイシ L&R（ライフ&リゾート）の設立（2015 年）や、せとうちクルーズによる 2017 年のガンツウ就航などもあるが、煩雑で理解を妨げるので注に記すに留める。
なお、再編後の主な事業としては、「ディスカバーリンクせとうち」が、「尾道デニムプロジェクト」「尾道自由大学」「ONOMICHI SHARE」「BETTER BICYCLES」など、TLB は、「せとうち湊のやど」（「出雲屋敷」「島居邸」）「LOG」「ONOMICHI U2」などがある。

4 「ツネイシグループ」のまちづくりへの接近

4-1 2010年代の尾道の新たな変化を踏まえた対象事業の析出

産業都市としての衰退を経験した尾道市は、冒頭にも示したとおり、2010年代において、新たな変化のきざしを伴い、とりわけ観光面から再び注目を集める地となった（第5章、望月 2021）。この新たな変化のきざしとは、第一に、傾斜地を中心とした空き家再生（第3章、望月 2018）、第二に、しまなみ海道によるサイクルツーリズム（第4章、望月 2019）、第三に、これらに呼応した新たな活性化の試み（尾道メイドの自転車や高級宿泊船など（第5章、望月 2021））である。

「ツネイシグループ」は、これらの動きと密接に関わり、尾道の伸張に寄与してきた。こうしたことから次頁の表6-2のように、行政やこれら事業の主たる関係者からインタビュー調査を行った。この調査を踏まえ、尾道の特徴を大づかみに把握した後、2010年代に顕著となった三つの領域から対象事業を析出し、尾道市の観光政策との関わりに言及する。なお、尾道でリノベーションされた主要施設は、図6-4にまとめた。

これまで何度となく言及してきたが、いったん衰退の道を辿りかけた尾道において、2010年代に、新たな活性化の芽となったのが、古民家・空き家再生、サイクルツーリズム、新たなムーブメントの三つの領域であった。その結果、2009年に542万人であった観光客も2019年には682万人へ伸び、約140万人増となった[13]。

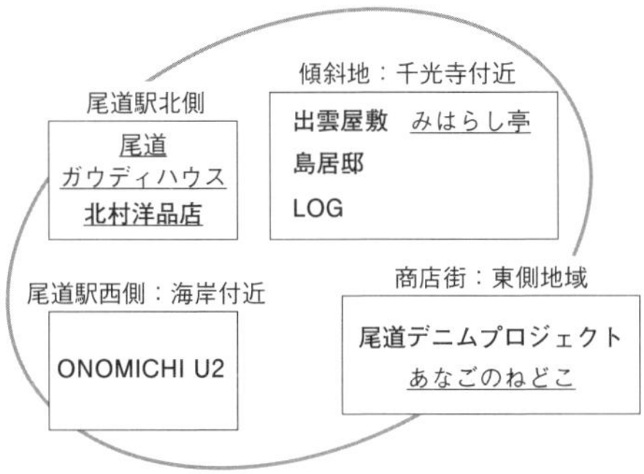

図6-4 尾道エリアリノベーション（筆者作成）

13) 尾道市（2022）「令和3年尾道市観光客統計について 2022年6月17日，尾道市産業部観光課）」（https://www.city.onomichi.hiroshima.jp/uploaded/life/66049_172031_misc.pdf 2024年1月30日閲覧）。2020年以降は、新型コロナ感染症の影響で激減するため、コロナ前の数値にした。

表 6-2　インタビュー調査の概要 14)

インタビュー対象者			日時		場所
尾道市産業部観光課	課長	A	2023 年 3 月 24 日	15:00-16:00	Zoom
	課長補佐	B			
尾道市福祉保健部（尾道市産業部観光課）	部長（元課長補佐）	C	2023 年 3 月 16 日	18:15-19:10	電話
ディスカバーリンクせとうち（DLS）	代表	D	2022 年 7 月 13 日	14:00-15:00	Zoom
Tsuneishi Local Base（TLB）	取締役	E	2022 年 6 月 8 日	10:00-12:00	Zoom
			2022 年 6 月 13 日	10:00-11:00	
常石造船（兼）Tsuneishi Local Base（TLB）	広報担当	F	2022 年 10 月 5 日	13:30-14:30	Zoom
			2022 年 10 月 7 日	18:20-19:00	
尾道デニムプロジェクト	店舗責任者	G	2022 年 10 月 13 日	11:00-12:00	Zoom
NPO 尾道空き家再生プロジェクト	代表理事	H	2022 年 9 月 22 日	10:30-12:30	三軒家アパートメント

この新たな潮流に呼応したのが、2010 年代に強化された「ツネイシグループ」のライフ＆リゾート関連の一連の事業である。この変化に即した対象事業を表 6-3 に析出した。古民家・空き家再生に対応するのが、「せとうち湊のやど」（「島居邸」「出雲屋敷」）や「LOG」などの宿泊事業、サイクルツーリズムに対応するのが、日本初のサイクル複合施設の「ONOMICHI U2」、新たなムーブメントに対応するのが、新たな観点から地域の伝統を継承・発展させる「尾道デニムプロジェクト」である。これらは、事業採算性をきびしく問われる企業体にあって、その淘汰をしのいだ事業群である。なお、表 6-3 に示したように、第 5 章において「尾道の新たな

14）2022 年 10 月 29 日に豊田が兵庫県尼崎市杭瀬本町で行った講演・質疑及び、2018 年 2 月 17 日～ 18 日に兵庫県神戸市垂水区塩屋の旧グッゲンハイム邸で行われた塩屋と尾道の共同イベントにおける「尾道の空き家再生の取組」に関する講演・発表（I・J）も参考にした。加えて、2022 年 10 月 22 日に岡山大学で行われた、経済地理学会岡山地域大会における D と E の発表や、その後のフロアとの質疑応答も活用した。

表 6-3 対象事業の析出[15]（筆者作成）

	ツネイシグループ	尾道空き家再生プロジェクト	その他の動き
1 古民家・空き家再生	**せとうち湊のやど（島居邸、出雲屋敷）、LOG**	尾道ガウディハウス（空き家再生）、みはらし亭（☆）、あなごのねどこ（☆）、**北村洋品店**	
2 サイクルツーリズム	**ONOMICHI U2**（☆）		凪（なぎ：自転車）
3 新たなムーブメント	**尾道デニムプロジェクト**		ガンツウ（造船） 凪（自転車：再掲）

変化のきざし」として論点化したのが、造船の「ガンツウ」、サイクルツーリズムの「凪（なぎ）」、空き家再生の「尾道ガウディハウス」であるが、その区分も概ね、この三つの区分と対応している。

4-2 「ツネイシグループ」のまちづくりへの接近に対する行政の捉え方

第3節で見てきたように、「まちづくり・船づくり・人づくり」三位一体型の「地域との共生」の精神（エートス）が「ツネイシグループ」の特性、行動原理の基本であり、これは、第3節で言及した「ツネイシグループ」と一体的に事業を展開する「ディスカバーリンクせとうち」にも継承されている。

その特性は、「ディスカバーリンクせとうち」の設立経緯に端的に現れている。「ディスカバーリンクせとうち」は、常石造船の創業一族の神原勝成など地元広島県出身の6人が設立した会社で2012年6月に発足した。きっかけは、神原が、海外への移転で国内の造船業における雇用が縮小しており、新たに事業と雇用を産み出す必要を感じたことにあった。そうしたなかで観光は一つの有用な手段であった。繊維の仕事をしていたD[16]もこの動きに呼応した。中学・高校の先輩・後輩という

15）波線の下線が、第5章や望月（2021）などで「尾道の新たな変化の兆し」で論点化した造船の「ガンツウ」、サイクルツーリズムの「凪」、空き家再生の「尾道ガウディハウス」で、☆印の「ONOMICHI U2」「みはらし亭」「あなごのねどこ」にもふれた。ゴチック体が、本章で取り上げるもので、空き家再生の相互参照の説明の関係から☆印にも言及する。

関係もあったが、Dが参画した背景には、造船より先に海外へ工場が移り、雇用のみならずものづくりそのものが危うくなっている地域の繊維産業の未来への危機感があった。そこへ同窓の建築やサービス業に携わる仲間たちが集まり、一緒になって尾道における観光振興で雇用を創出し地域に貢献しようということで、Dが繊維を、神原たちが主に建築や観光、サイクリングを担当することになった。このように、雇用や地域の衰退への危機感を、Dが常石造船の経営者だった神原と共有したことが、「ディスカバーリンクせとうち」の設立を促したという。また、観光で地域を活性化することが目的だったため、主たる展開地域は、広島県東部地域における最大の観光地である尾道に定められた。

ところで、「ツネイシグループ」のまちづくりや対象事業群は、行政サイドからはどのように把握され評価されていたのだろうか。それについては、池ノ上ら(2016)が一つの手がかりを与えてくれる。それは、北海道大学観光学高等研究センターが、広島県、尾道市、尾道の民間事業者などと協働し「尾道型ディスティネーション・マネジメント」をまとめたものである。そのなかで、尾道市産業観光部観光課課長補佐（当時）のCは、第一に「尾道空き家バンク」や「尾道空き家再生プロジェクト」などによる移住の促進により、ゲストハウスや店舗として活用するリノベーションが「まちづくり×観光」として新たな地域活性化を生み出していると指摘した(池ノ上他 2016：19)。第二に、しまなみ海道が、サイクリストの聖地として、また、世界に誇れるサイクリングロードとして、日本のみならず海外からも誘客が期待でき、日本遺産の「中世の箱庭的都市・尾道」の魅力を生かしながら、宿泊滞在型観光の促進を図ることが期待できると述べている（池ノ上他 2016：20)。

この背景を知るため、筆者も2023年3月にCにインタビューした。「当時（2010年代の半ば）は、2000年代までの神社・仏閣・古寺巡りを中心とした旧来型の観光政策からの転換が模索されている時期で、民間からの支援や外からの投資による観光振興が期待されていた。「尾道空き家再生プロジェクト」や「ツネイシグループ」によるエリアリノベーションはその期待にそうものだった」と、Cは振り返った。

とくに、「ツネイシグループ」は、企業として高い採算意識を持って事業を行っているため、その事業継続は尾道への不動産投資価値を高めた。それが、後の高級ホ

---

16) Dは大学卒業後、商社に就職し大阪で働いていたが、独立しアパレル事業を起こした(2002年、株式会社ディーフィールド設立)。その後、拠点を地元・広島県福山市に移し事業を展開した。

テルチェーン、アマンの創業者（エイドリアン・ゼッカ）による瀬戸田の古民家をリノベーションした高級旅館「Azumi Setoda」の開設（2020年）[17]や、シトラスパーク瀬戸田のグランピング施設の開設（2022年）など、新たな投資を呼び込むきっかけを作った[18]。2022年3月策定の「尾道市総合計画後期基本計画（2022年度～2026年度）」[19]でも、「近年、民間投資が活発になっている」（40頁）と総括されており[20]、尾道市観光課のAやBへのインタビュー調査でも同様な認識が示された。

第2節でも述べたように、そもそも「古民家やエリアのリノベーションは豊穣化の典型例」（筒井 2021）である。そして、「ツネイシグループ」によるエリアリノベーションは、図6-4（☞145頁）のように、「尾道空き家再生プロジェクト」の事業（図6-4下線）とも親和性を持ちながら、尾道中心市街地のコアエリアにおいて面的に展開されてきた。しかも、先にも触れたように、採算性を重視する企業にあって、10年余の経営の試練を経た事業である[21]。ただし、「ツネイシグループ」のまちづくり関連事業の採算性については、次の2点に留意する必要がある。

1点目は、事業採算性を比較的長いスパンで判断する態度である。たとえば、3年短期黒字・5年累損解消などの短期判断ではなく、10年程度の比較的長いスパンで事業採算性をみている。2点目は、ポートフォリオの設定である。たとえば、「せとうち湊のやど」は、ある程度採算が見込まれるが、2018年開業の「LOG」の場合はまだ日が浅く、「ONOMICHI U2」の事業収益でカバーするという趣旨の発言

17）株式会社 Azumi Japan ニュース・リリース（https://pdf.irpocket.com/C8804/j9N9/zKYv/Yay4.pdf　2024年1月30日閲覧）。

18）Cへのインタビュー調査による。

19）尾道市ホームページ（https://www.city.onomichi.hiroshima.jp/uploaded/life/48199_130297_misc.pdf　2024年1月30日閲覧）。

20）例としては、2019年の尾道駅新駅舎の開業、市街地や瀬戸田地域における新たな宿泊施設の開業、2020年の観光型高速クルーザーの就航などが挙げられている。

21）先の2022年10月の経済地理学会岡山地域大会でも、Dは、多くの事業は必ずしもうまくいかなかった、むしろ失敗の連続だったと指摘した。
本章では、2019年の再編後の継続事業にフォーカスして考察したため、投資経費が大きく他の事業への負担が懸念されて中止となった「せとうちSEAPLANES事業」（水陸両用機を利用した瀬戸内遊覧事業）や、新型コロナウイルスのために参入直後に撤退を余儀なくされた「尾道新駅舎事業」（物販、宿泊等事業）についてはふれていない。Dが、「むしろ失敗の連続であった」とコメントしているのは、主にこれらの事業や、単体では不採算で統合を余儀なくされた事業群を指している。

をEはした。また、2019年の再編後、主にディスカバーリンクせとうちが担任する事業については、「尾道デニムプロジェクト」とその他事業とで、多少、事情が異なる。「尾道デニムプロジェクト」がまれにみる成功を収める一方で、「尾道自由大学」「ONOMICHI SHARE」「BETTER BICYCLES」などの事業は単体では採算があわなかった。このため、これら3事業は「ONOMICHI SHARE」に統合された。これもポートフォリオの組成で不採算部分をカバーしている例である。

このように、事業統合などによって不採算事業をカバーしつつ、長期的な視野から採算を判断するのが、「ツネイシグループ」のまちづくり関連事業の基本スタンスであり、これらのベースには、「地域との共生」の精神による事業育成の視点があるといえる。とりわけ、「豊穣化の経済」の特性をみせる事業群は、こうした考えに沿って育成されてきたとみなしてよい。

4-3 尾道におけるエリアリノベーションの形成

1）古民家・空き家再生：「せとうち湊のやど」と「LOG」

まず、古民家・空き家再生である。かつて長者番付にものった村上医院の外科医、大林義彦[22]の住まいは尾道の傾斜地にあった。尾道三部作で知られ2020年に亡くなった映画監督、大林宣彦の生家でもある。この北側に位置するのが、2013年1月にオープンした「島居邸」や「出雲屋敷」といった「せとうち湊のやど」の建物で

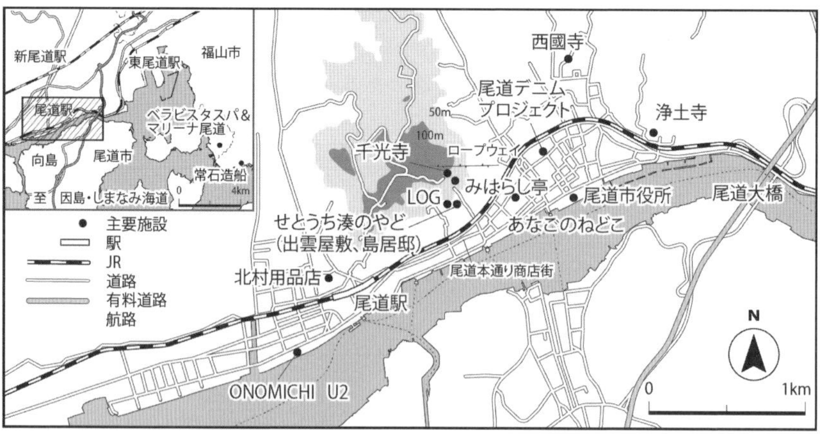

図6-5 尾道の主要施設の位置図（筆者作成）

22）松村（2019：53）の表2「尾道税務署管内高額所得者一覧表（1961年度）」

ある。高級宿泊施設「せとうち湊のやど」は、洋館の「島居邸」や白い土塀に囲まれた「出雲屋敷」などを一棟貸しする。旅館業法上、定期賃貸業に当たる施設とみなされ、民泊と同じ扱いのサービスとなる。また、かつて紡績工場の寮であった新道アパートを宿泊施設「LOG」として再生させることに取り組み、2018年12月に開業した。この「LOG」は「せとうち湊のやど」の敷地と隣接しており、中庭を通って行き来できる場所にある。これらは、これまで宿泊施設の不足で通過地域であった尾道を滞在地域へ転換するための事業であった。

「ツネイシグループ」は2012年8月から物件調査を始め、将来残すべき建築物を30棟程度ピックアップしその中から4、5棟へと絞り込んだ後、再生を行った。再生物件は、いずれも「ツネイシグループ」が独自に発掘したもので、行政の文化財保護との関わりはない。

「島居邸」は、大林邸の北、千光寺へと続く数メートルの石段の途中にあるスクラッチタイルの塀に囲まれた洋館である。これはもともと明治期にこの地を所有していた実業家であり政治家だった島居哲[23]が、1931（昭和6）年に建てた居宅であった。アースカラーのモルタル洗い出しの外壁、玄関横の円窓、2階バルコニーのアーチ型の支柱などが特徴であり、元の梁や柱を生かしつつ、カキ殻粉の粉末を使った瀬戸漆喰などを使って改装した、昭和に建立された擬洋風建築物（外観は洋風だが部屋は畳が敷いてある和洋折衷の建物）のリノベーションである。余談だが「島居邸」外観のスクラッチタイルは、帝国ホテルの設計者としても知られる近代建築の巨匠、フランク・ロイド・ライトが好んだもので、現総理大臣公邸（旧首相官邸を曳家工事後改修した建物）の外観にも使われている。この「島居邸」は、明治の初期、当時の県令が「県庁所在地を尾道に移し御調県と改称したい」（望月 2018：70）と表明した尾道の権勢を象徴する建物の一つといえる。

この脇にある漆喰塗りの白い土壁に囲まれた屋敷は「出雲屋敷」である。「出雲屋敷」は出雲国松江藩からの御用塩や綿などの交易のため、松江藩の役人が常駐する出張所であった。江戸後期、神聖な場所として神社仏閣のみがあったこの地域に「出雲屋敷」は建てられた。石見から尾道へ連なる街道は、銀を搬出する山陰と山

23）父親の島居幸雄は、尾道銀行の頭取や尾道商工会議所の会頭を務め、養子の島居哲も実業界で活躍しつつ衆議院議員などを務めた（名古屋大学『人事興信録』データベース https://jahis.law.nagoya-u.ac.jp/who/docs/who4-12714 2024年1月30日閲覧）。

陽を結ぶ銀の道（石見銀山街道）として栄えた。「出雲屋敷」は、松江藩が尾道水道を臨む東土堂に設けたもので、瀬戸内の商業の中心であった尾道において、銀を含む御用塩や綿など交易の拠点機能を担った。海の道、中国山地の銀の道、西国街道が交錯する尾道は、「まさに、ターミナル（「尾」の道）として機能し、港町・宿場町・商業の町として栄えた」（望月 2021：7）が、松江藩の宿所、「出雲屋敷」は、「銀の道のターミナル」としての尾道を象徴するものであり、リノベーションはこの由来の物語を現代に復刻するものであった。

「LOG」は、「ツネイシグループ」が、1963（昭和38）年に建てられた集合住宅（アパート）を再生したものである。「LOG」は、「Lantern Onomichi Garden（ランタン・オノミチ・ガーデン）」の略称で、ランタンのように尾道の灯りとなり、人が集う開かれた場所にしたいという想いが込められている。インドの革新的な建築集団、スタジオ・ムンバイによりリノベーションされた「LOG」は、尾道水道をのぞむ高台の眺めのよい鉄筋コンクリート製の集合住宅で、当時の若いカップルのあこがれの存在だった[24)]が、その後長らく放置され地域の課題となっていた。

地上3階、延床面積1180㎡、24戸のアパートは、スタジオ・ムンバイにより、ダイニングやカフェ&バー、ショップ、ライブラリー、ギャラリー、ゲストルームを備える客室6室の高級宿泊施設へ再生された。リノベーションされた昭和の高度成長期の尾道の象徴となる建物は、現在、面積の約半分をカフェやピロティ、庭などのパブリックスペースが占めている。事業の採算性を考えれば、より多くの客室を設ける方が経営的にも有利だが、「ツネイシグループ」は、広いパブリックスペースを選択した。パブリックスペースは、地域の人々の憩いの場としての役割も担う多目的空間として設けられ、地域へ開放されているが、これは、設計責任者のビジョイ・ジェインの「我々は人が集まる空間をつくっている」との主張を踏まえたものである。そこには、小津安二郎の『東京物語』に精通し、尾道の生活空間を知悉したジェインならではの「地域との関係」を大切にする建築マインドと、「ツネイシグループ」の「地域との共生」のエートスとの融合がある。これにより、旅で訪れた者同士はもとより、旅人と尾道に暮らす人々が交流する場として機能する、地域との交流空間が創出された。

24）重機の入らない傾斜地は資材の搬出入が困難で、費用が平地の何倍もかかることから、今ではこのような建物の建築は無理だといわれている。

2）サイクルツーリズムへの対応：「ONOMICHI U2」

「ツネイシグループ」は、広島県の県営上屋2号の公募に応じ、2014年に「ONOMICHI U2」の運営を開始した。「ONOMICHI U2」については、第4章でもくわしく説明したが、ここでもう一度、解説しておこう。

「ONOMICHI U2」のU2は西御所地区県営上屋（うわや）2号からとられた名称であり、日本で初めてとなるサイクリスト向けの複合施設である。これは、広島県が2011年3月にまとめた「瀬戸内海の道構想」に基づく重要戦略「瀬戸内サイクリングロード」を実現するための施設であり、広島県にとっての重要施設であると同時に、尾道にとっても拠点施設たりうるものだった（望月 2019）。

この施設には、サイクルツーリズムによる新たな訪問者の創造が求められるとともに、尾道駅東側の商店街に比べ賑わいの少ない西御所町に活気をもたらすことが期待された。こうした背景から、「ONOMICHI U2」の施設内には海運倉庫時代の鉄や石、木材などの素材が随所に散りばめられ、西御所という地の往時の歴史の記憶が承継された。これは倉庫という空間に、尾道が自慢できるものを数多く集めて詰めあわせてつくった小さなまちであり、旅人と地元の人たちが普段着で日常的に楽しみ交流するまちづくりの拠点である（望月 2019）。このように、「ツネイシグループ」は、「Hらの活動に影響を受けその動きを注視しつつ、傾斜地や商店街とは違う西御所町の歴史・文化を生かしたまちづくりを目指した」（望月 2021：18）が、実際に、「ONOMICHI U2」のテラスでは、地域の高校生たちが宿題に取り組み、その傍らでは、近所の主婦らがコーヒーを飲みながら談笑する日常がある[25)]。

2022年10月22日の経済地理学会岡山地域大会において、「ツネイシグループ」（TLB）のEは新型コロナウイルス到来前の「ONOMICHI U2」の利用者が年間約50万人に達し、広島県の東部エリアで抜きんでた複合施設になっていたことを報告した。これにより、かつて、Cが期待した「ONOMICHI U2」における地域のまちづくりと外からの新たな誘客は同時に実現されたことになる。

なお、ビジョイのコンセプトに基づき、広いパブリックスペースを確保して地域との交流空間を設けた「LOG」も、「ONOMICHI U2」と同様に、地域のまちづくりにも深い関わりを持つ。たとえば、「尾道に観光に来た宿泊客もいれば、散歩がてらお茶を飲みにくる地域の人々もいる。イベントを目的に足を運んでくれる若者もいる。それらの人が行き交い交差する風景を「LOG」の日常にしたい」、ま

25）2022年9月22日の尾道現地調査時に確認した。

た、「スタジオ・ムンバイは地域の職人と手作業で建築を進める。その人の手の力の残る仕事によってこそ尾道の歴史や景観と調和するような温もりのある空間をつくることができる」と、Eはその意義を強調していた。このように、「LOG」には、「ONOMICHI U2」と同様に、周辺地域のまちづくりの意味が込められている。

3）新たなムーブメント：「尾道デニムプロジェクト」

ここで紹介する「尾道デニムプロジェクト」の背景には、尾道が備後地域に属し、伊予、久留米とならび日本三大絣の一角をしめる備後絣（びんごがすり）の産地としての地域共通性を持つことがある。戦後生産を伸ばした備後絣も昭和40年代には需要の減少をみる。このなかで、絣に代わる商品として、また、備後絣の技術を生かした新たなチャレンジとして、高級デニムの開発に取り組んだのが、同じ備後地域、福山のデニム製造業者、カイハラであった。本場のアメリカでロープ染デニムが人気を得ていたことから、カイハラは、デニム用の染色機の自社開発に取り組み、備後絣の生産技術をもとに日本で初めてロープ藍染デニムの開発に成功した。今では、カイハラはジーンズ生地に使う高級デニムの生産量で国内トップ50%のシェア、輸出も70%のシェアを持つに至っている[26)]。デニムでは同じく備後絣の伝統を共有する児島ジーンズもよく知られる存在である。

しかしながら、伊予や久留米に比べると備後絣の認知度は低い。また、船の帆の技術の応用から生まれた尾道帆布はあるものの、備後という共通の地域性を有しながら、尾道には児島ジーンズや、福山のカイハラなどのような知られた企業はない。このような事情を踏まえ、「ツネイシグループ」は、備後という地域の一体性のなかで、備後絣の伝統を活用したまちの活性化の試みとして、2013年1月から「尾道デニムプロジェクト」を始めた。新品のデニムを穿きこんでユーズドデニムを製作することから「リアルユーズドデニム」と呼ばれている。

Gによれば、「尾道デニム」は、大工に左官、自動車整備士、住職に神父、シェフや漁師など、尾道に住み暮らすさまざまな人たちが穿きこんでつくるユーズドデニ

26）中国経済産業局ホームページ「カイハラ：元気なものづくり企業300社」（http://www.chusho.meti.go.jp/keiei/sapoin/monozukuri300cha19fy/6chuugoku/34hiroshima/34hiroshima_05.pdf　2018年11月17日閲覧）。一般財団法人備後地域地場産業振興センターホームページ「産業技術マップ No126 カイハラ 株式会社」（https://fukuyama-gijutumap.jp/company/カイハラ株式会社/　2024年1月30日閲覧）。

ムである[27]。このデニムにはペンキの跡や工場の油など、穿き込んだ人の生活が染み込み、独特の風合いが表現される。市長が穿いた使用感のあまりないデニムより、造船所で働く工員が穿き込み独特の色落ちのあるデニムの方がより個性を放つ。ハイデッガーが示したように、ゴッホの「靴」が農夫の生活を凝縮して語るのと同様に（ハイデッガー 2002：35-43）、一品一品が個人の暮らしや生活を反映したいわば芸術作品である。どんな人がどのように穿いたかの来歴や背景が意味や価値を持つ。備後地域自慢の古くからの価値を持つ備後絣を、尾道から、新たに「リアルユーズドデニム」という形で復刻するプロジェクトであり、尾道に住み暮らし働く人みんなが参画して進めるプロジェクトである。

Gによれば、2022年12月には開始から10年を迎えた。初年度に準備した270人・540本のデニムからスタートして、毎年、100人程度の人たちが関わり、10年で2000本以上のユーズドデニムがこのプロジェクトから生まれた。2000本すべてが異なる1品もののデニムである。10年経つが、なかには毎日のように店に訪れる人もいる。また、最近では「尾道デニム」の購入者が、わざわざユーズドデニムの製作者（穿いてくれた者）を訪ねる例も現れた[28]。このように「尾道デニム」を媒介とした交流の輪は広まっている。

先の2022年10月の経済地理学会岡山地域大会でも、Dは、「尾道デニムプロジェクト」が全国的にも注目を集め、開始から10年で、全国、地方含め300以上の取材を受けたことに言及した。通信販売をやっておらず、尾道に来ないと手に入らないため、買いたい人は必ず尾道を訪れる。店舗は尾道の商店街の東端の不便な場所にあるが、わざわざこのデニムのショップを目指して国内外から尾道を訪れる人がいる。

以上のように、「ツネイシグループ」の「地域との共生」を図るプロジェクト群の基盤には、古いものが持つその価値を尾道の魅力として尊重しながら、そこに新し

27）参加者は2本の新品のデニムのうち、1週間穿いた1本を洗いに出し、その間残りの1本を穿き、以後そのサイクルを繰り返す。穿く人によって長短はあるが、概ね1年間穿いて製品にする。今でも約100人の尾道市民が、ユーズドデニムの製作に参画している。Dも「まちの人の協力を得て、みんなで尾道を発信しようというプロジェクトである。価格は約3～5万円台と決して安くはない金額だが、ファンは確実に増えている」と説明する。

28）「向島の漁師が穿いていた」というデニムの来歴をもとに、購入者が連絡をとって向島のデニム製作者に会いに行って交流した。

い価値を付加するといった、Hが「尾道スタイル」と呼ぶ、尾道の伝統の継承・発展の文脈が共有されている（望月 2021）。そして、リノベーションの過程で、各々の由来の物語が掘り起こされ磨きあげられることで、唯一のサンプルとしての特性が先鋭化する。これは、まさに、「豊穣化の経済」の「コレクション形態」の特徴そのものといってよい。

4-4 「尾道空き家再生プロジェクト」との相互参照

「尾道空き家再生プロジェクト」による空き家再生は2009年から始められ、2018年までに216件の空き家が登録され104世帯が入居し、14を超える大規模施設も再生された（望月 2021）。

この1号案件の「北村洋品店」は、町工場や工房のあった尾道駅北側の三軒家町にある昭和30年代に建てられた木造モルタル2階建の建物である。「北村洋品店」の再生は、プロジェクトすべてに通底する「尾道スタイル」を象徴し、その歴史の記憶を刻む再生の特徴は、出窓に意匠された「Scab」（かさぶた）や居間の井戸に現れている。「Scab」は、まちの代謝をテーマに、アートユニット「もうひとり」（I、J）が製作した作品である[29)]。「もうひとり」によれば、IやJが移住した2000年代の尾道は景気も底の時代で、商店街はシャッターが閉まった店舗が多く、傾斜地は空き家が目立っていた。平地の古い家も壊れた状態で土壁もそのまま露出されており、そこにはブルーシートがかけられ、木目調のトタンが急場しのぎで貼られていた。それは尾道から失われていくものの象徴であった。海岸の雁木や海沿いのマーケット、バラックの建物などが次第に消えていった。木目調のトタンを模して作られた「Scab」には、置き去りにされたものをそのまま留める意図が込められた。「Scab」は、北村洋品店のみならず、尾道の歴史・由来を伝える物語を紡ぎ、尾道というまちの代謝を見事に表現している。また、再生にあたって、居間を占拠する井戸が撤去されることなく生かされた。店の居間を占拠する井戸は、現代の生活様式からみると無用であるばかりか、むしろ邪魔な存在であった。しかし、尾道には100を超える井戸があり（島野 2020）、井戸は渇水時をしのいだ尾道の記憶と連なっている。北村洋品店のリノベーションにあたっては、この井戸を撤去することなく、尾道の生活文化の歴史の記憶を継承した（望月 2022）。

29）2018年2月17日に旧グッゲンハイム邸で行われたAIR ONOMICHI×塩屋のトークイベントにおけるIの説明による。

表 6-4 尾道における地域内の相互参照（筆者作成）

	主な出来事	ツネイシグループ	空き家再生
～2010	瀬戸内海の道構想（2011.3）		北村洋品店（2009.2）
2011		ディスカバーリンクせとうち（2012.6）	あなごのねどこ（2012.12）商店街
2012		**出雲屋敷、島居邸洋館**（2013.1）	
2013	CNN：しまなみリリース（2014.3）		
2014		**尾道デニム PJ**（2013.1）	
2015	日本遺産：中世の箱庭都市（2015.4）	**ONOMICHI U2**（2014.3）	みはらし亭（2016.4）傾斜地
2016	日本遺産：村上海賊（2016.4）		
2017		ガンツウ就航（2017.10）	
2018	日本遺産：北前船（2018.5）		
2019		**LOG**（2018.12）	
2020～	尾道駅舎（2019.3）		尾道ガウディハウス（2020.2）尾道駅前

「尾道空き家再生プロジェクト」は、「ツネイシグループ」事業との相互参照により豊穣化のストーリーを編み上げ、意味づけをする役割を担っている。そこには、記憶の力を強化し唯一のサンプル性を引き出す「尾道スタイル」が顕現されている。表 6-4 により、主な相互参照を時系列で追えば、2009 年 2 月の「北村洋品店」のリノベーション後、「ディスカバーリンクせとうち」が 2012 年 6 月に設立され、同年 12 月の商店街に、ゲストハウス「あなごのねどこ」がオープンし、翌年 2013 年 1 月には、「島居邸」「出雲屋敷」「尾道デニムプロジェクト」が、事業をスタートさせた。「ONOMICHI U2」の開業が 2014 年 3 月で、2016 年 4 月にゲストハウス「みはらし亭」が、2018 年 12 月には、「LOG」がオープンしている。また、地理空間的には、「島居邸」「出雲屋敷」「LOG」とゲストハウス「みはらし亭」が千光寺付近の傾斜地でつながり、「尾道デニムプロジェクト」は、ゲストハウス「あなごのねどこ」と商店街の東側地域でつながっている（図 6-4 ☞ 145 頁）。西側の西御所町のまちづくりを担う「ONOMICHI U2」は、北村洋品店から徒歩約 10 分と近接している。

こうして、「ツネイシグループ」は「尾道空き家再生プロジェクト」と強い関係を結びながら、尾道中心市街地において、エリアリノベーションを展開していったのである。

2022 年の経済地理学会岡山地域大会でも、E は、「ツネイシグループは空き家再生とも相互に連携しながら、サイクルツーリズムや、より深く建築・アートに触れ楽しめるツーリズムなどの新しいジャンルを尾道へ提供した」と指摘した。また「ツネイシグループと空き家再生の二つの流れが地域の中で連携し、相乗効果となって尾道という地域の魅力を向上させ、これまで通過地点であった尾道を複数回滞在する場へと変えた」と述べている。2023年3月の尾道市観光課へのインタビュー調査においても、AやBは、「ツネイシグループ」が、空き家再生とも関係を結びながら、それまで古寺巡りや文学・映画が中心であった尾道に、古い建築物を生かしつつ都会的で洒落たセンスを持ち込み、新たな価値を創造し、尾道の観光地としての選択肢を広げたと評価した。

5 まちづくりへの接近から尾道における「豊穣化の経済」の形成へ

5-1 エリアリノベーション群の価値づけ形態

第3節で見たように、「ツネイシグループ」は、尾道中心市街地において、エリアリノベーションによって、尾道の固有性に関する来歴や由来の物語を伝達させ新たな価値を生み出した（除本 2020）。各々のリノベーションは、「価値の評価（assessment）」と「価値の生産（production）」の諸過程（processes）を顕在化させた（Vatin 2013）。

まず、傾斜地の「せとうち湊のやど」や「LOG」などによる古い建築物の修復・再生である。これらは、尾道という地域を共通基盤に相互に参照されるなかで、「尾道空き家再生プロジェクト」と近しい関係を持った（「LOG」は後述）。「豊穣化の経済」の分析枠組でいえば、「せとうち湊のやど」は歴史資産の性格を有するため、「資産形態」にも属する事物のように思えるが、投資や投機の対象とはなっていない。むしろ、「出雲屋敷」も「島居邸」も、各々、江戸、昭和の時代を背景とした、建立当時は未来志向で新奇性が高い「トレンド形態」の事物である。

フランク・ロイド・ライトのスクラッチタイルが印象的な、「島居邸」は、広島県の県都の移転先の候補にも上がった尾道の権勢を伝え、「出雲屋敷」は、海の道、中国山地の銀の道、西国街道が交錯し、ターミナル（「尾」の道）として機能する尾道の地域特性を伝えるものだった。それぞれが銀山ルートの歴史的背景や権勢を誇った豪商が建てた坂の建築物が紡ぐ物語であり、その記憶が叙述を伴いただ一つのサンプルとして改築された。「出雲屋敷」も「島居邸」も、いずれも、それぞれの時代背景にあった往時の記憶的力を利用し物語性が付与され、「コレクション形態」において復興された。

次に、「ONOMICHI U2」と「LOG」である。「ONOMICHI U2」が、広島県の海運倉庫が自転車を鍵概念とする施設へリノベーションされたものであるのに対し、「LOG」は、紡績工場の社員寮であった新道アパートが、人と人の交流を促す施設へとリノベーションされたものである。倉庫やアパートは建築物だがともに「標準形態」の施設である。

「標準形態」の属する事物の大半は大量生産ののち廃棄される末路をたどるが、マルセル・デュシャンの「泉」やアンディ・ウォーホルの「ブリロ・ボックス」に見られるように後に芸術作品になるものや、マッチ箱や牛乳のふたのように、コレクションの対象となり価値を持つものもある（Boltanski & Esquerre 2020：135–137）。これと同様に、「ONOMICHI U2」や「LOG」は、由来の物語が建築をとおして顕現化され、倉庫や社員寮という器のなかに、地域の人・モノ、由来の物語を編み込むなかで、「コレクション形態」を形成した。

もともと「ONOMICHI U2」は、船から積み出された荷を鉄道へつなぎ日本各地へ届ける拠点となった海運倉庫だった。そのため「ONOMICHI U2」の建物内の、鉄、石、木材などの素材も、往時を意識して選択された。「LOG」は、昭和の高度経済成長期の尾道を象徴する若いカップルがあこがれたアパートであり、高台から見る尾道水道は最高の眺望であった。24戸のアパートは6室の高級宿泊施設に生まれ変わったが、庭やピロティなどの空間がパブリックスペースとして維持されたのも、由来の物語を紡ぐためである。

また、「ONOMICHI U2」は、地域住民に愛され、コミュニケーションが生まれる場であり、いわばまちのなかのまちとして、尾道のまち（西御所町）へつながる空間となっている。地域に開かれたコミュニティとしての場の機能も兼ね備え、旅人と地域の住民が交流する西御所町のまちづくりの拠点である（望月 2019）。一方、あえて事業採算性に抗い往時の空間をそのまま維持することで、「LOG」も、旅で訪れた者同士はもとより、旅人と尾道に暮らす人々が交流する場として機能する。この地域との交流空間の創出は、「ツネイシグループ」のエートスとビジョイの建築思想の融合の賜物である。

このように、「ONOMICHI U2」や「LOG」は、リノベーションにより物語性が付与され唯一のサンプルとしての特性が磨き上げられ、「交流とコミュニティ」の空間形成は、「ONOMICHI U2」や「LOG」へ特別な機能を付与し、「コレクション形態」の唯一のサンプル性を強化した。

「尾道デニムプロジェクト」はどうだろうか。そもそもデニム（ジーンズ）そのものは、「トレンド形態」の事物である。労働者の作業着だったものが、若者の支持を得て個人の個性を主張するファッションとして市民権を得たものだった。

ところが、「尾道デニム」の場合は、「リアルユーズドデニム」として、一本のデニムに個人の生活習慣や来歴が刻印され芸術作品のように仕上がる。「コレクション形態」では、それらが生み出された状態、それらを生み出した人物、それらを所有していた人物などをめぐる物語として叙述されるが、「尾道デニム」は、まさにこれに該当する。そして、「コレクション形態」では、物語性がこの世界のあり方になる。収集されるアイテムは保証に耐えるものであること、すなわち、真正性が要求される。それは人の眼前で起こる純粋に物質的なものであり、実際の場所、人物、出来事などの実態のある過去に埋め込まれた経験で、かつ、今も人々の記憶に息づいている。したがって、物事の固有の特性ではなく帰属のプロセスが、人々の興味・関心の対象を確立するうえで、基本的な役割を果たす。

こうして、「尾道デニム」のみならず、「せとうち湊のやど」の「出雲屋敷」や「島居邸」「ONOMICHI U2」や「LOG」のいずれもがこの物語性を備え、尾道の中心市街地の空間を「コレクションを収容する容器」として、そのプロセスの共有を通じて個々の物語を強化した。また、「ツネイシグループ」と空き家再生の二つの流れが地域のなかで連携し、相乗効果となって尾道という地域の魅力を向上するなかで、「尾道空き家再生プロジェクト」は、相互参照軸として機能した。「北村洋品店」の再生に象徴される、古いものが持つ価値を尊重しながら、そこに新しい価値を付加する「尾道スタイル」は、「ツネイシグループ」の個々のリノベーションにおけるストーリーの編み上げや意味づけにも発揮された。

5-2 「ツネイシグループ」のまちづくりへの接近の意義

これまで考察したように、尾道における「ツネイシグループ」のまちづくりへの接近は、尾道中心市街地の地理空間において、エリアリノベーションを形成し、個々の事業が異なる観点から、尾道において新たな価値を生産した（Vatin 2013）。なかには「標準形態」から時間の経過と叙述力を伴い、「コレクション形態」に移行するものもあったが、いずれも「コレクション形態」に軸足を置くことにその特徴を見出すことができた。このように、「ツネイシグループ」のまちづくりへの接近は、「コレクション形態」において豊穣化を促すことで、尾道という地域を価値づけた。ここにおいて「地域との共生」のエートスは、「ツネイシグループ」が、リノベーションを通じ地域を価値づける際の主体・権力として作用する源となったと言いうる。

これは、造船業の強化に特化した今治造船とは対照的な差異となっている。

「ツネイシグループ」は、尾道を中心に、また、尾道を展開のハブとして、尾道の空き家再生とも関係を結びつつ相互に参照され、古き良きものに新しいアクセントを加え未来につなげている。それはHが「尾道スタイル」というものと同義である。その過程で真正性が見出され、地域内のプロジェクト間の相互参照が、「コレクション（ストーリー）に含まれる規範的価値を通じ、人々の意識にも変化」（立見 2020：122）を及ぼすなかで、尾道は「コレクション形態」の特性を備えるに至った。

その意義は、第一に、これら「ツネイシグループ」の対象事業群が、採算性という企業経営の淘汰を経て生き残り、尾道の豊穣化の素地を作ったことである。それは、新型コロナウイルス到来前の「ONOMICHI U2」の利用者が年間約50万人に達し、広島県の東部エリアで抜きんでた複合施設になったことに端的に表されている。

第二に、行政サイドからの評価を得つつ、空き家再生とも連携しながら、サイクルツーリズムや、より深く建築・アートに触れ楽しめるツーリズムという新しいジャンルを提供し、尾道にエリアリノベーションを起こし地域の豊穣化に寄与したことである。これにより、「ツネイシグループ」と「尾道空き家再生プロジェクト」の二つの流れが地域の中で連携し、相乗効果となって尾道の魅力を向上させ、観光地としての選択肢の幅を広げ、文学・映画・古寺巡りの尾道のイメージを一新した。

第三に、その事業継続は尾道の投資価値を高め、その後瀬戸田地域において、アマン創業者による古民家リノベーションによる高級旅館「Azumi Setoda」（2020年）や、シトラスパークのグランピング施設の開設（2022年）など、新たな投資を呼び込むきっかけを作ったことである。これらは豊穣化が産んだ尾道の新たな価値への客観的な評価とみなしてよい。

このようにして、「ツネイシグループ」は、「地域との共生」のエートスを源泉に、地域、とりわけ、空き家再生との相互参照により尾道の「豊穣化の経済」を育んでいるのである。

6 おわりに

本章は、今治造船との対比から、「ツネイシグループ」の基幹の常石造船の特徴を把握しつつ、「ツネイシグループ」のまちづくりへの接近が、新しい経済の出現、「豊穣化の経済」の価値づけ形態と密接に関わってきたことを考察した。今治造船は造船業の拡大で地域に貢献しているが、造船業に注力しているため、今治タオルなど周辺産業やまちづくりとは深い関係を結ぶには至っていない。これに対し、「ツネイシグループ」のまちづくりの接近は、「地域との共生」のエートスを源泉に、「コレクション形態」に軸足をおいて成長し、尾道の豊穣化に寄与した。

本章では、以上により、「ツネイシグループ」のまちづくりへの接近が、とくに、空き家再生と相互に関係を結ぶことにより、「コレクション形態」として、尾道に新たな経済、「豊穣化の経済」を促し地域へ価値付与していることが明らかになったと考える。

なお、言説軸と時間軸による「個別性」や「物語性」の精緻化など、「豊穣化の経済」の分析枠組による考察の深耕については、今後の地域の価値づけ研究の課題としたい。

認知資本主義における都市・地域への価値付与

「生産の世界」論と「豊穣化の経済」

07

本章では、第５章と第６章の考察を総括する形で、「生産の世界」論の分析枠組（四つの生産の世界）と、「豊穣化の経済」の分析枠組（四つの価値付与形態）の二つの方法論的枠組を比較考察し、改めて、それぞれの特徴・異同を把握し、これらの分析枠組を、都市・地域の変容の考察に用いる場合の活用視点を整理する。

とりわけ、現代社会における非物質的なものへの注目のなかで、経済的価値（交換価値）と非経済的価値の境界があいまいになり、前者を後者が支えるような市場の変化が、社会のさまざまな局面において価値観の輻輳を生起させている今日、価値付与の過程について価値を生成する主体と客体、そして価値を生む状況や文脈に分解し、ていねいに考察することは、都市・地域の成り立ちやありようを正確に理解するうえで、ますます重要となってくる。その意味で、「生産の世界」論の分析枠組（四つの生産の世界）と「豊穣化の経済」の分析枠組（四つの価値付与形態）は、地域の価値の生成の過程や価値を生み出す仕組み／装置を明らかにするうえで有用な分析枠組でありうるはずである。

1 はじめに

現代社会は価値観が多様化しているといわれる。そこには、経済的価値だけではなく、倫理的価値や社会的価値、伝統的価値などさまざまな価値観が輻輳し、それが日々調整されている社会の実相がある。とくに、近年においては、経済的価値が労働の効用・希少性や固有価値などの実体的なものではなく、非経済的価値を支えとして構築されていることが、市場経済の変化において明白になってきた[1)]。また、こうした非経済的価値の基準の著しい多様化に伴い、世界的にもこの価値の所在をめぐる研究、「価値づけ研究」(valuation studies) が注目されている。その理論枠組として、フランス出自のコンヴァンシオン経済学（バティフリエ 2006）及びアクターネットワーク理論（ANT；ラトゥール 2019）が参照され、関連研究が活発化していることは、先にみたとおりである。

また、こうした世界的な潮流をふまえ、日本においても、第1章や第6章で紹介したように地域経済学会（2020年）や、経済地理学会（2021年）などにおいて、「価値づけ研究」の必要性について問題提起がなされ、理論研究についての蓄積は一定程度進みつつある。しかしながら、事例研究についてはまだ始まったばかりだという実情があり、本書で展開した一連の実証研究は、この未開の分野に先鞭をつける役割を担っている。

こうして、第5章で、「生産の世界」論により、広島県尾道市の生産の世界の変化とその特性を、第6章では、「豊穣化の経済」の分析枠組で、尾道における「ツネイシグループ」のまちづくりへの接近の特性とその意義を、各々、地域の価値づけの観点から考察した。これらは、知識・情報・コード・情動などが生産されると同時に消費される「認知資本主義」における地域の変化の動態、地域の価値の生成の過程や価値を生み出す仕組み／装置を明らかにし、その非物質的な生産・消費ゆえにあいまいとなった地域の価値の所在を可視化する試みであった。

また、人間と非人間を存在論的に区別しないANTではなく人間の意志や価値判断を重視するコンヴァンシオン経済学の方法論的枠組を参照することによって、さまざまに輻輳する価値の表出と調整をめぐる政治経済学的プロセスに配慮しつつ、地域の変容やその価値づけの過程までも明らかにすることができた。そのうえで、これらの分析枠組を比較考察するにあたり、今一度確認しておくべきことは、先ほど言及した市場の変化、すなわち「非経済的な価値」が「経済的な価値／交換価値」の支え手となっていることであり、またこの変化の前提としての現代資本主義の大きな流れの変化の把握である。

そして、この現代資本主義の流れとその特性をわかりやすく示してくれるのが、第1章でもふれた、ボルタンスキーが経営学者のシャペロ（Chiapello, E.）と著した『資本主義の新たな精神』（ボルタンスキー・シャペロ 2013、以下、『精神』）で

1）より正確には、本章イントロダクションで述べたように「経済的価値（交換価値／貨幣で表示される量）と非経済的価値（さまざまな規範的な諸価値）の境界があいまいになり、前者を後者が支える」ようになっているといえる。

あり、ここで、そのあらましを簡単に振り返っておくのが便宜である。なお、ここでいう「精神」とは、「その時々の資本主義経済の中で尊重される考え方や行動規範(小田切 2022：2)」のようなものであり、その時々の「精神」の変化をふまえると、都市・地域の変化についても理解が容易になる[2)]。

社会の成立には、秩序とそれを支えるルール・物差しが必要になるが、同書によれば、この資本主義を支える精神＝ルール・物差しは、次の三つの時代区分で遷移する。

「資本主義の第1の精神」は、パターナリズムの時代に現れたもので、資本主義の勃興期から第一次世界大戦前頃までの時期を指す。家政・家産的価値観と商業的価値観が妥協することで成り立っている。親分・子分のような関係が特徴である。これらは賃金・労働条件の改善要求などの社会的批判を通じ、次の「第2の精神」を生み出した。

「資本主義の第2の精神」のフォーディズムの時期は、いかに生産性を高めるか、効率性、パフォーマンス、官僚制機構など工業の論理が主となる世界である。ここでは団体交渉など公平性の論理が働く。しかし、この時代の精神は画一的で自由を奪う。チャップリンが『モダン・タイムス』で描いた世界である。これを受け、自由や解放、より本物を求める芸術家的批判が「第3の精神」の扉を開いた。

「資本主義の第3の精神」は、結合とネットワークを特徴として現れたものであり、人々が、自由かつ自発的に結びつくことに価値をおくプロジェクト志向的なも

---

2) なお、この「精神」は、「シテ」(Cité) という概念を基に考案されている (ボルタンスキー・テヴノー 2007)。彼らのいうシテとは、「自分の主張を正当化するときによって立つ世界観のようなもの (小田切 2022：3)」である。シテは歴史的に形成されるものだが、ボルタンスキーらは、次の七つのシテを特定している。「家内的シテ」「工業的シテ」「インスピレーションのシテ」「世論のシテ」「市場的シテ」「市民社会的シテ」「プロジェクト志向のシテ」の七つである。バティフリエ (2006) によれば、「家内的シテ」は、近さ・近接・伝統が、「工業的シテ」では、効率性やパフォーマンスが共通の上位原則になる。「市場的シテ」では、アダム・スミスのレッセフェールが示す競争が、「市民社会的シテ」では、ルソーが示した、一般意志が上位原則である (バティフリエ 2006：270-273)。そして、シテと精神の関係は、「第1の精神」は、主に、「家内的シテ」と「市場的シテ」の妥協で成り立ち、「第2の精神」は、主に、「工業的シテ」と「市民社会的シテ」の妥協で成り立つ。そして、「第3の精神」では、「プロジェクト志向のシテ」が特徴的なものとなっているが、このシテは、『精神』で新たに付加されたものである。

のとなっている。第1章でも述べたように、ある作品の製作プロジェクトのため監督やアクターたちが集結して製作に従事し、作品を仕上げた後は解散する映画製作は、そのわかりやすい例の一つであった。現代は、プロジェクト志向の特徴が顕著に表れている時代といえる[3)]。

敷衍すると、1900年代の規格化された大量生産方式は、価格の低廉化をもたらし、購買層の増加と利潤増加・再配分・再投資を促進させ、さらなる所得の増加と大量生産・大量消費をもたらす好循環を生み出した。T型フォードに始まるフォーディズムの時代である。フォーディズムは、規格大量生産によってテレビ、洗濯機、冷蔵庫など、標準的で汎用的な製品を提供し、社会生活に大きな利便をもたらした。しかし、その後、画一化に対する拒絶が生まれ、大量生産は多品種少量生産へ、モノ消費はコト消費へと変わり、知識や感性が重視される世界へ変質する。情報や経験が重視される時代への移行である。これは、第1章で確認した物質的な生産・消費から非物質的な生産・消費の場への転換であり、フォーディズムからポストフォーディズムへの変遷は、まさに、この資本主義の第2の精神から第3の精神への推移に符合する[4)]。

そして、ストーパーとサレは、これらの遷移の特徴を的確に捉え、「生産の世界」論によって財やサービスの体系を四つの世界の理念と慣行から整理した。さらに、ボルタンスキーとエスケールは、『豊穣化の経済』において、工業化の持つ「標準形態」に加え、脱工業化で知識や感性、コト消費が優位を占めることに着目し、感性やコトの持つ「ナラティブ」な特性から、「市場の力」と「時間」を軸に、「トレンド形態」「資産形態」「コレクション形態」の諸概念を導き出した。このように、『精神』が現代資本主義の大きな流れを的確に捉える一方で、『豊穣化の経済』は、現代資本主義における価値生成の構造に明らかにした。

ここで、ボルタンスキーたちが意識したのは、かのマックス・ウェーバーの『プロテスタンティズムの倫理と資本主義の精神』である。ウェーバーが、主体的な動

---

3) たとえば、第5章における尾道メイドの「凪」は、SNSを通じ、しまなみ海道を愛する自転車愛好家によって製作されたが、ここでも、「プロジェクト志向のシテ」が機能しているといえよう。

4) とはいえ大量生産がすべてなくなったというわけではなく、多品種少量生産との併存が長期にわたり続いているという点は、あえてここで強調しておきたい。「フォーディズムからポストフォーディズムへの変遷」というのは、ある段階からそのような傾向にあり、それが持続している、ということでもある。

機づけや倫理のレベルに焦点を当てたのに対し、『精神』に続きボルタンスキーは、経営学者のエスケールと組んで『豊穣化の経済』を著し、四つの価値づけ形態の分析枠組を導入することにより、資本主義において生み出される価値の生成プロセスや、その構造・機能をより、掘り下げて明らかにした。

もちろん、『豊穣化の経済』に対してはファイナンスの分析が弱く、かつ、「豊穣化」の意義を過度に強調しすぎているという批判もある（Fraser 2016）。しかしながら、フレイザーに宛てた書簡で、ボルタンスキーとエスケールが、『豊穣化の経済』は、利益や余剰価値がいかに生成され、それに伴いどのように価値形態が変化するかを正しく分析し、「豊穣化」としてその特徴を的確に言い表している、と反論したように（Boltanski & Esquerre 2017）、『豊穣化の経済』は、四つの価値づけ形態により、主流の経済学が捨象した「価値の評価」と「価値の生産」の諸過程を可視化することに成功している（Vatin 2013）。

こうして、資本主義の構造的な特徴をふまえ、価値生成の動態を明らかにした『豊穣化の経済』の分析枠組や「生産の世界」論の分析枠組は、現代資本主義の非物質的な転回において、資本主義の性質をふまえ、都市や地域の変化の動態、地域の価値の生成の過程や価値を生み出す仕組み／装置を正確に把握するのに適した分析枠組だといいうる。また、その際、前提となる資本主義の変化の流れを把握するうえで、『精神』の参照も、重要なファクターとなるだろう。

このような前提をふまえ、第２節で、「生産の世界」論の分析手法を振り返りつつ、「豊穣化の経済」との関係・異同に言及する。第３節では、第５章の実証研究を用い、「豊穣化の経済」の分析枠組による地域への価値付与についての考察を試みる。続く第４節で、地域分析に「生産の世界」論と「豊穣化の経済」の分析枠組を活用する際の留意点にふれ、第５節でまとめを行う。

2　「生産の世界」論と「豊穣化の経済」の分析枠組

ここで、ごく簡単に、「生産の世界」論を、これまでとは少し異なる角度から振り返っておこう。経済活動についてのこれまでの理解として、古典派経済学では、労働力に依拠して価格・価値が決まるとされた。しかし、労働と生活の境は融解し、もはや労働の時間では価値は測れない。また、新古典派経済学では、価格・価値は、効用の最大化で決められ、需要曲線と供給曲線の交点によって価格・価値が決まると説く。しかしながら、現実の経済活動に目を転じてみると、市場交換に先立ち、財や人などさまざまな存在物の性質が明らかで、かつ、その財・サービスの質への合意がなければ、当該市場における交換は成り立たない。なぜなら、取引相手の能力や財やサービスの質が不確実であれば、他者の行為に対する期待を形成できないからである。とりわけ、資本主義の非物質的な転回にあって、生産・消費の境界域が消失ないしは相互作用化するなかで、市場取引は複雑化の一途をたどっており、財やサービスの取引の安定化にとって、価値の生成の過程や価値を生み出す仕組み／装置の正確な把握は、その動態を把握するうえでの重要な要素になっている。

そのわかりやすい例の一つとして、今治タオルにおける「生産の世界」の変化の考察があげられる（立見 2006, 塚本 2013)。高度経済成長期において、今治タオルは、大量生産とそれを支える問屋など流通の仕組みにより急速に発展し、大阪の泉州タオルを大きく引き離し、今治は日本を代表するタオル産地となった。バブル期における百貨店に並ぶタオルケットやブランドタオル、企業の名入れタオルなどは、今治タオルの隆盛の象徴となった。

ところが、1990 年代に、中国・ベトナム産の安価な商品が流通するようになると、これまで飛ぶように売れていたこれら商品群の需要は急激に減少した。ここにあっては、もはや、これまでの大量生産・大量消費の「工業の世界」の生産のカタチは通用しない。新たに、消費者のきめ細かいニーズの変化への対応、すなわち、「市場の世界」への生産のカタチの転換を余儀なくされた。その一方、商売のシカタとも言える問屋・商社を中心とした流通機構は温存され、今治タオルの停滞は、その深刻さを加速させる。それを転換させたのが、図 7-1、図 7-2 のように、消費者ニーズに合わせた多品種・少量生産に合わせた、取引慣行、商売のシカタの変革である。第一に、ブランドマークの導入、新商品の開発、展示会での販売であり、第二に、産地のブランド化（今治基準）や、メディアプロモーションの実施である。つまり、これまでの大量生産・大量消費を支えた問屋・商社が機能しなくなったことをふまえ、直販、アンテナショップなど流通慣行の変革を断行した。このように、「市場の世界」への生産のカタチの変化に応じ、「市場の世界」への商売のシカタを変化させることにより、「生産の世界」の理念と慣行を整合させ、経済調整が成功して適合状態を生んだこと、すなわち、経済行為が調整されたことが、今治タオルの復活を後押しした。

一方、図 7-2 に示すように、資金力のある大手メーカーは、中国やベトナムからの廉価商品の大量の流入に対し、生産拠点の海外への移転で対抗した。これにより、これまでの商慣行、百貨店や商社の流通、商売のシカタを変更することなく、生産

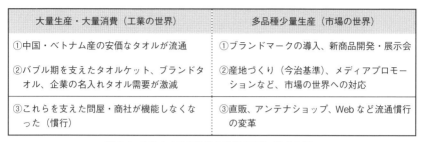

大量生産・大量消費（工業の世界）	多品種少量生産（市場の世界）
①中国・ベトナム産の安価なタオルが流通 ②バブル期を支えたタオルケット、ブランドタオル、企業の名入れタオル需要が激減	①ブランドマークの導入、新商品開発・展示会 ②産地づくり（今治基準）、メディアプロモーションなど、市場の世界への対応
③これらを支えた問屋・商社が機能しなくなった（慣行）	③直販、アンテナショップ、Web など流通慣行の変革

図 7-1　今治タオルの生産の世界の変化（筆者作成）

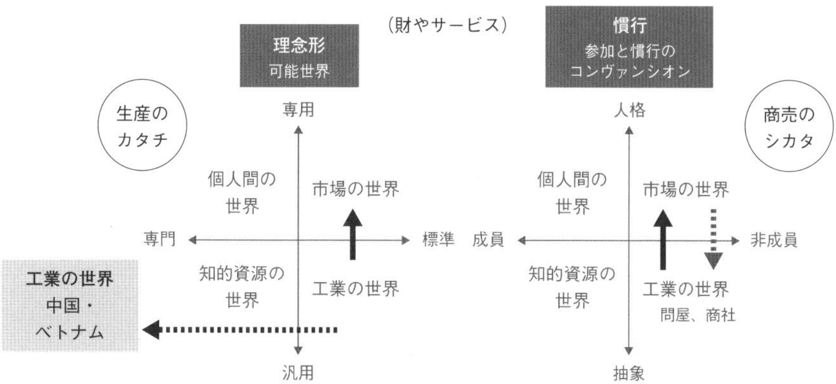

図 7-2　今治タオルの生産の世界の推移（筆者作成）

のカタチ、「工業の世界」の生産形態を海外へ移転することで、安価な海外製品の流入リスクをヘッジし業容を安定化させた。このように、「生産の世界」論は、人々が具体的な状況において、共通の価値に基づいて財やサービスの品質を評価することで、お互いの経済行為を調整する装置として機能し、加えて、その調整の過程や動態を明らかにしてくれる。

新古典派経済学においては、価値が「価格」（Price）に単一化・単純化され、財やサービスのもともとの価値が捨象・没却され、使用価値も交換価値に転換される（図 7-3）。フライトアテンダントなどに象徴される感情労働（ホックシールド 2000）やディズニーランドなどで提供されるキャストのパフォーマティブ労働（ブライマン 2008）ですら、貨幣価値に置き換えられて理解されるようになる。この結果、本来的な価値は、価格に収斂され捨象され物象化（没個性化）によって失われる。これに対し、「生産の世界」論は、この失われた「本来価値」を、理念系と慣行の 4 象限で、ロジカルに、かつ、明快に描写し、その価値の所在と性質を正確に映

図 7-3　現代資本主義における価値の評価 [5]（筆者作成）

し出すことに成功した。

また、そればかりか、「生産の世界」論は、第５章でみたように、地域の価値の変容の動態をも明らかにする装置として機能し得た。先にみたように、広島県尾道市は造船業の衰退後、低迷・停滞を経験したが、その後、空き家再生による移住者の集積や、サイクルツーリズムによる観光振興で復活した。その際、尾道における空き家再生、造船、観光など異なる諸資源は相互に参照しながら「個人間の世界」に結びつけられ、それが尾道の今を価値づけていた。前提となる「地域への価値づけ」とは「地域」を「価値づける」（valuation）ことであり、評価される対象物（人間、商品、景観など）が、何らかの仕掛け「装置」により「テスト」（test）され一定の価値が付与される。その際の価値の付与の基準となるものが「コンヴァンシオン」（慣行）で、慣行を媒介とすることで、人々は、相手の行動を予測しお互いの意図を調整することができた。こうして、今治における産業集積、今治タオルの盛衰を考察したのと同様に、「生産の世界」論の理論枠組は、地域の価値づけの考察においても機能した。

そして、コンヴァンシオン理論に依拠した「生産の世界」論による分析は、従来の創造都市論の枠組みでは描き得なかった都市・地域の再生、その変化の動態の解明を可能としたが、ここで明らかになった、この尾道における空き家再生、造船、観光など、異なる諸資源の相互参照による「個人間の世界」への収斂という現象は、じつは、新しい経済である「豊穣化の経済」の一つのシグナルと理解することも可能である。というのも、「生産の世界」論における「個人間の世界」への収斂は、脱工業化社会の非物質的な生産・消費の場への転換における知識や感性、コト消費へ

5）前述のとおり、価格（Price）に、価値が単一・単純化され、元々あった価値が捨象・没却された状態になる。使用価値ですら、交換価値に転換され理解される。感情労働やパフォーマティブ労働ですら、貨幣価値に置き換えられる。価格に収斂されて、この捨象された、物象化（没個性化）で失われた「本来的な価値」をていねいに描き直して理解する必要がある。

の移行のなかでの経済の成熟（豊穣化）とみることができるからである。

そもそも、ボルタンスキーは「生産の世界」論が依拠するコンヴァンシオン理論を打ち立てたフランスの社会学者である。コンヴァンショニストは、慣行（コンヴァンシオン）に基づくプラグマティックな分析手法により、理論枠組との整合性のテスト（試練）によって、社会の諸現象を実証的に明らかにする。それゆえ、「豊穣化の経済」の「市場の力」と「時間」を軸に、感性やコトの持つ「ナラティブ」な特性に着目した「価値付与の形態」の分析枠組も「地域の価値付与」の考察に応用が可能であった。そして、この点に着目し、第６章では、「豊穣化の経済」の分析枠組で、「ツネイシグループ」の造船からまちづくりへの接近の意味を読み解いた。

「豊穣化の経済」は、富裕者層に向けられ、新しいモノの生産というよりは、すでに存在するモノの「豊穣化」に依拠しており、過去というもの、とくに、そのモノの由来の物語に焦点が当てられている。たとえば、第６章で考察した「尾道空き家再生プロジェクト」の再生物件第１号となった北村洋品店の井戸や、出窓に意匠された「scab」（かさぶた）はそのわかりやすい例であった。これらは、「豊穣化の経済」の特徴を理解するうえで、重要な手がかりを与えてくれる事例なので、もう少しくわしくみておこう。まず、「井戸」である。店の居間を占拠する井戸は、効率的な住まい方や暮らし方を妨げる無用な存在だった。しかし、その井戸は、渇水時をしのいだ尾道の記憶と連なり、とりわけ、夏季において水が不足する尾道の土地柄を象徴した。そこで、この価値に気づいた「空き家再生プロジェクト」は、井戸を撤去せず逆に往時の尾道の象徴として生かすことで、尾道の生活文化という言説軸と歴史の記憶という時間軸とを交差させ、その意義を浮き彫りにすることに成功した。すなわち、現代の社会生活では無用になったこの井戸という固有なモノの特徴を生かすことで、「物質的に、そして／あるいは相性の良い他のモノと関連づけることで（モノとモノの関係性を創出ないしは組み替えることによって）文化的に、モノを豊穣化することが可能」（立見 2019：190）となる。

また、北村洋品店の壁に飾られたScab、すなわち、かさぶたは、尾道に散在する廃屋を覆うトタンが意匠された。それは衰退する尾道の実相を記憶にとどめた。まちの勢いの衰微を覆うトタンはその「衰退」の歴史の記憶の象徴であり、一方、北村洋品店の再生は、尾道の「復活」の象徴である。ここにおいて、過去から未来へ向かう時間軸が空き家再生という言説軸と交わることにより、空間的な尾道の価値の遷移が写し鏡のように表現されている。このScabの意匠は、アートユニット「もうひとり」が、2008年９月に、チェコ共和国の首都プラハのアートイベントに招聘され、プラハにおいて発表した「Scab」が元になっている[6)]。プラハで、「もうひとり」が滞在製作した「Scab」は、美術館の向かいのビルに木目調のトタンの紙を貼り付けるインスタレーションである。1週間以上かけ、7000枚以上、重さ20数kg余りの木目調のトタンの紙を貼り付けた。プラハの観光ゾーンは美しい街並みが特徴だが、この建物周辺は吹き溜りのような場で治安が悪く、裏手には薬物の投与に使用したと思量される注射針が落ちているような場所だったが、「もうひとり」は、アシスタントなしで地道に貼り続けた。そして、このインスタレーションで「まちの代謝」を表現した。これが、北村洋品店の意匠に応用され、「尾道のまちの代謝」は、的確に描写されるところとなった。

ボルタンスキーとエスケール（Boltanski & Esquerre 2020）は、「豊穣化の経済」における「事物の価値の措定」を「言説提示」（presentation）という装置で行い、「形態」という概念で整理するが、ここで鍵となるのがこのような言説と時間である。それは、コンヴァンシオン理論が示すところの「慣行（コンヴァンシオン）」に相当する。言い換えるならば、形態は、「言説提示」（「分析的」または「叙述的」）と、「時間」（「価値の喪失」または「価値の獲得」）という二つの軸から把握することができる。そして、これらの二つの軸の交差から、先にみたように、モノの価値づけに関わる四つの形態、「標準形態」「トレンド形態」「資産形態」「コレクション形態」が得られた。それぞれの形態は、「価格を正当化し、価格形成を促進するとともに、価格に向けられる批判の基盤ともなる」（Boltanski & Esquerre 2020：107）。

そして、基本的なかたちとなる「標準形態」は、「生産の世界」論における「工業の世界」に近い。また「トレンド形態」と「資産形態」は、「生産の世界」論でみた「市場の世界」に相当するといってよい。なお、「資産形態」は、「標準形態」や「トレンド形態」と緊張関係を持つ。このため、「標準形態」や「トレンド形態」のものは直接的には「資産形態」へは移行しない。たとえば、「標準形態」の事物は、新品の時が最も価値が高く、中古も含め時間の経過とともに減損するので、資産形態の事物にはなじまない。また、周期性を持つゆえにトレンドの変化で将来価格の下落リスクを持つ「トレンド形態」とは相性が悪い（Boltanski & Esquerre 2020：243-244）。そして、「生産の世界」論における「個人間の世界」の特徴を備える空き家再生は、各々、先に北村洋品店の井戸やScabの意匠で確認したような由来の物語を有し、「コレクション」形態の特徴を帯びている。つまり、「個人間の世界」と

6）第6章注29）参照。

「コレクション形態」とは、性質的に類似の関係にある。

このように、この四つの形態と「生産の世界」論の関係は、「標準形態」が「生産の世界」論の「工業の世界」に、「トレンド形態」と「資産形態」は「市場の世界」に、「個人間の世界」が「コレクション形態」に各々対応する。そして、相互の関係は、「生産の世界」論の各世界において時間軸と言説軸からなる豊穣化を起こし、「豊穣化の経済」の各形態が、各々の世界における豊穣化のバリエーションを分類しその動態を描くツールとして機能するという関係にあるといえる。

こうしたことから、異質な諸資源が相互参照により「個人間の世界」への収斂をみせる現在の尾道は、「豊穣化の経済」における「コレクション形態」内で豊穣化を起こしていると捉えることが可能である。

3 「豊穣化の経済」の分析枠組による「地域への価値付与」

次に、本節では、第5章の事例研究の結果を用い、「豊穣化の経済」の分析枠組により、地域への価値付与についての考察を試みる。「生産の世界」論における「個人間の世界」への収斂を「豊穣化の経済」の「コレクション形態」への移行とみなし、「コレクション形態」の構造図に、尾道の新たな変化のきざしのアイテムをプロットした図7-4により考察を進める。

ここで、改めて変化のきざしの項目を確認しておこう。それらは、若い移住者を誘った空き家再生の空き家群とその象徴としての「尾道ガウディハウス」「あなごのねどこ」「みはらし亭」「サイクルツーリズム拠点 ONOMICHI U2」と「尾道メイド」の自転車である「凪（なぎ）」、クルージングツーリズムの象徴である高級宿泊船「ガンツウ」である。第6章との重複を避けるため、「ONOMICHI U2」については、とくに、時系列の変化の部分にフォーカスを当て考察する。

尾道における傾斜地付近に約500軒あった空き家群は、そのほとんどが、建築基準法の対象外の、大工の手仕事による、個別の顧客にカスタマイズされた建物であった。眺望のよい傾斜地はかつて人気の地であったが、戦後、規格化された住宅が流通する一方、モータリゼーションの発達で車社会が当たり前になるなかで、坂がきつく下水も整備されないという負のイメージが重なって価値を喪失していた（望月 2021）。

そうしたなか、2010年代から、旧和泉家別邸、通称「尾道ガウディハウス」を拠点として、「NPO尾道空き家再生プロジェクト」が空き家再生に乗り出し、代表の

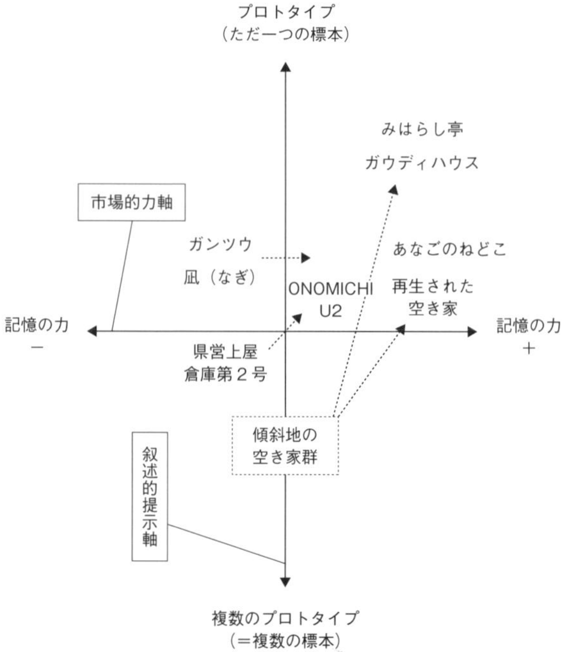

図 7-4　尾道のコレクション形態の構造（筆者作成）

豊田雅子らは、傾斜地の再生の一環として、「尾道ガウディハウス」を含め「北村洋品店」や「三軒家アパートメント」など 14 の大型物件の再生を手掛けた。このなかには、商店街の「あなごのねどこ」や傾斜地の「みはらし亭」などのゲストハウスもある（望月 2021）。

これらを図 7-4 で見ると、価値を喪失し一部は廃屋となり、「叙述的提示軸」の下方に位置していた空き家群は、再生活動により新たに価値を付与され上方へ移動した。たとえば、空き家再生の主要メンバーの一人である、つるけんたろうの再生物件は、「築 80 年ほどの擬洋風建築で、二軒長屋づくりのシンメトリー構造になっている」（つる 2016：24）。空き家になり、いったんは忘れ去られた建物の記憶がリノベーションのプロセスで再発見され、それが記憶の力を伴い再興されている。また、「尾道ガウディハウス」と「みはらし亭」は、2013 年に、ともに、国の登録有形文化財になっている。さらに「みはらし亭」はもともと大正デモクラシーにより中産階級の台頭による洋風建築が尾道で次々に現れるなかで建築されたため、その当時の特徴が反映される一方、日本らしさの「和」も強調されており、和洋のコントラストに眺望が溶け込み調和している（尾道空き家再生プロジェクト 2016）。この「洋風」「和風」「眺望」の三つの要素を持つ「みはらし亭」の物語は、空き家再生のなかで再発見され、その本来価値が顕在化された。

他方、「ONOMICHI U2」付近の倉庫群は 1943 年につくられたもので、当時は、荷物を運ぶため、貨物列車の線路が尾道駅からこの倉庫まで通っていた。海側から荷物を搬入し貨物列車に乗せるため、海側と山側に大きく開口部がとられていた。こうした背景をふまえ、「ONOMICHI U2」のリノベーションでは、往時の建物内の鉄や石、木材などの多くの素材が使われた。たとえば、壁に打ち付けてある木材は、倉庫建設時の素材であり、かつ、単なる飾りではなく、荷物が壁を傷つけないようにするための緩衝材として生かされた。これらの素材は、この県営上屋倉庫が海運倉庫として扱ってきたモノや瀬戸内の造船業の歴史を伝える。このように、往時の素材をリノベーションに活かす工法が取られることによって、もともとの建物の使われ方やその場所の意味など、かつての記憶も呼び起こされる。

「ONOMICHI U2」の活動は、空き家再生でにぎわう尾道駅東側の商店街や傾斜地に対し、船と積荷が往来する地であった西御所町のまちの記憶を、建築物のリノベーションで掘り起こし再生する活動であり、尾道メイドの自転車、「凪」と共に新たな自転車文化の創造を目指し、同時に立地する西御所町に傾斜地や商店街とは異なる雰囲気のコミュニティを創造するものであった。それは、単なる海運倉庫にしかすぎなかった場を、新たな交流の場に変え再生するものである。これらは、「ONOMICHI U2」を「記憶の力マイナス・叙述マイナス」の象限から「記憶の力プラス・叙述プラス」の象限に押し上げる。

では、「ガンツウ」や「凪」はどうだろうか。「建築家の堀部安嗣が 100 年先まで残す船舶として設計したガンツウは、ありのままの瀬戸内の姿と調和しながらも新しい価値を創出するシンボルと位置づけられている」（望月 2021：15）。また、「凪」は、メイド・イン・尾道の製品ではないが、「尾道の工房に運び込まれたフレームは、スタッフによって最終調整と仕上げが施され、販売店ごとに指定された組み上げ方法と梱包という最終プロセスを経て、出荷されている。このように、凪は、サイクリストの聖地、尾道において、尾道ならではの自転車」（望月 2021：16）であり、尾道メイドの自転車である。いずれも叙述力があるアイテムだが記憶の力にはまだ欠ける。しかしながら、現在は、コレクション形態の「記憶の力マイナス・叙述力プラス」の象限に位置する「ガンツウ」や「凪」も、今後の経年変化によって、

「記憶の力」が伴えば、「尾道ガウディハウス」や「ONOMICHI U2」と同様、「記憶の力プラス・叙述力プラス」の象限に移行するものと予想される。

なお、『精神』との関係でいえば、本章注3)（☞166頁）で示した「凪」の取組みと同様に、「尾道ガウディハウス」や「ONOMICHI U2」などのリノベーションの取組みは、いずれも結合とネットワークが鍵になっている。このことは、第5章や第6章における「空き家再生」や「ツネイシグループ」のまちづくりへの接近の考察でもつぶさに確認してきたことであり、豊穣化へ向かう、尾道の一連の取組みは、まさに「プロジェクト志向のシテ」の性格を有し、資本主義の「第3の精神」が発現されている。

4 都市・地域への価値付与の考察のために

「生産の世界」論による考察では、尾道における「生産の世界」の変化により、造船、観光、空き家再生の異質な諸資源が相互参照され、「個人間の世界」への収斂による「地域への価値付与」の動態が可視化された。

加えて、今回の「豊穣化の経済」の「コレクション形態」の考察では、「個人間の世界」に収斂された、尾道の新たな変化のきざしとなった各々のアイテムごとに豊穣化の動態が明確になった。放置され一部は廃屋になった傾斜地の空き家群は、その建物にまつわる来歴が空き家再生により「叙述され記憶の力はプラス」となり、再生物件が積み上がるごとに「記憶の力プラス・叙述力プラス」の象限のなかでさらに上に押し上げられた。また、単なる倉庫に過ぎなかった「県営上屋倉庫2号」もその来歴を生かしリノベーションされることにより、自転車を核とした複合施設「ONOMICHI U2」として再生され、その来歴が叙述され顕在化されるに伴い、「記憶の力プラス・叙述力プラス」の象限へ移行した。これに対し、新たに尾道を特徴づけている「凪」や「ガンツウ」は、叙述力はプラスだが、記憶の力はまだマイナスに留まっていた。

このように、「豊穣化の経済」の「形態」分析は、「生産の世界」論では見えなかった、ある「生産の世界」内の動態をより明確に示してくれる。つまり、いったん、「生産の世界」論のテストにより、たとえば、ある「生産の世界」への収斂、尾道の場合では「個人間の世界」への収斂が認められる事案について、その動態をより精緻に分析するうえで「豊穣化の経済」による「形態」分析は有効である。その理由は、「豊穣化の経済」の言説提示（presentation）という装置が、記憶の力によって紡がれる物語を措定することで、豊穣化へ向かう力がどこにあり、それがどこに向かうかをわかりやすく示してくれるからだ。

これにより、「生産の世界」の「理念型」と「参加とアイデンティティの慣行」との整合性のテストを通じ、「工業の世界」「市場の世界」「個人間の世界」などの世界間の移行のプロセスが可視化できる「生産の世界」論による分析の強みを生かしつつ、「地域への価値付与」の内容とその動態をより明確にすることが可能になる。

このことは、「工業の世界」と「標準形態」との関係、あるいは、「市場の世界」と「トレンド形態」および「資産形態」との関係においても当てはまる。なぜなら、「豊穣化の経済」における「形態」は、ある「生産の世界」内における個々のアイテムの動態を「言説的提示軸」と「時間軸」の関係からマッピングし、それぞれの世界内の背後で動いている「豊穣化」のベクトルを可視化するからである。

まとめると、「生産の世界」論は、異なる諸資源の遷移を比較検証するのに優れているが、「豊穣化の経済」の分析枠組は、ある「生産の世界」内で起こる豊穣化の動態を描くのに有用である。ここから読み取られるべきインプリケーション（含意）は、今後の都市・地域分析において、「都市・地域への価値付与」の過程や、その結果得られる「都市・地域への価値付与」の内容を考察する際には、「生産の世界」論と「豊穣化の経済」の理論枠組を組み合わせ分析することが有効であるということである。これにより、資本主義の非物質的な転回によって、生産と消費の境界域が曖昧になりその性質が把握しにくくなった認知資本主義においても、より精緻な都市・地域分析が可能になるといえるだろう。

5 おわりに

本章の考察により、「都市・地域への価値付与」研究において、異なる諸資源の遷移を比較検証するのに優れている「生産の世界」論の分析と、ある世界内で起こる豊穣化の動態を描くことができる「豊穣化の経済」の分析枠組を組み合わせて活用することで、より精緻な「都市・地域への価値付与」の分析に道が開かれることが確認できた。「都市・地域への価値付与」研究を、今後さらに豊穣化させるには、「工業の世界」と「標準形態」との関係、あるいは、「市場の世界」と「トレンド形態」および「資産形態」との関係についても、今後、さらに、研究を深めていく必要がある。

体験型教育旅行における学びと地域との関わり
地域の価値を発見する学びの機能

08

本章では、短期間のうちに全国屈指のレベルへと急成長した広島湾ベイエリア・海生都市圏研究協議会（以下、「広島湾ベイエリア協議会」）の体験型教育旅行に着目し[1)]、なぜ短期間で急拡大を遂げることができたのか、その取組みの概要と普及・拡大の経緯を考察しその成長要因を探る。本章の考察から、その成長の根幹にあるものは、体験型教育旅行の学びの機能による地域の価値の発見とそれに伴う地域への価値付与の循環であることが明らかになる。それは、次章の考察と同様に、地域の共通資産、コモンを強化するものである。

1 はじめに

1-1 観光（ツーリズム）への注目

グローバル化の進展により日本の産業構造は大きく変化し、とくに、日本の経済を支えた製造業はオイルショックや円高の急速な進展などから、海外への工場移転が進んだ。また、少子高齢化の進展により、労働集約型の産業は雇用の面からも影響を受け地場産業も疲弊している。こうして、サービス経済化への流れが加速されるなかで、日本においても、2000年代からものづくり一辺倒ではない柔軟な産業構造への転換が模索されてきた。このなかで注目を浴びているのが、21世紀のリーディング産業と期待される観光（ツーリズム）である（石森 2008, 小出 2017, 竹内 2018）。国連世界観光機関（2017）においても、2016年に12億3500万であった国

1) ただし、管見の限り「体験型教育旅行」に特化した統計はない。そのうえで2020年10月1日の広島県商工会議所でのインタビュー調査の際、「広島湾ベイエリア協議会」の取扱規模は、「全国ほんもの体験ネットワーク」の22の団体のなかで、沖縄や長崎に次ぐ規模であることが確認できたため、「全国屈指」とした。

際観光客到着数は2030年には18億に達すると予測され、また、日本国内においても、とくにインバウンドの伸張が著しく、2018年には訪日外国人数が3119万人に達するなど、大きく成長してきた（観光庁 2020）。これに伴い産業別の経済規模でも、2013年のデータで建設の58.4兆円、自動車の46兆円、電気機械の31.5兆円に次いで、観光は22.4兆円と第4位の規模となっている（観光庁 2017）。新型コロナ感染症の蔓延により、2021年現在は、一時的に大きな停滞を経験したが、長期的にみれば観光（ツーリズム）は大きな潜在力を持つ産業である。

このような背景から、2006年12月には40年ぶりに「観光基本法」が改正され「観光立国基本法」となり、2008年10月に観光庁が発足するなど、観光（ツーリズム）の推進体制の整備が進められてきた。基本法に基づく基本計画も数次の策定を経て、2017年の観光立国基本計画が5か年の計画期間で実施されており、その推進はさらに強化されている。こうして新たな体制が整えられ、2016年以降のインバウンドの著しい伸張を背景に広域観光圏の整備も進んだ。観光（ツーリズム）の内容も、外国人への対応も含む多様な観光需要に対応できるよう「見る・知る」から「する・ひたる」という（NPO法人観光力推進ネットワーク・関西 2016：12）、より体験を重視したものとなり、経験的な価値を提供できるものへと質的な変化を遂げた。1990年代初頭、地域の自慢のコンテンツを宝探しとして発掘し、美しく楽しいまちづくりとして展開された岩手県二戸市の試み（山下 2011：156）や、地元学やエコミュージアムの試み（山下 2011：157）などがその源流にあり、地域における交流・体験は、観光（ツーリズム）の新たな鍵の一つになっている。

ライフスタイルの変化や価値観の多様化などから、マスツーリズムがオルタナティブなものへ転換していくなかで、自然との触れ合いや体験・交流を軸とするグリーンツーリズムへの関心も高まってきた。1990年代後半には大分県宇佐市の安心院（あじむ）町に、安心院町グリーンツーリズム研究会が設けられ（曽 2010）、「安心院方式」と呼ばれる簡易宿泊所などの体制が整備された。そして、2010年には延宿泊者が10,000人を超えるなど、安心院はグリーンツーリズムの象徴としてその推進を牽引している（新海 2016, 田村 2020）。

1-2　体験型修学旅行

このような機運が高まるなかで、2008年から総務省・文部科学省・農林水産省3省連携で「子ども農山漁村交流プロジェクト」事業が始まった。これを契機に、従来の歴史教育とは異なる、農家での宿泊・農業体験を通した学びも展開されるようになった。この児童・生徒の修学旅行の新たな形態である体験型は、「体験型修学旅行」（「広島湾ベイエリア協議会」）や「体験教育旅行」（坊・中村 2013）などさまざまな呼称で呼ばれ、宿泊形態の呼称も「農泊」（田村 2020）、「民泊」（渡部 2015）などと異なる。本章では、一般家庭での宿泊を前提に、農業・漁業・家業や地域の伝統芸能など、幅広い体験を伴う修学旅行を体験型教育旅行と定義し、一般の修学旅行と分けて呼ぶ[2)]。

ところで、修学旅行が始まったのは1886年であり、その後拡大を辿るも第二次世界大戦の激化に伴い、1940年には中止された（日本修学旅行協会 2019）。第二次世界大戦後の復興期の1946年に修学旅行は復活し、1959年には修学旅行専用列車の運行も開始され、修学旅行は拡大していった（竹内他 2018：22）。戦後の修学旅行は、広島・長崎、沖縄などの平和学習や京都・奈良・金沢などの日本の伝統・文化の学び、東京・大阪など大都市の学びなどを中心に発展し、とくに、高度経済成長期において拡大した。1980年代の初め、修学旅行向けの航空運賃の割引制度も導入され（日本修学旅行協会 2019）、1980年代には、航空機の活用による北海道のスキーや沖縄のマリンスポーツなどのスポーツアクティビティにも人気が集まり、プラザ合意以降の急激な円高を背景に、海外への修学旅行もさかんになった（長坂 1989：26）。そして、オルタナティブなツーリズムが普及するなかでグリーンツーリズムが拡大し、これに伴い子ども農山漁村交流プロジェクトも開始され、修学旅行の新たな形態として、教育の場においても体験型や交流型の観光（ツーリズム）へ注目が集まるようになってきた（馬淵 2017）。

このような経緯を経て、本章で考察する「広島湾ベイエリア協議会」の「体験型教育旅行」は、2009年の開始からわずか10年で、年間15,000人以上の児童・生徒が参加する規模になり、2016年度には観光庁長官賞も受賞するに至った取組みである。

1-3　本章の構成

本章では、その取組みの経緯を考察し、草創期、基盤形成期、普及・拡大期の三つの時期区分における取組内容を確認しながら、「広島湾ベイエリア協議会」の体験型教育旅行の成長要因を探る。

以下、第2節で、先行研究を概観し本章の位置づけと意義を確認する。次に、「広

2）坊・中村（2013）、鈴村・中尾（2017）、越智（2019）や「広島湾ベイエリア協議会」の説明においても、本来の文意を損ねない限り、「体験型教育旅行」に表記を統一した。

島湾ベイエリア協議会」の体験型教育旅行の歩みをたどる。まず、第3節で草創期の海生都市圏構想と「広島湾ベイエリア協議会」との関係を考察し、第4節でその基盤形成期に、第5節で普及・拡大期に焦点を当て、それぞれの時期区分における取組みの特徴と意義を考察する。第6節では、2010年代の10年の間に急成長した「広島湾ベイエリア協議会」の体験型修学旅行の成長要因を考察し、地域への価値付与を伴う学びの機能を明らかにする。第7節では、「広島湾ベイエリア協議会」の今後の体験型教育旅行の発展方向を示す。

2 体験型教育旅行の研究をふまえた本章の視座

2-1 体験型教育旅行の先行研究

体験型教育旅行については、その教育効果について多くの研究が行われてきた。たとえば、澤内ら（2009）は、農業の体験型教育旅行に対する高校生からの評価を分析し、旅行的な面よりも農業の学習面における評価に重点が置かれることが特徴であることを示した。体験型教育旅行には、学ぶ観光（フンク 2008）の要素がある（須賀 2013, 宍戸 2014）。観光経験は地域学習を行っていくうえでの重要な要素であり、その観光経験は、体験学習を軸に多様化している（馬淵 2017）。学ぶ観光の本質を内包する体験型教育旅行は、子どもにとって高い学習効果があることが明らかにされたが（鈴村 2009, 山田 2008a, 2008b）、本書との関係では、これが地域の価値を引き出す重要な要素となる。

一方、越智（2019）は、国内修学旅行の宿泊数において上位にある沖縄県の事例を対象に、体験型教育旅行での民泊における旅行社と受入団体との関係を分析し、旅行の商品化に伴う平準化が、民泊の価値を損ねるリスクを内包すると指摘した。すなわち、この民泊の価値が、「素人性（普段の生活）」と「家族・親戚性」、「低廉性」と「素人性（非営利的接遇）」と「交流体験性」（越智 2019：43）で成り立ち、いき過ぎた平準化は、その価値を奪うと警鐘を鳴らした。旅行商品としての体験型教育旅行という観点では、渡部（2015）が南島原市の事例研究を通じ、体験型教育旅行がサービス業の6次産業化を促し、地域活性化をもたらすものであると示した。また、田村（2020）が指摘したように、体験型教育旅行における地域の伝統行事への参画や地域の課題解決の体験も、その体験の提供から地域が利益を得るビジネスとしての仕組みがなければ事業としては成り立たない。その商品化・平準化が逆説的に学習効果に負の作用を及ぼし、本来的な魅力を奪うというのが越智（2019）の指摘であり、この相反する性格には注意を要する。

他方、体験型教育旅行の推進組織に関しては、佐藤（2010：173–180）が、スキー民宿転換型の飯山市（長野県）と新規開拓型の飯田市（同じく長野県）の比較研究を行い、農家主導である戸狩観光協会（飯山市）と行政主導の南信州観光公社（飯田市）では、その成り立ちや実施主体が異なると指摘し、これら中間支援組織が体験型教育旅行の発展を支え、かなめとなる重要な機能を果たしていることを明らかにした。また、受入組織の農家の研究では、坊・中村（2013）があり、滋賀県近江市愛東地区の民泊を例に、受入れについては、受入れを主導するキーパーソン側とそのキーパーソンに勧誘される側の2者関係で成り立つことを示した。体験型教育旅行の普及・拡大には、中間組織に加え、このような受入組織の伝搬機能も重要になる。中間組織が自立していないと、地域における体験型教育旅行は持続可能なものにはならない。鈴村と中尾（2017）はこの点に着目し、全国67の組織へのアンケート調査から、体験型教育旅行がサステナブルに行われる適正規模を検証し、年間10,000泊を恒常的に受け入れ、常勤職員が3名雇用できる体制が持続可能性を担保すると分析した。

このように体験型教育旅行は、地域におけるサービス業の6次産業化を促すことで地域活性化をもたらす。そして、これに伴う農泊という宿泊形態は外国人旅行者へも浸透しつつある（三菱UFJリサーチ&コンサルティング 2018）。また、持続可能な観光（サステナブルツーリズム）をうたう旅行事業者「百戦錬磨」が2013年に田舎体験民宿予約サイトを開設したのに続き、日本航空との資本・業務提携をしたほか、バケーションレンタル会社のHomeAwayと「せとうちDMO」が、古民家改修・運営で業務提携するなど、農泊の民間サービスも活発化している。さらに、農泊に取り組む和束町（京都府）が、星野リゾートや京都府とパートナーシップ協定を結ぶなど、農泊が民間事業者へ浸透しつつあることが報告されている（三菱UFJリサーチ&コンサルティング 2018）。

一方、訪日教育旅行の特徴として、日本の歴史文化や農村体験に関しては、その多くが中部地方や近畿地方を選定しており、外国人の訪日教育旅行先も、東京都以外の周辺地域へと空間的に広がっていることを示した（磯野他 2017）。こうしたことから、グリーンツーリズムや体験型教育旅行で実績をあげた安心院や飯山などの地域が、これまでのノウハウを活用し、訪日グリーンツーリズムにも力を注ぎつつある（蔵本他 2018）。兵庫県丹波篠山市の丸山集落など一部をのぞき、多くの取組みには収益性の確保などの視点が弱いとされる（北川 2017）。また、農家側が外国人訪問者に対し、言語や文化の違いの不安を持つなどの課題がある（蔵本他 2018）。

これらの研究では、体験型教育旅行には、学ぶ観光という本質的な価値が根底にあり、それが高い教育効果を持つことで普及の端緒が築かれたことを示した。また、それは中間組織などの体制整備によって支えられながら、ビジネスとして成立することで、持続可能性が担保された。一方、学ぶ観光の商品化が進むことによって、地域におけるグリーンツーリズムや体験型教育旅行における農泊などの体験・交流は、民間へも波及・拡大のきざしをみせ、増大をみせるインバウンドへも拡大されつつある。首都圏以外の地域にとっては、体験型教育旅行はビジネスチャンスである。他方、旅行の商品化・平準化には、体験型教育旅行の学ぶ価値を毀損する危険も含まれている。

2-2　本章の問題意識

このような研究では、先進地域の取組みの分析を中心に、学びや教育効果、中間組織や受入組織の機能・適正規模、民間やインバウンドへの波及などについて詳細な分析を行い、グリーンツーリズムや体験型教育旅行の意義や機能、そのビジネスへの拡張性を明らかにしてきた。それらは先進地域の事例分析に焦点があるので、先行地域のノウハウや知見が、後発地域にどのように生かされたかは明らかではない。また、研究対象が、地域における成長・発展の過程の一部なので、必ずしも全体像はつまびらかではない。本章では、短期間に急成長を遂げた「広島湾ベイエリア協議会」の取組みを考察することで、後発地域が発展・成長を遂げる過程の全体像を明らかにする。「広島湾ベイエリア協議会」、広島県、市町村などが、相互にどのような関係にありながら、急成長を遂げたのか、その動きを考察することで、体験型教育旅行の普及に関する全体像が明確になる。また、体験型教育旅行の持つ学びの効果に着目して、これまで研究がなされていなかった学びの機能と地域の価値との関係についても明らかにする。

こうした問題意識から、「広島湾ベイエリア協議会」や広島県を対象に、主要な担い手（商工会議所、広島県、市町、学校）へのインタビュー調査（表 8-1）を行った[3)]。後発団体が短期間に体験型教育旅行を普及・拡大させた経過を解明することは、同様な事情を抱える団体への道標になるとともに、今後のツーリズム研究に新たな知見を与えるはずである。

表 8-1　インタビュー調査の概要

インタビュー対象者			日　時	場　所	摘　要
大崎上島町	町長	高田幸典	2020 年 9 月 15 日	Zoom	10:00-11:20
地域商社 あきおおた		阿部　明	2020 年 9 月 17 日	電話	10:50-11:35、安芸太田町から出向 （制度導入時の教育旅行担当）
広島県	総務局 総括官	鳥越直樹	2020 年 9 月 17 日	Zoom	13:00-14:00
	大阪事務所 次長	奥野弘展			
学校法人 清風学園	顧問	政　仁志	2020 年 9 月 28 日	学校法人清風学園 （大阪府）	会議室 （15:15-16:35）
広島商工 会議所	地域振興課長	大巳和記	2020 年 10 月 1 日	広島商工会議所	14:00-17:00、広島県総務局総括官・鳥越直樹、広島湾ベイエリア協議会体験型修学旅行誘致担当コーディネーター・田村直也同席
	主幹	樋崎　茂			

3 「海生都市圏構想」と「広島湾ベイエリア協議会」

3-1 「広島湾ベイエリア協議会」の設立

「広島湾ベイエリア協議会」は、広島商工会議所の橋口収元会頭のイニシアティブを端緒としている。大蔵省の理財局長、主計局長を経て、国土事務次官を務めた橋口は、1984 年の広島銀行頭取を経て、1988 年に広島商工会議所会頭に就任し、1999 年までの 4 期 11 年間において、その任についた。在任中に橋口は、支店経済の広島にふさわしい支店長会の発足や、全国でも珍しい青年部の組織化、広島空港の国際化の推進などの諸改革を行った。またこの一環で橋口は、中四国地方の結節点としてのしまなみ海道や、瀬戸内海の地域資源を生かす海生都市圏の重要性を指摘し、しまなみ海道の活用や海生都市圏形成のヴィジョンづくりを求めた。こうしてまとめられたのが 1994 年の「広島湾ベイエリア 2050 年構想」と、1997 年の「海生都市圏構想」である（表 8-2）。

3）現地インタビュー調査は、2020 年 9 月 28 日の学校法人清風学園（大阪市天王寺区石ヶ辻町 12-16）と 10 月 1 日の広島商工会議所（広島市中区基町 5-44）である。2020 年 10 月 1 日の広島商工会議所でのインタビューに先立ち、広島県総務局総括官の鳥越直樹と広島商工会議所地域振興課長の大巳和記へは、別途、Zoom により事前のインタビュー調査を行った（2020 年 9 月 23 日 10：00–12：15）。

表 8-2　海生都市圏構想と広島湾ベイエリア協議会の歩み

	年度	主な出来事	
構想	1994 1997	広島湾ベイエリア 2050 年構想（1994 年）	海生都市圏構想（1997 年）
		キーワード：分担・共生・交流・連携 コンセプト：1 海を生かす、2 海に生きる、3 海に生まれる、4 海が生まれる、5 海と生きる	
組織化	2000	広島湾ベイエリア協議会設立（2000 年 7 月）6 市 16 町	
調査・研究	2000 2001 2002	広島湾の歴史・文化を研究し、資源を掘り起こし、地図を作成し、地域資源を可視化（ビジュアル化）した。	
事業化の模索	2003 2004 2005 2006 2007 2008	（共同事業のトライアル）	（体験型教育旅行の模索）
		・**広島ベイクルーズ：海から行く、歴史探訪**の実施（6 市 16 町、輪番制、全 7 回） ※「地域学習」の要素に注力した。	・**倉橋町：民宿＋漁業体験**（岐阜県：美濃加茂東中学校） ・**体験型教育旅行の事業計画化**（商工会議所）、先進地視察の実施等 ・**経済産業省補助事業**の実施：パンフレットの作成、研修会の実施、旅行会社等への営業活動の実施 ・**周防大島町：体験プログラムの提供**（神奈川県：湘南学園中学校）
事業化	2009	体験型教育旅行の実施（2009 年 11 月）：周防大島町	
		（神奈川県：湘南学園中学校）	

出所）インタビュー調査をもとに作成。

「海との関わりの充実」を基本テーマとするこれらの構想は、「分担・共生・交流・連携」のキーワードと、「海生」の由来となる五つのコンセプト「海を生かす、海に生きる、海に生まれる、海が生まれる、海と生きる」に基づき、長期的、多面的な視点から湾域全体の整備方向を提示した[4]。

そして、この構想を実現するために、当時の広島商工会議所広域交流委員会（委員長：中村角（株）会長・中村成朗）の中村会長ら主要メンバーが、関係する県・市・町・商工会議所、商工会を行脚し、海生都市圏構想の周知と協議会設立の協力要請を行ない、2000 年 7 月、周防大島、柳井市、岩国市、広島市、呉市、倉橋町など 6 市 16 町からなる「広島湾ベイエリア協議会」が設立された（表 8-2）。

3-2　広島湾ベイクルーズツアー

そして、構想の具現化へ向け、調査・研究が開始された。専門家の講演や講義を

4）商工会議所ホームページ（https://hiroshima-bayarea.net/profile/　2024 年 1 月 30 日閲覧）。

中心とした実務責任者の企画会議である。企画会議では、広島湾地域の歴史・文化を研究し資源を掘り起こし地図を作成した。この会議には周防大島からの参加はなかった。その背景には、周防大島の久賀町・大島町・東和町・橘町[5]の次のような懐疑があった。それは、山口県側の島嶼地域のストロー現象（交通網の整備などによって地方から都市部へ人が移動してしまうこと）から、広島県側に客を奪われることへの懸念である。この懸念を払拭するには、個々の地域の魅力を引き出しその良さを伝える一方で、構成団体を一つにまとめる象徴的な取組みが必要であった[6]。

試行錯誤の末、広島県の観光施策として実施されていた瀬戸内海の島々を巡る「せとうちおさんぽクルーズ」をモデルに、構成員の総力を結集した取組みとなる「広島ベイクルーズ：海から行く、歴史探訪」が2003年度から始まった（表8-2）。実施には、それまでの調査・研究で作成した広島湾域の地域資源を記した歴史・文化の2種類（近代とそれ以前）の地図が活用された。これらの資料をもとに、広島湾域の埋もれた歴史を紹介し、一般の人々に広く知らせることがクルーズツアーの狙いであった。そこには、周防大島出身の宮本常一の民俗学などの知見も盛り込まれた。

このクルーズツアーは周防大島と倉橋島から始まった。当時は、構成自治体にも予算がなかったので、参加者から参加料を徴収しツアー費用を捻出した。「広島湾ベイエリア協議会」は、乗降方法などを工夫し経費を抑え、昼食つきで5,000円の低廉な料金でツアーを実施した。また、ガイド組織がないので、学芸員や学校長OBなどをボランティアガイドにあてた。参加者はクルージングで食を楽しみ土産物を購入することができるが、主眼は歴史探訪や地域学習に置かれ、一般のツアーと差別化した。これが、観光誘客の「せとうちおさんぽクルーズ」との違いにもなった。

このプロジェクトが関係者の総合力で成功したのがきっかけとなり、周防大島の各町も企画会議に参加するようになった。加えて、周防大島の各町でも企画会議を実施した。これにより、企画会議の場は、レクチャーを聞くだけの場から、相互に創発しあう場へと変わった。また、地域との交流の形もできあがった。広域連携は集まるだけでは何も起こらない。異なる組織の職員が相互に連携・交流し、一緒

5）これら4町は、2004年10月1日に合併し周防大島町となった。

6）2001年度から担当になった広島県商工会議所の大巳和記は、島嶼地域である広島県の旧大崎町で経営指導員の経験があり、島嶼部の魅力や実情をよく知っていた。大巳は、地域に役に立つ協議会でなければ意味がなく、すべての島嶼地域が参画してこそ協議会設立の趣旨が生かされると考え、その手法を模索した。

に働くという仕組みができたのがこのベイクルーズの成果であった。その後、6市16町すべてのまちの歴史探訪を、2003年度から3年かけ、持ち回りの輪番制で計7回実施した。これにより、「広島湾ベイエリア協議会」は、会議だけの会合の場から、地域に誘客する交流・企画の場へ変わった。新たなアイディアが相互に交換される場に変質すると同時に、このことが協議会メンバーに共有された。その後も地域からさまざまなアイディアが出され、地域で物産展も実施した。柱島で魚を売り、阿多田島漁協ではいりこを売り汁をふるまう、というような地産・地消を実践した。こうして地域との間で信頼関係が醸成され、地域の人々からは、知恵だけでなく、プロジェクトへの参画を得ることができた。回を重ねるごとに、クルーズツアーの質が高まりノウハウが蓄積され、実施内容は洗練されていった。また、これら異なる機関間の協業と地域との間で築かれた信頼関係や実施のノウハウは、「広島湾ベイエリア協議会」のなかで暗黙知として継承された。

3-3 体験型教育旅行への着目

この成功が契機となり、企画会議でも、地域に全国から人を呼び込むことが主たる議題となった。平和学習で多くの児童・生徒が修学旅行で広島に訪れている。この修学旅行生を島嶼地域へも誘うという目標が設定された。実施のアイディアを出したのは倉橋町商工会だった[7]。倉橋島には、鹿島地域などに民宿や釣宿がある。しかし、2000年代は、釣り客が減って旅館の経営が困難になっていた。そこで、旅館組合の事務局をしていた倉橋町商工会は、漁業体験と民宿との組合せによる修学旅行生の誘客を提案した。そして、旅行会社の仲介で、平和教育以外のコンテンツを求めていた岐阜県の美濃加茂東中学校が紹介され、倉橋島の漁業体験と民宿での宿泊をあわせた、修学旅行のモデル的な誘致が2003年に実現した（表8-2：186頁）。

これがきっかけとなり広島商工会議所は、体験型教育旅行の調査・研究を2004年度の事業計画に位置づけ、あわせて本格実施に向けて先進地の視察などを行った[8]。

また、2006-2007年度に経済産業省から補助金を得て、体験型教育旅行の調査・研究が本格的に始まった。当時、体験型教育旅行の分野で定評のあった藤澤安良[9]を招請し、まず、地域資源を調査し、体験型のメニューを紹介する「丸ごと体験パンフレット（第1版）」を作成した。パンフレットの作成は、これまでの体験型メニューやノウハウなど暗黙知の形式知化に寄与した。地域資源の調査やパンフレット

7）倉橋町商工会の経営指導員の久保誠がアイディアを出した。

の作成などが進めば、旅行会社への売込みや受入れの民泊家庭の発掘がさらに必要となる。同時に漁業体験、農業体験など、地域のさまざまな体験を伝えるインストラクターの養成も必要であった。このため「広島湾ベイエリア協議会」は、民泊家庭の発掘を兼ね、インストラクターの養成研修も行った。この研修会へは、構成員の市町村の職員も参加した。当時の行政は体験型教育旅行にあまり関心を持っていない状況にあったが、この研修の場がきっかけになり、体験型教育旅行の「地域や地域住民にとっての意義」を理解した周防大島町が、体験型教育旅行に本格的に参入した[10)]。

パンフレット作成後、「広島湾ベイエリア協議会」は、関東、中部、関西の旅行会社などへの営業も開始した。2006-2007年頃の周防大島の認知度は低かった。全体のパンフレットに加え、周防大島専用のものも別に作成するなど、営業にも工夫をこらした。また、「広島湾ベイエリア協議会」は、地域住民をインストラクターに養成しつつ、モニター旅行を実施した。2008年度には、本格参入した周防大島をモデルに、芋掘り、建て網漁（刺し網漁）など10数種類のプログラムを開発した。

そこへ体験型教育旅行で定評のある旅行会社から、神奈川県の湘南学園中学校と吉和村（広島県）との平和学習交流事業への新たなプログラムの提供依頼があり、これを機会に、「広島湾ベイエリア協議会」は、開発した選択別体験のメニューと周防大島温泉大観荘の宿泊をセットにして提供した。この段階では民泊は実施できなかったが、モデル的に開発していた芋掘り、建て網漁（刺し網漁）などの体験プログラムを実践で試すことができた。

8）広島湾ベイエリア協議会は、先進地の視察で長崎県の松浦を訪れている。この視察の場で体験型教育旅行の送客に太いパイプを持つ藤澤安良の評判を耳にする。22の団体で構成する「全国ほんもの体験ネットワーク」会長を務める藤澤は、旅行会社から独立後、1995年から「体験教育企画」を設立し（2015年から株式会社「体験教育企画」として法人化）、この分野のパイオニアとして活躍している。体験型教育旅行普及の観点から、毎年、「全国ほんもの体験フォーラム」を行っており、2013年には広島湾ベイエリア協議会が中心になり第10回の記念大会を広島で開催している。

9）本章注8）参照。

10）この研修の場を訪れ、その意義を認めた周防大島町職員の濱口巧が、その後、体験型教育旅行の導入に尽力した。新たに町長になった椎木巧が観光振興に力を入れていたため、体験型教育旅行の実施はこれにマッチした。椎木は、受入家庭も担っている。

この時に、周防大島町が湘南学園中学校へ依頼し、2009年度の同校による民泊を伴う体験型教育旅行の実施が正式に決まり（表8-2 ☞ 186頁）、町の働きかけで漁協の支援も得られた[11)]。イワシ網漁という迫力のある魅力的なコンテンツが加わり、受入のキャパシティが満たされることで、2009年度の初の受入れ（2009年11月）は大きな成功を収め、受入家庭と学校相互に感動が共有され、信頼が形成された。また、この状況は地元のメディアにも取り上げられ、地域における理解と支持の輪は、さらに広がることになった。

4 体験型教育旅行の基盤形成

4-1 県による体験型教育旅行への支援

翌2010年9月には周防大島町の体験型修学旅行フォーラムが東和総合センターで実施された[12)]。このフォーラムへは、広島県観光課も参加した。平和学習の中心地である広島県も、修学旅行生の訪問者数は、1993年の143万人をピークに2010年には57万人と大きく減少した。このため広島県は、「広島湾ベイエリア協議会」の取組みに着目し、体験型教育旅行の導入を検討していた。

このフォーラムの視察と関係者との交流で実施に向けての好感触を得た広島県は、2010年度に体験型教育旅行の支援に着手することになった。支援内容は大きく三つの内容からなる。第一に、緊急雇用対策基金を活用した専管組織の整備である。第二に、ガイドラインの整備である。第三に、広島県側への普及・拡大である。

11）湘南学園中学校へ依頼した時には、濱口たちが開拓した受入家庭は、55軒であり、湘南学園中学校212人の受入れには十分ではなかった。特色ある地域で、あと5軒が必要であったが、島中回っても見つからなかった。調整は難航したが、当初懐疑的であったイワシ網漁を行う浮島の漁協が、その後、体験型教育旅行の魅力と意義を理解したことから、受入体制が整い実施に漕ぎ着けた。

12）藤澤の基調講演に続き、パネルディスカッションでは、湘南学園中学校212人受入れの決め手となった浮島漁協組合長、平野和生もパネラーとして登壇した。これに参加したのが、広島県観光課の修学旅行の責任者である鳥越直樹であった。鳥越は、熱心に聞き入る地域住民を見るとともに、休憩時間に、受け入れた時のことを嬉々として語り合う高齢者たちの気持ちを感じその意義を確信したという。

4-2　専管組織

まず、専管組織について考える。「広島湾ベイエリア協議会」に、専任者を設け、コーディネーターを招請し、プロジェクトの基本方針を定め、普及・啓発、プロモーション活動の基盤形成を後押しした。この広島県の助成により、3か年の基盤形成期間が設けられた。この体制整備に伴い、地域協議会の組織化と営業活動の基盤が整い、宿泊ベースで、2010年度の1,480泊は、2011年度に6,917泊、2012年度に8,328泊、2013年度に8,655泊となり、2014年度には、13,576泊と10,000泊を超えた。体験型教育旅行の適正規模は年間10,000泊であり、この規模を恒常的に受け入れ常勤職員が3名雇用できる体制を確保できれば、当該活動は持続可能となる（鈴村・中尾 2017）。教育旅行は、実施の2、3年前から準備されるものであることから、2010–2012年度の基盤形成期における実施体制が、10,000泊体制の基礎を固めたと考えられる。

4-3　ガイドラインの整備

第二に、ガイドラインの整備について検討する。2008年から、総務省・文部科学省・農林水産省3省連携により、「子ども農山漁村交流プロジェクト」事業が開始されていたが、2010年当時は、制度への理解が十分ではなかった。2010年当時は旅館業法などによる規制もきびしい時代で、導入を目指す自治体があり、住民が協力的であったとしても、受入家庭が規制の基準を満たすのは容易ではなかった。たとえば、旅館業法の基準を満たすには、便所や調理場を受入用に別に設ける必要があった。これに対し民宿やペンション経営で実績のある地域では、すでに旅館業法や消防法などの安全・衛生基準を満たしているので、その必要はない。このためスキーヤー向けの民宿やペンション経営の素地がある芸北地域・北広島町の場合には、特別な対応は求められなかった。一方、広島県における初期の拡大の対象は、江田島市や大崎上島町など島嶼地域にあったが、これら地域には、民宿やペンション経営などのノウハウや基盤はなく、一般家庭の受入れが中心であったため、自治体にとって旅館業法や消防法による簡易宿泊所の指定は大きな障害であった。「広島県農山漁村生活体験ホームステイ実施に係る取扱指針」（平成23年8月25日策定）が定められたことにより、ガイドラインに沿えば受入れが可能となり、現場の受入れの障害がなくなったことが普及を後押しした。「広島湾ベイエリア協議会」が、保険制度を研究し、無過失の場合にも補償する仕組みも作った[13]。ガイドラインと独自の保険システムが整ったことで、学校、地域、旅行社の3者が安全・安心に取り組める体制が確立され、これがその後の普及を促した。

4-4　広島県への普及・拡大

第三に、広島県への普及・拡大について考える。ここで決定的な役割を果たしたのが、大阪の清風学園のモデル事業である。周防大島町での取組みは軌道に乗ったものの、一つの自治体での実施に留まり、運動としての広がりには欠けていた。また、広島県はもともと平和教育がさかんであるため、ホテル・旅館の修学旅行による収益源を体験型教育旅行が奪うという、競合の問題もあった。体験型の教育旅行の普及による民泊の推進は、既得権益を奪いかねない側面もあり、関係団体との間で、微妙な調整が求められた。

この段階での鍵は、草創期における山口県周防大島町との親和性を持つ、広島県の島嶼地域へいかに受入拡大ができるかにあった。重要なのは、江田島市や大崎上島町への拡大である。2011 年 4 月に商工会議所内に専管組織が設けられると同時に、江田島市におけるモニター旅行が検討された。近畿圏からの誘致ということで、創設者が近畿広島県人会の会長でもあった大阪の清風学園が候補にあがった。この学校は、沖縄への修学旅行でも、生徒が足を海にひたすことがないといわれるほど安全対策を徹底していた。当初安全面への危惧から、学園内には反対の意見もあったが、創設者が広島の島嶼地域の出身であることや、担当の教員が体験型の教育旅行に高い教育効果を認めたことが決め手となり、2011 年 7 月にモニター旅行が実施された。

実施の結果、30 人の参加者の 30 とおりの感動が生まれ[14]、生徒と学校と地域とが親密な信頼関係（ラポール）を形成した。ある者は最下位であったにもかかわらず、ボート競走に参加したことを、ある者は魚の三枚おろしに挑戦したことを、そして、ある者は親元から離れて参加したことそのものに感動した。画一化され均一化された感動

13）旅行を伴うので保険加入は当然であるが、島嶼部のように海のある地域はとくに注意を払う必要があり、海難事故への万全の備えとして、「広島湾ベイエリア協議会」では無過失の場合にも補償をつける方針で臨んだ。一方、実施当初は、手厚い対応から手数料 10%ほぼ満額を保険料に充て運営費が持ち出しとなる地域協議会もあったが、その後、必要最小限度の 500 万円の無過失傷害保険に設定し、手数料の 6–7%で賄える体制が確立された。

14）旅行について記した感想文は清風学園にも引率した政仁志の手元にも残っていなかったが、江田島市から入手することができた。

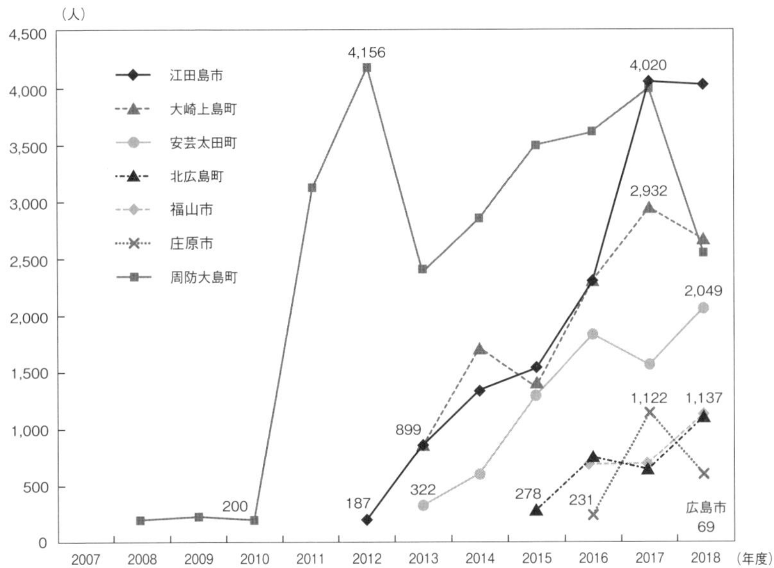

図 8-1　年度別・地域協議会別参加者数の推移

出所）広島湾ベイエリア協議会資料から作成。

とは全く異なる、それぞれが、それぞれの個性で感じとる、別々の感動があった。こうした発見はまた、地域の素朴な営みが、じつは尊い価値を有すると地域に知らせることにもなった。このことがモニター旅行を通じ、生徒、学校、地域の相互間で確認され、この成功が契機となり、江田島市での本格導入が決まった。また、この結果をふまえ、大崎上島町においても、体験型教育旅行の意義が再確認され、児童・生徒の受入方法に関する住民の理解も進んだ。

図 8-1 に示すとおり、江田島市や大崎上島町は周防大島町とならんで、その後の「広島湾ベイエリア協議会」の体験型教育旅行を牽引する役割を果たしており、とくに、その屋台骨となる江田島市における実施を可能にしたことの意義は大きかった。

5　体験型教育旅行の拡大・成熟

5-1　地域協議会の整備

こうした基盤形成の一環として、広島県は県下 23 市町を対象に体験型教育旅行の意向調査を行った。また、この調査をふまえ、実施を希望する地域は各々の地域に協議会を設け実施体制を整えた。受入地域の協議会の設立は、それぞれ大崎上島町が2011年8月29日、江田島市が2011年9月30日、安芸太田町が2012年2月1日、北広島町が2012年1月19日であった。こうして2011年度に1市3町に体制が整った。続いて、福山市が2014年2月14日、庄原市が2014年10月9日、広島市（佐伯区湯来町）が2018年10月10日にそれぞれ地域協議会を設置し、2018年度までに山口県と広島県の2県にまたがる8地域に体制が確立された。

1）大崎上島町

しかし、地域協議会が整備された後、実施に至るまでの期間は、地域によって異なる。たとえば大崎上島町[15]の場合は、地域に浸透するまでに少し時間を要している。旧大崎町には、広島国体が開催された時、民泊でレスリング選手を受け入れた経験があったが、受入れを始めた当初は、経験のあった家庭もごちそうを用意し過剰なもてなしをした。その際、江田島市の先行的な取組みが一つの手本になり、その後、地域も、過度な対応を改めつつ、徐々に、日常の姿をありのままに届けることができるように変わっていった。このように時間をかけて受入れの意義に関する地域の理解が進んだ後、大崎上島町の受入れも本格化した。

2）安芸太田町

安芸太田町も、2012年2月に地域協議会を設立し、体験型教育旅行の取組みを開始した。48の自治振興会で説明会を重ねて、募集を行い、受入家庭を徐々に増やしていった。2020年現在では約90軒が受入家庭となっているが、当初の募集は容易には進まなかった。転機は、地域として初の受入れを実施した時だった。2013年11月にはじめて受入れを行い、そこでの手応えが地域の人々の自信になり、それが弾みとなり取組みが進むようになった。地域の人々は、家庭で普段行っていることを、ありのままに子どもたちへ提供した。また、各家庭同士の情報交換も進み、料理の提供や児童・生徒との交流などのノウハウを相互に交換することで、地域にも運動が浸透していった。先行する江田島市に、大崎上島町と安芸太田町が続いた。

15）大崎上島町は、2004年に大崎町、東野町、木江町の3町が合併（平成の大合併）して誕生した。

3）地域の実情にあわせた浸潤期間

一方、安芸太田町よりも先に地域協議会を設置した北広島町で、最初の受入れが始まったのは2015年度であり、広島市（佐伯区湯来町）のように先に誘致を行い、その実施にあわせて協議会を設置した例もあった。このように体制が整備される時期と実際に受入れが行われる時期は地域ごとに異なっている。地域の実情にあわせた準備期間が重要になるといえる。

商工会議所内に専任者（教育担当、平和教育プログラム全般）が置かれ、緊急雇用対策基金に基づく広島県の予算措置で、協議会事務局内に、2011年4月1日から専任のコーディネーターが設けられ、協議会の予約管理を一元化する体制が整備された。ここで一元的に台帳管理が行われ、受入れについての総合的な調整がなされ、役場に代わって、旅行社や学校などの求めに応じて資料を送付する体制が整った。その運営については、広島県からの助成や商工会議所内からの内部支援で支えられた。

5-2　拡大・普及・成熟

こうして地域の受入体制が整い受入実績が増えると、旅行会社や学校からの認知度も高くなり、参加する学校や児童・生徒も増えてきた。地域も関西から関東に移るなかで、1校で300人を超えるものも出てきた。参加校が増えそのニーズに応えていくには、「何泊・何万人」という当該年度の受注を、計画的に地域に割り当て実施していく必要がある。他方、受入家庭の多くは高齢で持病も抱えている。このため、受入時期に入院を余儀なくされ、やむなくキャンセルという事態も発生した。また、江田島市や大崎上島町の場合、教育旅行の時期は、5月や10月に集中する。送り手側の都合もあるが、受け手の地元にとっても、シーカヤックやみかん狩りなどの柑橘の収穫といった体験メニューが提供しやすい時期でもある。多くの受入家族は、受入れを楽しみとして行なっている[16]。

しかし、過剰な受入れは、楽しみを奪い、苦しみに変える。受入期間が特定の時期に集中しているだけに、大量に受け入れる場合は、切れ目なしに受入れが続き、楽しいはずの受入れが苦しいものに変質する。加えて、無理やり受け入れようとすると、受入ルールが十分に理解できていない家庭を巻き込んでしまい、トラブルが

16）受入数が多い家庭においても、1年に受け入れるのは20泊程度で、宿泊体験料が1万円と仮定してその8割、20万円×0.8=16万円程度が家庭に入る計算になるが、その大部分は、食事を含むもてなしで還元するという。

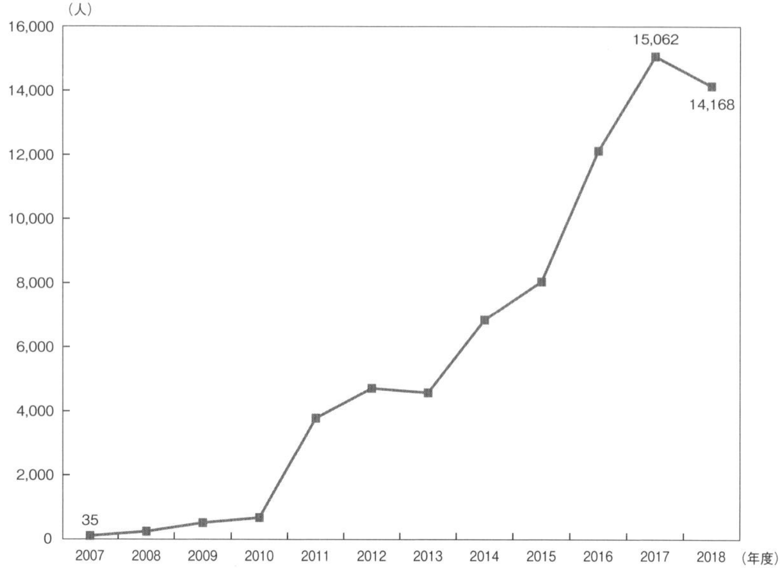

図 8-2 年度別参加者数の推移

出所）広島湾ベイエリア協議会資料から作成。

発生しサービスが低下するという悪循環も生まれやすい。

こうした状況をふまえ、「広島湾ベイエリア協議会」では、まだ受入れのキャパシティに余裕のある新規参入地域に取組みの強化を求める一方、先行地域には無理のない対応を要請している。その上で、適正水準が維持できばよいという考え方であり、地域へ無理じいはしない方針で全体的なバランスをとっている。

そして、図 8-2 のように、2016 年度に受入数が 10,000 人を超え「広島湾ベイエリア協議会」は、この事業の安定収益化を達成した。これに伴い、2017 年度からは 1,000 人以上の受入れを行う四つの地域協議会から 3% 程度の負担金 500-600 万円程度を徴収し、これをコーディネーターの費用に充てることで自立的な運営を可能にした[17]。これにより地域協議会は受入体制の整備と、それに基づく受入れの実行を行い、「広島湾ベイエリア協議会」は、学校や旅行社の受入調整・コーディネート

17）体験型教育旅行としては独立採算可能ではあるが、広島商工会議所は、海生都市圏の構築の理念の実現から、別に予算を組んで、このプロジェクトのさらなる高度化を支援する。

を行う役割分担も確立された。8地域もあれば、トラブルも数多く発生する。行政職員も異動が多いので、継続性を担保する必要がある。誘致の対応やトラブル処理は事務局が引き受けるので、地域協議会は地元の調整に専念できる。

このように「広島湾ベイエリア協議会」は、自立運営体制を整え、拡大・普及期を経て成熟期を迎えた。

6　体験型教育旅行の基本構造・成長要因・地域との関わり

6-1　体験型教育旅行の体験とは

体験型教育旅行においては、児童・生徒は、地域の伝統・文化・産業にふれ、そこに暮らす人々と交流する。現地で実際に見て話を聞きやってみるという体験は、児童・生徒と地域の住民との距離を縮める。そして、緊密な交流により相互に強い親近感と信頼感がめばえる。さらには、こうした体験を通じ、歴史や自然、人や暮らしといった地域の固有性、ないしは、地域の価値を構成する諸要素、地域の共通資産としてのコモンが共有され伝播される。そして、それらは、体験・交流により相互に共振・共鳴することで、そこで学ぶ者に深い感動を与え、地域の人々に誇りと自信をもたらす（除本・佐無田 2020：108）。

6-2　地域の共通資産、コモンの発見

「広島湾ベイエリア協議会」では、構成市町村において、「広島ベイクルーズ：海から行く、歴史探訪」の実施を通じ、広島湾ベイエリア地域の歴史と人と暮らしに対する知見が蓄積され、構成団体間の協業体制も整っていた。また、この過程で、「広島湾ベイエリア協議会」と地域との間に信頼関係が構築され、単なる物見遊山の自然探訪とは異なる地域の歴史・自然と地域の人と暮らしを学ぶ仕組みが確立された。さらに、倉橋島での漁業体験を通じ、旅行会社とも連携し体験・交流を提供する仕組みができ、それがその後の周防大島町での初めての体験型教育旅行の成功につながった。そこへ、大阪・清風学園のモデル事業の成功で江田島市が続き、大崎上島町へ伝播した。こうして、山口県から広島県へ連なる瀬戸内海の島嶼地域を中心に、地域から「よりほんものの価値」を学ぶネットワークが形成されていった。

都市の子どもたちが、地域の歴史や自然、人や暮らしにふれることで、地域の価値が再発見され、さらにそれがフィードバックされることで地域の人にも誇りと自信がめばえ、感動が生まれる正の循環が得られた。拡大の背景には、藤澤たちによ

る体験料などの価格決定やプロモーションのノウハウの提供や広島県の支援などもあるが、最も大きな推進要因は、体験型教育旅行の学びの機能を通じた地域の価値の発見であり、それに伴う地域への新たな価値付与である。それは、地域の共通資産、コモンであった。

ここにおいては、人や暮らしなど地域の固有性の共有・伝播があり、訪れた者と受け入れた者が相互に感動を得る。そして、この体験・交流のなかで生まれた地域の再発見が地域へ新たな価値を付与し、それが再び地域内で循環する。これにより地域のコモンは強化された。

この地域の価値の発見や確認につながる体験型の本質が草創期に関係者のなかで共有され、周防大島町や江田島市における先行的な試みのなかで確認され、その意義が再認識された。そこでは、「広島湾ベイクルーズ」において異なる機関間の協業と地域との間で築かれ、暗黙知となっていた信頼関係や実施のノウハウが、パンフレットの作成などを通じて形式知化され、後の体験型教育旅行の普及・拡大を容易にした。

続く大崎上島町の受入れにおいて、自らも受入家庭の一つである町長の高田も次のように語っている。

> 地域の一人暮らしや二人暮らしの家庭は、受入れにより刺激をもらっている。この刺激で自身も活性化する。また、地域の良さを再発見する契機にもなっている。地域住民の中には、所詮、島は何もないところでつまらないところだという意識がある者もあった。それを外から来た子たちは、その自然と人と暮らしこそ良い点だ、魅力だと褒めてくれる。これが地域の人たちにとっては、良い刺激であり励みになり自信につながっている。

地域の価値の発見や確認は、中学生の頃に体験型教育旅行で大阪から大崎上島町を訪れた大阪の中学生が、後に、大崎海星高校へ進み、2020 年春、関西の大学に進学した次の体験者の感想にも表れている[18)]。

> 中学３年生のときに修学旅行で訪れた民泊。広い海と空に囲まれた島の風景と優しい島の人たちに心奪われたのだ。地元は大阪。車が走る音が聞こえる環境で育ったので、島では鳥や虫の鳴き声があちこちでして、感動したんです。とにかく新鮮でした（榮ことね）（長谷井 2020）。

このような、体験型教育旅行の根源的な魅力として、その学びにより、地域が再発見され地域の固有性が顕在化し、改めて、地域へ価値が付与されることがある。それは、上述のようにして循環することで、地域の価値をさらに高める。体験型教育旅行における体験・交流にはこのような本質があり、それがゆえに感動が生まれ、親密な信頼関係（ラポール）が形成され、高い教育効果を生むのである。

6-3 体験型教育旅行に対する広島県による支援

次に強調しておきたいのは、その意義を理解し、普及・拡大の隘路を初期段階で次の3点により広島県が拓いたことである。第一に、専管組織を設け市町への普及拡大やセールスプロモーションの基盤を固めた。第二に、ガイドラインの制定により、業法の制約を取り払い市町が参画しやすい条件を整備した。第三に、草創期における山口県周防大島町との親和性に配慮しながら、広島県の江田島市や大崎上島町など島嶼地域からの拡大に貢献した。広島県が支援することで、「広島湾ベイエリア協議会」の自立した活動が生かされ、プロジェクトがたえず適正に更新される好循環が起こっている。

また、広島県による支援では、本格実施に先立つモデル事業ともいえる清風学園のトライアルが実行できたことも大きな要素である。規則のきびしい学校の安全基準を満たすだけでなく、参加者30人の30とおりの感動が、地域の住民に新たな発見を与え相互に作用した。これにより、学校側からも高い評価を得ると同時に、地域が受入れに自信を持った。当初はやや消極的な姿勢を見せていた江田島市長が、「孫が帰ってきたようにすればよい」と実施に舵を切るきっかけになった。これ以降清風学園はこの体験型教育旅行を夏の学校行事に取り入れ、2012年以降も継続的に実施してきた。2011年の初回を担当した政仁志は、その後も、延べ270名を超える生徒たちを引率して江田島市を訪れた[19]。インタビュー調査において、政は次

18）大崎上島町にある大崎海星高校は、定員割れの危機に直面し、町による公営塾の設置や島外から生徒を受け入れる島外留学制度を含む、大崎海星高校の魅力化プロジェクトを2014年度から開始し、2017年度には、榮を含む「県外から5名の者が入学」（松見 2020：10）した。なお、病気のため3年時に転校を余儀なくされたAも5名のうちの一人である。Aもまた体験型教育旅行を経験した大阪の者で、榮と同様、2020年春、関西の大学へ入学している。Aは、大崎上島町への感謝の意味から、書道家の母の直筆の「島愛」のTシャツを作成し、2020年の春、高田へプレゼントした。

のように回顧した。回想のなかには被爆体験の伝承の話も含まれ、水俣で行われている教育旅行における水俣病に関する学びと同様の効果もみられる（除本・佐無田 2020：64–67）。

> 原爆手帳をお持ちの老婆（おばあちゃん）との出会いもあった。生徒が、早朝、仏壇の前で、清風学園での日課の般若心経を朗唱し感心された。このようにシーカヤックなどの体験だけでなく、受入家庭の暮らしとその人たちの生活や被爆体験など、人生の機微にも触れた。子どもたちは多くを学び、地域の方々も新たな発見をされた。

6-4　体験プログラムの標準的な価格づけ

なお「広島湾ベイエリア協議会」の「平成 31 年度地域協議会研修資料」に示されているように、体験プログラムについては、旅行会社への販売手数料 10%や、体験料などの価格（民泊 1 泊 2 食 5,000 円、家業体験 1,500 円～ 2,000 円）、船釣り、シーカヤック、みかん収穫など体験プログラムに標準的な価格が定められていることも重要である。これが旅行会社や中学・高校への強力なセールスプロモーションの手段となり、近畿圏の市場を、その後関東圏や中部圏へ拡大することができた。これは先に藤澤たちが開発したものであるが、プロジェクトを進めていくなかで、「広島湾ベイエリア協議会」はこのノウハウを自らのものとした[20)]。

また、体験プログラムの標準化や、受入体制のノウハウ、セールスプロモーションの時期・体制が確立されたことで、他の地域への展開も容易になった。後発地域は先行事例を見ながら、自らの実情に応じ受入れの学校の種別や地域を決定できる。たとえば、スキー場があり民宿やペンション経営でファミリー層の受入実績のある北広島町では、低学年でも対応できるので近隣の岡山の小学校からも受け入れてい

19）9 年続いたこの取組みも、10 年目となる 2020 年夏は、新型コロナウイルス感染症の蔓延により中止を余儀なくされた。2011 年に初参加した生徒たちは、大学を卒業して社会人になる年齢に達した。

20）地域協議会の担い手は、生徒の特性にあわせ受入家庭を最適に振り分けるスキルを有している。また、地域のコンテンツに熟知しているので、そのノウハウは旅行会社やパンフレットを配るだけの地域の観光協会では太刀打ちできないものとなっている。地域の宝が不断に再発見・再発掘される正の循環ができあがっている。

る。そして、福山の内海地域（2003年2月福山市への編入合併前の旧内海町）の参加で瀬戸内海地域の選択肢も増え、学校側からみた選択肢も広がった。北部地域への広がりから季節的な選択肢も広がっている。

7　おわりに

このようにして、拡大・成熟期を迎えた「広島湾ベイエリア協議会」の体験型教育旅行は、今後どのような方向へ進むのであろうか。これまで継続的に実施されてきた体験型教育旅行であるが、2020年度は新型コロナウイルス感染症の蔓延により中止を余儀なくされた。「広島湾ベイエリア協議会」は、この中断をむしろ好機と捉えている。そして、次なるステップへ向けて新たな検討に着手した。2020年9月現在で考えているのは、持続可能な開発目標（Sustainable Development Goals：略称SDGs）などに関連する新たなプログラムの開発である。地方には大都市にない課題がある。たとえば、耕作放棄地や獣害の対策を考える機会を設け、課題の現場に訪れどう解決するか学び考えて帰る。こういう体験は、たとえば将来食品メーカーに就職したときにいきる。「広島湾ベイエリア協議会」は、2020年9月現在、このようなプログラムの高度化を模索している。これにより農業・漁業・家業体験をもう一歩先に進め、「よりほんものの価値」を提供していく方針である。

大崎上島町長の高田も、シーカヤック、みかん狩りという体験から、高品質への学びへの発展を考えている。たとえば、大崎上島町には「大崎クールジェン」[21]というカーボンリサイクルや地球の環境問題を考える適切な施設がある。抽出した二酸化炭素を使えば、ハウス栽培のトマトの発育を早め、その成長を促進することも可能である。これは、大崎上島町の特産品の高品質化・高収益化に直結する。こうした地域の活性化にもつながるカーボンリサイクル施設の高度利用の方法を、大学のゼミと地域の中高一貫校の叡智学園、大崎海星高校や商船高等専門学校などが協働して行うと学習効果が高まるであろう。この場合は、行政も深く関与し継続性を担保することも必要になる。その際、大切なことは、一過性でない中長期的な取組みで、研究成果が地域に還元されるものを目指すことである。こういったケースを視野に入れながら、たとえば、なんらかの協定を締結するなどして大学が中長期間

21）大崎クールジェンホームページ（https://www.osaki-coolgen.jp 2024年1月30日閲覧）。

関わり、実効性の高い提案を受けるような形態を、高田は想定しているという。このような学びを通じた地域の価値の発見とそれに伴う地域への新たな価値付与という体験型教育旅行の特性を生かしつつ、さらにその先にある持続可能な地域の形成を模索する新たなプロジェクトも、地域のなかで検討されているのである。

本章では、広島湾ベイエリアの体験型教育旅行の成長過程を丹念に紐解くことによって、ツーリズムが地域の固有性を見出す機能を果たすことを確認した。訪れる児童・生徒の眼差しは、地域の魅力を再発見し、地域の人々にその本質、地域のコモンの存在を改めて知らせた。その相互交流のなかで、地域の人々自身も改めて地域の価値に気づき、それらが合わさって地域へ価値を付与し、コモンを強化したといえる。学びを通じた地域の価値の発見とそれに伴う地域への新たな価値付与の循環が、広島湾ベイエリアの体験型教育旅行を持続可能なものとしたといってもよい。

また、児童・生徒のあげた声と地域の人々の声は、ともに地域への愛着から発せられたものであり、都会では耳にすることのない鳥や虫の声の地域にありふれた日常、その地域の固有性、地域のコモンが、その愛着のもととなった。ここでも、「生産の世界」論における「個人間の世界」の特性を見出すことができる。

本章の考察により、地域の資源が媒介となり訪れる者と地域とが結びつけられ相互に作用する新たな循環が、地域にまた新たな価値を付与することを明らかにできた。訪問者が、地域の歴史や自然、人や暮らしにふれることで地域の価値が再発見され、さらに、それが地域へフィードバックされることで、地域の人にも誇りと自信がめばえ、感動が生まれる正の循環を得られた。この体験・交流のなかで生まれた地域の再発見が、地域へ新たな価値を付与し、それを再び地域内へとフィードバックさせるような循環は、さらに、地域の共通資産であるコモンを強化していくのである。

着地型観光における地域主体性を問い直す

地域のコモンを強化するツーリズム

09

本章では、着地型観光における地域主体性の考察を通じ、地域の主体性を担保するためには地域におけるコモンの形成が必要であり、そのコモンの共通善の機能によって地域資源が守られることを確認する。また、地域の魅力を伝え共有することが、地域内に学びや学習の形で根づいており、地域の学習するコミュニティは、これを媒介する機能を担っている。その際、ツーリズムは学びや学習を促す外部とのインターフェイスとして機能するが、これらが合わさって地域への価値付与がなされ、地域のコモンが強化されていることを確認していく。

1 はじめに

1-1 多様化する観光

高度経済成長期においては、所得向上に伴い生活にゆとりが生まれ、余暇を楽しむ機運が高まった。これに呼応しパッケージ化された旅行商品（いわゆるパック旅行）をつくり市場へと供給した旅行業者は急成長を遂げた。パッケージ商品は、旅行者をわずらわしい旅行の手配や手続きから解放すると同時に、旅行者が非日常的な体験を安価に手に入れることを容易にした。労働所得の増加とあいまって、大型観光バスで名所旧跡を巡る団体旅行、いわゆるマスツーリズムは急速に普及した。大衆化によるツーリズムの伸張である。

その後、旅行者の観光ニーズの成熟化、インターネットによるダイレクトで安価な情報発信、交通手段の多様化や個人化などから（尾家・金井 2008：8）、旅行者は画一化された団体向けの旅行よりも、多様な選択肢から嗜好にあわせ自由に選択できる、オルタナティブなツーリズムを指向するようになる。エコツーリズム、グリーンツーリズム、ヘルスツーリズムなど個人を主体にした多様な旅行への移行である。

1-2 着地型観光とコミュニティベーストツーリズム

そもそも旅行業は、旅行業者が所在する発地において、交通機関を含んだ旅行商品を企画、募集し、観光目的地である着地を訪れて再び発地へ戻る行程を管理・運営してきた（尾家・金井 2008：8)。しかしながら、1-1 でみてきたような変化に加え、地域振興策としての期待や増加する外国人観光客への対応（尾家・金井 2008：9) などから、観光目的地である着地には多様な旅行の選択肢が求められるようになってきている。そして、これまでの発地中心の旅行企画・運営に対し、観光目的地である着地側がコースの企画やプログラム運営を行う着地型観光が注目を集めている。これは、地域住民が主体的に進める観光であることから、自律的観光とも呼ばれ（森重 2009a：103)、地域づくりの手段として期待されている。

こうした観光はまた、地域のコミュニティとも深く関わりを持つことから、コミュニティベーストツーリズム（Community-Based Tourisim、以下、CBT）ともいわれ、コミュニティとの密接な関係に焦点が当てられ、日本だけでなく海外の事例も対象に研究が進められてきた。たとえば、北海道における小規模宿泊施設と地域のコミュニティとの関係性（山村・石川 2012)、あるいは、バリの環境と NGO との関わり（岩原 2016）やパレスチナの平和と地域との関わり（高松 2019）などの分析である。CBT の議論には、第一に、マスツーリズムの拡大に伴う弊害の緩和を目指すアクター（行為者）が促すものと、第二に、社会開発をめぐる動きとツーリズムが接合したものがある（岩井 2016：241)。第二のタイプのものは、国際協力機構団（JICA）などの国際協力機関を通じて観光協力の援助メニューとして行われてきたもので、東欧地域や東南アジア諸国などで応用されてきた（海津 2011：165)。

1-3 着地型観光の主体は誰か？

このように、マスツーリズムが行き詰まりをみせるなかで、生活・活動・生業・環境など新たなツーリズムへ人々の関心は移り、金井と峯俊が指摘するように、観光地の日常に接し体験・交流する着地型観光や CBT の取組みは各地に浸透しつつある。これに伴い、着地型観光と CBT は、いずれも地域やコミュニティが主体の観光であることから同義と捉えられるようになってきている（金井・峯俊 2017)。

しかしながら、着地型観光が CBT の和訳なのであれば、当然、着地型観光はコミュニティベーストツーリズム、すなわち、地域コミュニティが主体のツーリズムでなければならないが、実際には、安福が指摘するように、地域活性化の成功例として紹介される着地型観光の主たる担い手には観光業関係者が多く、地域コミュニティや地域住民の関わりがみえにくい（安福 2016：4）。

また、着地型観光には、着地型観光として旅行会社（旅行業者）が自前でツアーを企画する例（海津 2011：165）や、着地型観光や地域ツーリズムと称されながら、実際には地域外の旅行業者が地域への影響を考慮しながら、主導的にツアーを企画・造成・催行している例（森重 2009b：53）が含まれる。この要因として、森重によれば、着地型観光には「地域側が推進する観光」もあれば、「旅行会社（旅行業者）が推進する観光」もあるとの認識がある（森重 2008：150）。

こうした点をふまえれば、実態として、日本の文脈における着地型観光という言葉と、CBT が同義であるとはなかなか言い難い。とりわけ、これらの議論で強調される、地域が主体的に推進する、あるいは地域が主導権を持つということが、正確にどういう状態を指すのか、ということが明確ではない。

着地型観光と CBT の関係が提起する地域主体性の問題は、本書の主題である地域への価値付与と密接に関わる論点である。すなわち、第 1 章の問題意識をふまえれば、それは地域への価値付与とその結果得られる地域の共通資産、言い換えると、コモンとしての地域の価値の生産・維持・利用をめぐる主体性の所在を問うことを意味するからである。

1-4　本章の構成

そこで、こうした観点をふまえ、本章では、CBT を参照しながら、三つの異なるタイプの地域事例を検証することで、着地型観光における地域主体性の所在を明らかにする。第 2 節では、着地型観光において地域主体性がどのように議論されているかを概観し、CBT の議論から得られた示唆から地域主体性を考察するために分類する。第 3 節では、この分類に基づいて地域主体性が認められるケースについて、いくつかの異なるバリエーションから事例研究を行う。すなわち、着地型観光のなかで、茶業と関係を結ぶ京都府和束（わづか）町、漁業と共生する三重県鳥羽市、空き家再生を観光（ツーリズム）へとつなげる広島県尾道市の三つの事例である。いずれも有名な観光地であり、異なるタイプの特色を有する事例である。続く第 4 節では、着地型観光における地域主体性を考える上で重要になる地域の固有性、コモン、学びの意義を明らかにするとともに、それらが示唆する内容について考える。第 5 節では、着地型観光の地域主体性と地域への価値付与との関係をコモンの意義とともに小括する。

2 着地型観光をめぐる議論における地域主体性

2-1 着地型観光における地域主体性

着地型観光について、尾家と金井は、資源の活用から商品企画、流通・販売、マーケティングの基本枠組をまとめ、事業主体と住民の役割まで着地型観光の手法を整理した（尾家・金井 2008）。地域資源の活用、旅行の企画・造成、催行からなる着地型観光は地域が主役のツーリズムであり、体験交流開発型、ニューツーリズム開発型、観光地再生型の三つのタイプがある。

また、着地型観光は、地域住民が主体となって観光資源を発掘するとともに、プログラム化し旅行商品としてマーケットへ発信・集客を行う観光事業の一連の取組みである（尾家・金井 2008）。地域資源を活用することやツアーの企画・催行を行うこと（森重 2009a：103）が、着地型観光の特徴であり、①地域資源の活用、②旅行の企画・造成、③催行の三つを地域主導で行うこと（森重 2009b：52）が着地型観光の構成要素である。

着地型観光の研究には、第一に、着地型観光が地域づくりやコミュニティの構築に資するものであり、地域内での意識共有・醸成が重要なポイントとなることを示す研究がある。たとえば、森重（2009a）は、北海道の黒松内町、標津町、浜中町の三つの地域の事例分析から、地域づくりに生かされた着地型観光の特性を、地域に不足する資源の獲得、他者の視点から地域を見直す機会の創出、地域内のネットワークの再構築の 3 点に整理しその有効性を明らかにした。また、森重（2009c）では、夕張市の観光政策の考察から、地域主導型観光を評価した。菅沼（2015）は、熊本県水俣市の教育旅行による着地型観光を対象とし、その取組みにコミュニティの構築機能があることを明らかにした。一方、平井（2011）は、北海道・道東のタイプの異なる二つの町の体験交流型の着地型観光（漁業）を分析し、地域における危機感の有無がプロジェクトの成否の鍵となることを示唆した。

第二に、着地型観光におけるマネジメントや採算面の脆弱性を指摘する研究である。たとえば、米田（2015）は、ツーリズムを観光者、地理的要素、産業的要素から成る一連のシステムと捉えて着地型観光を考察し、プロモーションやマーケティングなどについて着地型観光の今後の課題とした。下島（2010）は採算面の脆弱性を、菅沼（2015）は効果の遅速性をそれぞれ指摘した。着地型観光におけるマネジメントや採算面の脆弱性に伴い、着地型観光が利用者から評価を得ていない実態（才原 2015）やボランティアガイドの課題も示された（下島 2010）。

上述のようにこれまでの研究では、着地型観光が地域づくりなどに効果がある点と、マネジメントや体制面に脆弱性を持つ点が指摘されている。しかし、これらの論考は、いずれも着地型観光は地域主体が自明であるという前提に立って議論が展開されている。そのため、着地型観光における地域の主体性は論点とされず、着地型観光の構成要素である地域資源活用、旅行の企画・造成、催行といったプロセスごとにその主体性を問うこともない。地域が主体といっても、何がどこまで、どのように地域主体なのかを明確にすることなく、議論をしている点に注意したい。

先に示したように、着地型観光には、地域側が推進する観光がある一方で、旅行会社（旅行業者）が推進する観光もある（森重 2008）。たとえば、修学旅行生向けの民泊を伴う体験型商品の場合、その募集・催行については旅行業者に負うところも大きい（森重 2008, 2009b）。観光サービスのバリューチェーンにおいても、地域の関わりには限りがあるケースもある。また、着地型観光とみなされる事例においても、実際に地域が行っているのは、地域の資源メニューを使った体験型の商品の単なる紹介の窓口にとどまっているものもある。着地型観光とはいっても、地域の側が観光商品開発のすべての主導権を握っているわけではない（海津 2011, 安福 2016）。このように、着地型観光における地域の主体性というのは何なのかについて、掘り下げられた議論がなされている訳ではない。

2-2　CBT の議論からの示唆

一方、CBT については、海津（2011：165）が、コミュニティを「地域を基盤とする共同社会」と定義したうえで、コミュニティが主導する観光を地域主導型観光、すなわち CBT と定義した。また、香川（2007：42）では、観光地の地域住民が主体的に観光開発に関与し、当該コミュニティ（地域社会）の福利と観光の経済効果を最適化しようとする手法であり、住民が主体となるコミュニティベースの観光開発（Community-Based tourism development）としての実践とした。

第一に CBT の場合は、コミュニティを単位に、地域により密着した形でその関わりに焦点があてられている。たとえば、この視点を敷衍し、山村と石川（2012）では、北海道の事例で小規模宿泊施設が果たす役割を、中島（2010）は、南信州観光公社の地域コミュニティにおける中間支援や社会資本形成手段としての役割をそれぞれ明らかにした。いずれの事例においてもCBTは、小規模なコミュニティの振興に資するものとなっている。

第二に、CBTは、開発途上国や紛争地域における地域内の結束や自立を促す有用な手段とされる。たとえば、岩原（2016）では、バリ島における村落エコツーリズムが、地域の人々に地域の観光資源の発見を促し、さらにこのツアーを村落で共同して行うことで村落のコミュニティ機能が高まったことを明らかにした。介在した中間支援組織のウィスヌ財団がこのCBTの持つ意義を村落の人たちへ翻訳し伝える役割を果たしたこととあいまって、CBTのコミュニティ形成への寄与が明確に示されている。

また、CBTとパレスチナの平和や地域との関わりを考察した高松（2019）によれば、パレスチナにおいて、CBTが、コミュニティの外部に対しては、パレスチナ人だけでは実施が困難なデマンドの促進強化、活動の補助、外部とのつながりなどの役割を担い、また、コミュニティの内部に対しては、コミュニティ開発や福祉ケア、雇用や失業対策、副収入の創出といった機能を発揮した。ここではCBTが平和構築や地域の安定化に果たした役割が明確になっている。また、山村と石川（2012）は、小規模宿泊施設が果たす役割と意義として、地域の自然・社会・文化と旅行者の接点を創造する結節点、地域情報を発信する情報発信拠点、出会いと交流の場の3点を挙げ、簡潔にまとめている。

このように、CBT研究においては、環境や平和、あるいは、地域振興と観光との関係性などの大きな枠組みで分析が行われ、また、地域コミュニティの内部と外部に対してCBTが果たす役割や機能に踏み込んで考察されている。CBTにおいても、必ずしも明確に地域主体性が示されているわけではないが、CBTの場合は、地域のコミュニティの振興機能に焦点があてられ、どのようにすれば地域の側に利益がもたらせるのかが明確に示され強調されている。ここに着地型観光の研究との差異がある。CBTにおいては、地域が正当な利益を得るための条件を引き出せるか（交渉力）、提供するサービスの決定について地域が自律できるかどうかが重要になる。これを地域における観光の商品化で考えれば、一つは、地域がその旅行商品に対して優位な価格交渉力を有しているのか、もう一つは、サービス内容を決めるにあたり、その決定に対して地域が主導的な力を持っているのかの2点が重要になる。

2-3　地域主体性を考察するための分類

このCBT研究が示唆する二つの点を手がかりに、本節では、着地型観光の地域

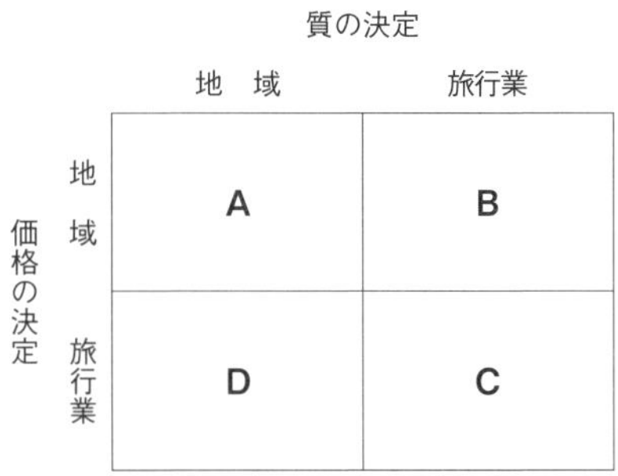

図 9-1　価格の決定と質の決定の概念図（筆者作成）

主体性についての分類を試みる。地域がその商品に対して優位な価格交渉力を有しているのか、という価格の決定と、サービスの中身を決めるにあたりその決定に対して地域が主導的な力を持つ質の決定が分類の基準になる。その概念は、図 9-1 のように区分できる（なお、図中、旅行業者は「旅行業」と表記した）。これにより、価格の決定と質の決定をともに地域主体で行う「A」、価格の決定は地域主体で行うが質の決定は旅行業者主体で行う「B」、価格の決定と質の決定をともに旅行業者主体で行う「C」、価格の決定は旅行業者主体で行うが質の決定は地域主体で行う「D」の四つの象限が得られる。

このように「着地型観光」といっても、その商品に対して優位な価格交渉力を有しているのが地域なのか旅行業者なのか、あるいは、サービスの中身を決めるにあたり、その決定に対して主導的な力を持っているのが地域なのか旅行業者なのかの違いによって A、B、C、D のバリエーションが存在することになる。また、先の着地型観光の定義に沿えば、「価格の決定」は、①地域資源の活用、②旅行の企画・造成、③催行のプロセスで構成されることになるが、たとえば、南信州観光公社や堺市の観光コンベンション協会など、地域内の商品開発と、域外へのマーケティング及びプロモーションを行う中間的な組織を設けているような場合（海津 2011：165）は、販売と流通のみを地域が担うことになる。①〜③のいずれか一部が地域主体であるケースが存在しうるが、本章では純粋なモデルを設定するため、①〜③のすべてを含むものとする。また、地域における旅行業法上の第三種旅行業者や地域限定旅行業者についても、実際にはケースごとに判断していく必要はあるが、本章では便宜上旅行業者に区分する。

この分類によれば、海津（2011）の着地型観光として旅行業者（旅行会社）が自前でツアーを企画する例はCにあたり、地域外の旅行業者が地域への影響を考慮しながら、主導的にツアーを企画・造成・催行している例（森重 2009b）はBまたはDに該当する。地域側が推進する観光がある一方で、旅行業者が推進する観光もあるという認識（森重 2008）は、着地型観光にはA以外にも、B、C、Dの形態が存在することを示唆した。

このように、これまでの着地型観光の考察では、何をもって地域主体というかについては十分に論じられていない。着地型観光やCBTの議論で強調される地域が主体になって推進する、あるいは、地域が主導権を持つということがどういう状態を指しているのかについても明らかにされていない。

このため、本章では、地域がその旅行商品に対して優位な価格交渉力を有し、サービスの中身を決めるにあたり地域が主導的な力を持つ、最も地域主体性が強いAを考察対象として、その内容を明らかにすることで、これまで曖昧に使われてきた着地型観光における地域主体性を明確にする。あわせて地域への価値付与との関係にもふれる。

3 和束町・鳥羽市・尾道市：三つの事例研究

3-1 本節の構成

前節の分類をもとに、地域が旅行商品に対して優位な価格交渉力を有し、かつ、サービスの中身を定めるにあたって地域が主導的な力を持つ地域主体のケースの事例研究を行い、着地型観光における地域の主体性を考える。

まず、森の京都、海の京都とならんで京都の観光重点施策「もう一つの京都」の取組みの柱である「お茶の京都」をうたう京都府南部の山城地域にある和束町に焦点をあてる[1)]。ここでは、若い移住者による茶畑観光、援農支援などの取組みが着地型観光やインバウンドの新たな芽として地域のなかで広がり、宇治茶最大の産地である和束町の卸中心の茶業が変化しはじめている。この和束町の新たな潮流における着地型観光の性格についてインタビュー調査を中心に明らかにする[2)]。

次に、鳥羽市における「海島遊民くらぶ」の取組みを取り上げる。これは、日本における着地型観光の初めての本格的専門書である尾家と金井（2008）の17事例に

1）なお、本章における「茶源郷」とは、和束町長の堀忠雄の造語である（望月 2017：261）。

表 9-1　インタビュー調査の概要

インタビュー対象者			日　時	場　所	摘　要
和束町商工会	事務局長	竹谷保廣	2017 年 7 月 26 日	和束町商工会	9:20–10:30
ゆうあんビレッジ	代表	山下丈太	2017 年 7 月 26 日	和束茶カフェ	10:40–12:10、和束町商工会事務局長・竹谷保廣同席
おぶぶ茶苑	副代表	松本靖治	2017 年 7 月 26 日	おぶぶ茶苑	14:00–15:15、和束町商工会事務局長・竹谷保廣同席
和茶園	代表	植田修	2017 年 7 月 26 日	和束町商工会	15:40–16:50、和束町商工会事務局長・竹谷保廣同席
NPO 尾道空き家再生プロジェクト	専務理事	新田悟朗	2019 年 6 月 1 日	みはらし亭	10:00–12:00（尾道建築塾）
海月（海島遊民くらぶ）	女将（代表）	江崎貴久	2019 年 10 月 26 日	海島遊民くらぶ	16:50–18:50

もある着地型観光の先駆的研究の一つで、この分野での典型的な事例である。これを文献調査やインタビュー調査で考察する。

さらに、本書第 3 章でもみた尾道市中心市街地の傾斜地における空き家再生のゲストハウス事業（観光）に着目する。これにより、観光（ツーリズム）とは直接関わりがないと考えられる分野（空き家再生）における観光（ツーリズム）との関係性の考察が可能になる。文献調査を主に一部インタビュー調査で補い分析する。インタビュー調査の概要は、表 9-1 のとおりである。

2）表 9-1 に示したように、2017 年 7 月 26 日、和束町商工会で、事務局長の竹谷保廣、「ゆうあんビレッジ」代表の山下丈太、「おぶぶ茶苑」副代表の松本靖治、「和茶園」代表の植田修に各々 1 時間程度、インタビュー調査した。なお、「おぶぶ茶苑」と「和茶園」の茶畑観光の実績については、「おぶぶ茶苑」は、副代表の松本靖治の弟の松本裕和から 2019 年 10 月 30 日にメールで、「和茶園」については、2019 年 11 月 1 日に植田から電話で聴取して確認した。また、植田からの聴取の際、和束町に地域おこし協力隊として移住した者が、2018 年から新たに 300 人規模の茶畑観光を始めたことを聞いた。実施形態は植田ら同様とのことである。
また、和束町については、2017 年 7 月のインタビュー調査を基にまとめた。尾道については、2019 年 6 月、専務理事の新田の案内で、尾道建築塾ツアーを実際に体験し追加のインタビュー調査も行った。なお、この際、新田がプロジェクトに参加することになった経緯や担当する空き家バンクの制度運用のことなどもあわせて聴取した。鳥羽は、10:45 鳥羽港発で神島に渡り、「神島っ子ガイドツアー」に参加し、16:30 に帰港の後、「海島遊民くらぶ」で江崎にインタビュー調査した。

3-2 茶の京都を牽引する和束

和束町[3]は、京都府南部の山城地域に位置する山間の町で、鎌倉時代から続く茶業が基幹産業であり、宇治茶の最大生産地である。また、和束町を含む山城地域一帯は、お茶の歴史と文化、美しい茶畑の景観を通じたストーリーが「日本茶800年の歴史散歩」として、2015年に日本遺産の第1号に認定されている。

2017年現在、和束町には600haの茶畑があり、約300の事業体が、全体で約34億円を売り上げた。なかには1億円を超える事業者もあった。かつては1事業者1haという規模であったが、2017年の調査時点では、高齢化による廃業の結果、中核的農家への集約が進み、専業で1事業者3～4haという規模となっている。宇治茶の約50%は和束町産だが、大半が問屋などへの卸なので、和束町の名が表にでることはない。この800年変わらぬ（といわれる）茶源郷の景観に魅せられた20代～30代の若い移住者を中心に、「ゆうあんビレッジ」の茶畑観光・援農支援、「おぶぶ茶苑」の外国人向け茶業研修、「和茶園」の新規営農者の支援など特色ある新たな動きが芽吹きつつある。

「ゆうあんビレッジ」は、2012年に和束町雇用促進協議会の実践支援員として帰郷した山下丈太が、2015年に独立し設立した合同会社である。事業は、和束茶カフェの運営・お茶などの直売、茶畑観光の企画・運営、「ワヅカナジカン援農プロジェクト」（以下、ワヅカナジカン）である。2006年からは始まったカフェ・直売事業は、和束町の茶業者の15%程度が参加するなど規模が拡大した。シーズンは5～7月の3か月に限定されるが、茶畑観光は、2015年の開始から3年で1,000人規模に拡大した[4]。「ワヅカナジカン」は、応募した若者から参加費を徴収しシェアハウスを賄い付きで提供し、希望する農家へ橋渡しする仕組みである。繁忙期に人材を供給して農家の人手不足を解消し、都会の生活やペースに疑問を抱く若者たちへは癒しの場を提供している[5]。

合同会社「おぶぶ茶苑」は、移住者で代表の喜多章浩が2004年に始めた農業ソ

---

3)「和束町」の基本指標は次のとおりである。人口が3,883人（2019年11月1日）、面積が64.93㎢、産業別就業人口比率は、第一次産業24.5、第二次産業23.2、第三次産業52.3である。高齢化比率が32.6（平成22年国勢調査）、一般会計予算が30億8,200万円（2018年度）である。

4) この茶畑観光については2018年から若手に事業承継し、山下自身は「ワヅカナジカン」の全国展開を目指し、新会社設立の準備を進めてきた。2019年10月20日に山下に架電し、このことを確認した。

ーシャルベンチャーで、日本茶を世界へ、農業を楽しく、茶畑からの社会貢献、の三つの使命を掲げ、インターネット販売（通信販売）、茶畑オーナー制度、茶畑観光（茶摘み、ガイドツアー）、海外からのインターン研修生受入、「利き茶師」養成講座の五つの事業を実施している。「利き茶師」養成講座は茶を学習する教育の仕組みで2017年度から新たに加えられた。外国からの研修生は6年目の2017年7月時点で、19か国から累計72人を受け入れている。代表、副代表を含む7人で運営され、売上全体の6割を占める通販を軸としながら茶の文化の情報発信や拡充に努めている。2013年に354人で始めた茶畑観光は、7年目の2019年には、10月末現在で約1,400人と拡大した。

「和茶園」代表の植田修は、大阪府枚方市出身の認定農業者である。2004年のニュージーランドの酪農研修で酪農の奥深い魅力を知り、その体験がきっかけとなり、さらに奥の深い伝統のある日本の茶業に強い関心を持つようになった。帰国後ボランティアで和束町に入り、茶業の修行をし、2011年に独立した。4haの農地で経営するが、うち1haは新規就農希望者の修行用に使用している。2017年には、フランス人と韓国人の2人をインターンで受け入れ、タイ人の家族を雇用し茶業を営む。売上は、問屋や植物工場への卸とJAとの共販が6割で、残りの4割がネット通販である。カフェやレストラン、小売など業務用も含めたネット販売は大きな収入源となっており、このなかには、茶畑観光の受入やお試し農業体験などの観光事業が含まれている。茶畑観光は茶業の普及啓発で実施している春のイベントで、毎回50人程度が集まり利き茶や農業体験を楽しむ。

このように3者はいずれもUJターンの移住者で、和束町の商工会を新たな茶業振興のハブに連携し、茶業・茶の販売を軸に茶文化の普及啓発の手段として茶畑観光を活用している。地域資源は生業の茶でありツアーも自前で企画・造成、催行している。山下の場合は、募集の部分の一部をJTB、日本旅行、近畿日本ツーリストなどへ委託しているが、これは販売方法の一つにすぎない。

3-3 漁業と共生する鳥羽

鳥羽市[6]は、三重県の伊勢志摩国立公園の入り江に位置する人口約2万人のまち

5）山下は「ワヅカナジカン」を「現代社会からの疎開」と表現する。参加者は、3年で63人（外国人1人を含む）。2015-2016年の50人のうち7人が移住し移住率は14%となっている。

で、真珠の養殖や海士の光景で知られる海産物の宝庫である地域である 。高度経済成長期以降多くの観光客を集めたが、1991年の699万人をピークにその後減少傾向となり、直近の2018年では431万人と、ピーク時と比べ268万人の減少となった[7]。

鳥羽の「海島遊民くらぶ」は、鳥羽の老舗旅館海月の女将でもある江崎貴久が2000年に設立した参加型・体験ツアーの企画・運営会社である（江崎 2015）。この設立に先立つ1997年に、江崎は家業の立て直しのために帰郷したが、初年度から修学旅行生を対象に釣り体験のツアープログラムを始めた（江崎 2012）。このときの経験が「海島遊民くらぶ」の設立につながっている。

開始当初、年間100人程度だったツアー参加者は、2013年には4,300人を超え（江崎 2016）、提供するツアーも、「鳥羽の台所つまみ食いウォーキング」「船で行く！漁師町の島ランチツアー」など通年ものに加え、「無人島カヤックツアー」「お魚ざんまい♪漁師さんと船釣りツアー」など春夏秋冬、四季折々の鳥羽が楽しめる30種類以上の多彩なメニューが提供されている。また、2007年からは人口約700人の伊勢湾内の菅島の小学校と連携し子どもたちに島を案内してもらう「島っ子ガイド」[8]も始めている（吉村 2015）。なお江崎はこれを観光のためでなく教育のために行うと最初から決めていた（江崎 2016）。このような観点から、児童・生徒の受け入れにも力を注いでおり、2016～2018年で5,834人を受け入れ（年平均で約2,000人）、そのうち6割の4,680人は小学生であった。また2016年に182人、2017年に353人、2018年に246人と外国人の利用も増えている。これらのツアーは自前で企画・造成、催行されており、さまざまな販売方法を通じて募集されている。このような「海島遊民くらぶ」の取組みの背後にある思い・考え方を江崎は次のように示している。

漁師さんたちと接する機会が増え地域が抱えている課題も見えてきた。観光事

6）鳥羽市の基本指標は次のとおりである。人口が18,572人（2019年9月30日）、面積が107.34㎢、産業別就業人口比率は、第一次産業12.2、第二次産業16.7、第三次産業65.3（平成22年国勢調査）である。高齢化比率が37.4、一般会計予算が113億8700万円（2019年度）である。

7）観光客数は、「鳥羽市平成30年観光統計資料」による入込観光客数であり、日帰り観光客を含む（https://www.city.toba.mie.jp/kikaku/toukei/13kankou/documents/toukei.pdf　2020年1月22日閲覧）。

8）筆者も2019年10月26日に「海島遊民くらぶ」主催の「神島っ子ガイド」ツアーに参加した。また、ツアー終了後、「海島遊民くらぶ」の事務所で江崎に2時間インタビューした。

業者はもっと漁業のことを知らないといけない。自然にも人にも負荷がかからないようにコーディネートすることが重要である(江崎(2016)より筆者要約)。子どもの頃から、海に行って釣りをして、釣った魚を焼いたり、磯で獲った牡蠣を食べる、そんな日常がすぐそばにあった。訪れる人もまた地域の人も共に幸せを感じて育む感幸のエコツーリズムを推進し、地域循環のビジネスモデルを作って行きたい(江崎(2012)より筆者要約)。

江崎は鳥羽市エコツーリズム推進協議会の会長（2010年就任）であり、鳥羽の自然を生かしたツーリズムの普及で地域づくり総務大臣賞（2010年）をはじめ数々の賞を受賞した。その取組みは、漁業組合や、森林組合、旅館組合などとの連携によるものである。そして、江崎の考え方の根底には、鳥羽におけるかつての漁業と観光業の共生と衰退した漁業を守ることへの思い（漁業との共生コア）がある。

江崎の考え方の本質は、第一に、鳥羽という地域の生業が海の恵みによる豊富な海産物に支えられていたという認識であり、幼少時からみてきた鳥羽の植生が海との共生によって成り立つことへの確信である。第二に、人をもてなし非日常を提供する旅館業がこの海の恵みを愛でる漁業、浜に息づく生命との調和によって成り立つという深い洞察がある。江崎がツーリストに「同じ磯場に3日より多く続けて入らない、磯場の生物を持ち帰らない」「島の人たちの生活の邪魔をしたり迷惑をかけたりしない」（江崎 2016）などのきびしい規制を課すのも、この生業への高い尊崇の念（漁業との共生コア）からである[9]。

3-4　空き家再生の尾道傾斜地

本書第3章で見た尾道傾斜地への若い移住者の集積は、「尾道空き家再生プロジェクト」「まちづくりプロジェクトiD尾道」の活動を、飲食チェーン店の「いっと

9)「23歳の時、鳥羽に帰ってきた年と10年後のデータを見ると、10分の1までアワビの漁獲量が減っている。アラメは山から川まで流れてくるミネラルや栄養素で育つが、山が荒れてしまっているのが、アワビが減っている原因の一つではないかと言われている」「一次産業が衰退する中で……海を守るために海面に面した山々で放置されたウバメガシ等の雑木林や人工林の間伐専門にやる林業を立ち上げてくれた人がいて……山側からも海側からもいい循環を作らなければならないと思っている」「地域の主要な一次産業は昔から漁業で、漁業が盛んだからこそ、それを元に観光が成立してきた。漁業に支えられてきた観光が今度は観光が支えるべきなのに支えられていない」(江崎(2012)より筆者要約)。

くグループ」が支援する形で進められ、そのなかで、「尾道空き家再生プロジェクト」は中核的な役割を担った。また、第5章で考察したように、この活動は「生産の世界」論における「個人間の世界」の活動として、造船、観光（ツーリズム）など他の諸資源も結びつけ、尾道に新たな価値を付与した。このように、「尾道空き家再生プロジェクト」は多面的な要素を持ち、さまざまな変化を尾道にもたらしてきたが、移住者の集積や新たな価値付与に加え、もう一つ大きな影響を持つのがツーリズムである。

尾道市[10]の傾斜地において実施している空き家再生の推進には、「尾道空き家再生プロジェクト」代表理事の豊田雅子が定めた五つの理念がある。建築、アート、環境、コミュニティ、観光の五つである。このなかで豊田が、空き家再生の着地点と定めていたのが観光（ツーリズム）である。目指したものは、豊田が訪れた欧州の歴史都市における歴史的建造物が提供するような宿泊を伴う安価に利用できる交流の場の提供である。五つの理念のうち、まず、建築、アート、環境は、空き家再生の一連の流れと捉えることができる。廃屋さながらの傾斜地の空き家群は、一旦壊せば空き地にせざるを得ない（☞152頁の第6章注24）や次頁の記述も参照）。空き地にしないために、まるでアート作品を創作するように空き家を再生していくという営みのなかで、仲間たちが相互に助け合いながら修復していく活動が行われる。このため、空き家の修復の過程を通して移住者を中心とした共同体が形成され、その共同体は、商都850年の歴史・伝統・文化に対する尊崇の念（商都の歴史・伝統コア）を共有し、豊田が進める「ヒューマンスケールのまちづくり」[11]の担い手として機能している（望月 2018）。この理念の共有のもとで、彼（女）らはコミュニティを形成した。また、この営みは、「あなごのねどこ」や、「みはらし亭」など大型物件のゲストハウス化によりツーリズムへと発展した。「尾道空き家再生プロジェクト」は空き家再生からコミュニティの形成へ、さらにはツー

10）尾道市の基本指標は次のとおりである。人口が136,265人（2019年10月31日）、面積が285.11㎢、産業別就業人口比率は、第一次産業5.6、第二次産業31.6、第三次産業60.9（平成27年国勢調査）である。高齢化比率が34.2（平成27年国勢調査）、一般会計予算が649億5000万円（2019年度）である。

11）第3章注1）にも示したとおり、豊田は、「道幅も狭く、見知らぬ人でもすれ違うときに挨拶するほど人同士が近い」まち、「隣の献立や喧嘩の声が分かるほど家も隣接」するまちを「ヒューマンスケールなまち」として、尾道の傾斜地の特徴を整理している。

リズムへとその活動を進化させ、ゲストハウスはその進化の象徴的な存在となっている。

豊田がゲストハウス（簡易宿泊所）という形態にこだわったのは、第一に、これまで尾道にあまり宿泊していなかった外国人や学生など新たな層を対象顧客とし、その掘り起こしを行うことで老舗の旅館群と競合しないため、第二に、若い頃に利用した海外のゲストハウスへ恩返しするため、第三に、旅行者がスタッフや地域の者と交流できる場を設け、そのまちの日常を垣間みることができる住民になったような楽しみ方を提供するため、の３点による（真野・片岡 2017：53-54）。

ゲストハウス（簡易宿泊所）による宿泊サービスに限定されるが、旅行者がネットで直接予約して宿泊する旅行商品となっており、1泊2,800円の安価な宿泊・交流体験を提供する。これは空き家という資源を活用した自前の企画・造成、催行商品と考えられる。

傾斜地の空き家再生は、傾斜地の特殊性から家財や資材の搬出入などで平面地に比べ３倍近いコストがかかることから、この負担の軽減のため、豊田たちは再生に必要な建物の基礎知識の他、建築、土木、左官の技術を習得する学習・交流と相互扶助による再生の仕組みを構築した（望月 2018）。この学習・交流や相互扶助の一環で、「尾道建築塾」や「空き家再生ピクニック」などのイベントが実施されている。「尾道建築塾」は、２時間のまち歩きのツアーであり、ゲストハウスに先立ち、NPOの設立後、独自の旅行商品として企画・運営、催行されていた空き家再生の学習（教育）目的のツアーである[12)]。主要な再生物件を訪ね歩き、その来歴を知ることにより、空き家再生の歩みや今後の展開を知ることができる。また、空き家再生の一環で設けられた魅力的な店舗や、アーティストの新たな創作活動に触れることができる。

4　和束、鳥羽、尾道の三つの地域に共通する特徴

4-1　考察地域の特徴とその意義

和束、鳥羽、尾道の三つの地域に共通する特徴を、まず和束を事例として考察する。和束の先導者に共通にみられる特徴は、「根底にある茶源郷・和束の茶業800

12）2019年5月31日に筆者もこのツアーに参加し、専務理事の新田悟朗の案内で、修復間近の尾道ガウディハウスや松翠園などを見学した。また、新田にインタビュー調査を行った。

年の歴史の重みと、長い年月を重ね形成された見事な景観に対する高い尊崇の念とその承継への参画に対する高い誇り」(以下、茶源郷コアと呼ぶ)である。

茶源郷コアを共通の理念とし、山下、喜多、植田の3者は、まず基盤となる農業(茶業)に焦点を当てた。山下の援農から、喜多の研修へ、さらには植田の就農というように、外部の者がおのおのの状況にあわせ段階的に関われるようになっている。この農業 (agriculture)、茶業800年の歴史と伝統のすばらしさを知ってもらうこと(学習 (learning))が彼らの活動の出発点にあった。そして座学や茶摘み体験などの学習 (learning) が発展する形で、茶畑ツアーなどの観光 (tourism) が始まった。このツアーを通じ訪れる者が、農業 (agriculture) の魅力に感動し関心を高め、それがさらに新たな学習動機を促した。ここにおいては、農業から学習へ、さらには観光(ツーリズム)への循環が形成された。彼(女)らは、おのおのが独立した事業者でありながら茶源郷コアを暗黙裡に共有し、地域の学習するコミュニティとして相互に結びつき、この正の循環を促進する役割を担っていた。

このことを敷衍してみると、共通する特徴の第一点目は、地域の中に誇れる特性(・資源)があり、この地域の質的な特徴、文化、自然というものを評価・尊重することであり、それを外部へ発信して、さらにはそれを外部の人たちと共有するよい循環ができたことである。この源にあるのは、和束町では宇治茶最大の産地としての800年の茶業の歴史・伝統・文化であり、尾道傾斜地では商都850年の歴史にある人と人が往来する文化・伝統(商都の歴史・伝統コア)である。また、鳥羽には、豊富な海産物が織りなす漁業と地域との共生(漁業との共生コア)がある。和束では茶業の生業で形成された美しい茶畑景観が、尾道はタオル・ミーナやアマルフィなど欧州にも勝るとも劣らない傾斜地景観が、鳥羽では漁師町の生業景観がその媒介になっている。そして、茶源郷コア、漁業との共生コア、商都の歴史・伝統コアは、そこには訪れる者を往来させ、さらには住みつかせるような力を有する。それは、単なる一つの地域の資源というレベルを超えた歴史と特性に裏打ちされた地域の根源的な魅力となっている。

第二に、この地域の根源的な魅力、茶源郷コア、漁業との共生コア、商都の歴史・伝統コアは、地域にとっての共通の資産にもなっていることである。この地域にとっての共通資産は、「コモン」に置き換えて理解することができる。ハーディンの「コモンズの悲劇」にみられるように (Hardin 1968)、現代の資本主義は地域の共通の資産であるコモンを私的に囲い込み収奪してきた (Ostrom 1990) が、三つの地域における取組みは、この収奪されたコモンを共通資産として回復する活動であるようにみられる。あるいは、収奪されないように維持し未来へと継承している。エコツーリズムなどの取組みは自然資源としてのコモンに貢献するものであるが、この3地域で考察される「共通資産」(コモン) は、自然資源だけでなく地域の文化や歴史的な継承物を含むより射程の広い概念である。この茶源郷コア、漁業との共生コア、商都の歴史・伝統コアという地域のコモンは、地域にとっての共通善としても機能する。共通善として機能するからこそ、歴史的建造物保存地区に大量集客型のホテルが誘致されるような例において、美観地区で共有される共通善によってホテルの誘致が拒否されるのと同様に[13]、茶畑景観を損なう大量集客の拒否や漁業環境を乱すような行為に対する排除の力が働くのである。

第三に、地域の魅力を伝え共有することが、学びや学習の形で地域のなかに根づいていることである。そして、地域の学習するコミュニティがこれを支える。和束町の場合は、茶畑体験から援農さらには就農まで、関わる人の興味・関心にあわせて段階的に関与できる学習の場があり、尾道傾斜地では、商都尾道を象徴する傾斜地の空き家の修復を通して歴史を学び、さらには暮らし方や地域との関わり方を学ぶ仕掛けがある。鳥羽の「海島遊民くらぶ」は、無人島や磯観察・地形探索を通じた自然との触れ合いや漁師町探検などから漁業に携わる人々の営みに触れること、すなわち、自然と漁業の営みの学びや学習が重要になっている。

第四に、その学びや学習は体験を伴う観光 (ツーリズム) の重要な要素になっている。この学びや学習は、外部の者と関わるインターフェイスとして機能する。この点において、ツーリズムは、「同じ磯場に3日より多く続けて入らない、磯場の生物を持ち帰らない」や「島の人たちの生活の邪魔をしたり迷惑をかけたりしない」などの共通の約束事を前提として、地域の魅力を追体験する。また、その関わり方は地域に触れてみる、定期的に訪れる、その地に住み着くという3段階に構成され、旅という窓・インターフェイスによって地域を知ることで、当該地域のファンを増やすことにもなっている。

これらの要素があいまって和束の「ワヅカナジカン」の移住率は14%と高率で[14]、

---

13) たとえば、丹波篠山市の城下町で進むホテル建設計画をめぐり、2019年10月28日、市民2人が市による開発許可の差し止めを求める行政訴訟を地裁に起している。記者会見において、提訴した金野は、「歴史的な町並み保存の先進的な自治体と評価されてきた丹波篠山市が、自ら築いてきた仕組みを壊し後戻りしようとしている」とコメントしている (2019年11月1日読売新聞) のが、その一例である。

鳥羽の「島っ子ガイド」は2007年から10年以上の実績を重ね鳥羽のファンを増やし、尾道は「ヒューマンスケールのまちづくり」で傾斜地へ多くの若い移住者を集めている[15)]。

4-2 着地型観光における地域主体性の所在と地域への価値付与

和束の茶畑観光、鳥羽の漁業との共生体験、尾道のゲストハウスやまち歩きツアーについては、着地型観光の持つ、地域資源活用、旅行の企画・造成、催行のすべての要素が地域で行われている。そこでは地域の資源（茶畑景観、漁師まち、傾斜地の空き家）を活用した体験が提供されるが、その際の資源の選択やその見せ方、体験の組み立てやシナリオづくり、体験を伴うプログラム全体の価値づけなどすべてが地域で行われる。このプロセスに旅行業者は介在しない。旅行業者との提携も、インターネット、雑誌などの集客のための媒体・販売方法のなかの選択肢の一つとなっている。

このことは、山下の茶畑観光における旅行業者との関係にもあらわれている。山下は、茶畑観光の商品の価格を地域主導で定める。値下げの要求は拒否し、その価格が受け入れられなかったら、受入れ自体を断る。その理由は、交流人口を増やしたいばかりに旅行業者の過度な要望に寄り添ってしまうと、無理な受け入れが始まるからである。茶業とのバランスを考えると、観光客の受け入れは「適正規模」にとどめておきたい――つまり、先にみたコモンの共通善としての機能がここで働くことになる。また、「海島遊民くらぶ」の児童・生徒の受け入れにおいても、旅行業者の利用は、和束と同様に販売方法の一つである。鳥羽においても漁業との共生コアとの関係性が重視されるなかで、地域の主体性が担保されている。また、提供商品の製造・販売は旅行業者に依存しない。これには、近年のICT環境の急速な発展も寄与している[16)]。

地域の質的な特徴、文化、自然を評価するという考え方を基底において、この地域の共通資産を尊重することが最優先されており、そのバランスを崩さない範囲で観光客の受入れを考えるという基本姿勢がある。ここでも「コモン」が共通善とし

14）総務省の「過疎地域の人口移動に関するデータ分析」（平成30年1月）によれば、2015年国勢調査において、全国の移住者のうち、過疎地域への移住の割合は7.1%、非過疎地域への移住の割合は9.5%であった（https://www.soumu.go.jp/main_content/000529975.pdf　2024年1月30日閲覧）。

15）本章注5）、注8）、注11）参照。

て機能している。その当然の帰結として、サービスの中身自体を決める力が地域の側にあるだけでなく、価格を決める交渉力も地域の側が持つものとなっている。鳥羽では、「鳥羽の台所つまみ食いウォーキング」「無人島カヤックツアー」「お魚ざんまい♪漁師さんと船釣りツアー」など30種類以上の多彩なメニューが提供されているが、「このいずれも漁業者との信頼関係で成り立つもので、料金の設定を含め一般の旅行業者には絶対つくれない商品だ」と江崎はいう。

また、地域の魅力を伝え共有することが、学びや学習のかたちで地域のなかに根づいており、それらは、体験を伴うツーリズムの重要な要素である。この学びや学習はまた、外部の者と関わるインターフェイスとして機能する。和束、鳥羽、尾道では、おのおの茶源郷コア、漁業との共生コア、商都の歴史・伝統コアなどが地域の魅力として、また、地域の共通資産として共有されている。これらはコモンであり、共通善が機能する。だからこそ茶畑景観と調和する適正規模の集客を求め、磯場の生物を守る持続可能な共生環境の構築が優先される。尾道の事例において、地域住民がジェントリフィケーションの進行に伴う移住者の立ち退きへの抑止の意識を持つのも、「過剰な投資を嫌いまちを守ってきた先達」から受け継ぐ共通善からなるものとして理解することが可能である。

このような仕組みのなかにあって、観光（ツーリズム）は、この地域の根底に

16）一般に商品の製造・販売のプロセスは、製品（product）、価格（price）、販売（promotion）、流通（place）の4Pであらわされる。旅行業者を除き地域ではこの四つの過程において十分な知見やノウハウがない。このため、海津の研究においても、地域には「掘り起こした資源を着地型観光プログラムへと商品化するための技術的な課題」と「商品化されたプログラムを消費者に届けるマーケティングの壁」があるとされてきた（海津 2011：165）。一方、2010年代のICTなどの進展は、4Pの過程において十分な知見やノウハウを有していない地域の担い手に参入しやすい環境を提供しその展開を後押ししている。たとえば、茶の卸が主であった和束町において、茶源郷の景観に魅せられた20代～30代の若い移住者を中心に、茶畑観光・援農支援、外国人向け茶業研修、新規営農者の支援の取り組みをツアーの形で展開している。これらの者たちがSNSなどを使い、価格の決定を含めツアーの製造・販売、流通（つまり催行）を簡単に自らの手で行うことができているからである。尾道のゲストハウスにおいても予約サイトが使われているし、「海島遊民くらぶ」もネットを含む多様な販売チャネルを駆使している。この環境の変化は、地域が観光のサービスの中身や価格を容易に決められるよう、地域の主体性の確保に一役買っているのは間違いないであろう。

ある価値を学ぶ役割を果たす。そこにおいて、大量集客の拒否や海辺の規制は、訪れる者だけでなくそこに暮らす人にとっても、尊重し守るべきものとなる。その提供されるサービスの企画についても、それが地域の発展にどう結びつくのかという観点から行われている。江崎は、「島っ子ガイドは採算を度外視して作ってあるツアーであり、子どもたちとの交流を通じ、訪れる者に漁業と共生する鳥羽の魅力と島々に暮らしの素晴らしさを知ってもらい、その感動を訪問者の様々なチャネルを通じ、未来へ伝えてもらえるように企画している」と指摘する。

これらの地域には、茶業や漁業や街並みなど地域の歴史・文化に裏打ちされた地域固有の魅力があり、それを学ぶことは観光（ツーリズム）の重要な要素である。この地域固有の魅力を守り育てることが、観光サービスの中身や価格を地域が優位かつ主導的に決める動機づけである。さらには、そのもととなる地域固有の魅力は地域にとっての共通資産（コモン）となっており、これらの要素が合わさって、着地型観光における地域主体性を支え、地域へ価値を付与する。

ここから得られるインプリケーションは、第一に、着地型観光であるなら地域主体のものだと自明視することなく、当該観光において、地域主体性の源泉となるサービスの中身や価格を優位かつ主導的に決める力、質の決定が地域の側に担保されているかどうか個別に吟味していくべきことである。また、第二に、その着地型観光が、地域における共通資産（コモン）を持続可能なものとして守り育てる役割と機能を果たしているかどうか確認することも、着地型観光の地域主体性を確保するうえで重要な要素になる。この地域の主体的な質の決定や、コモンとその共通善としての機能は、地域への価値付与においても重要な要素となる。

2010年代のICTなどの進展は、着地型観光の展開において十分な知見やノウハウを有していない地域の担い手に参入しやすい環境を提供し、その展開を後押ししている。和束や尾道などの事例は、2010年代に実施されてきたもので、茶業や空き家再生など観光（ツーリズム）にはなじみのうすい分野からの取組みでもあった。今後、ICTがさらに発展し参入しやすい環境がいっそう充実していくなかで、地域における着地型観光への取組みはさらに増え、かつ、さまざまな地域で実施されていくことが予想される。

5 おわりに

本章の考察結果は、今後の着地型観光の展開や地域への価値付与のあり方を考えるうえでの手がかりを与えてくれる。

地域がサービスの中身や価格について優位性を持つことで、あるいは、主導的に決める力を持つことで着地型観光における地域主体性が確保され、また当該着地型観光が地域の共通資産（コモン）を守り育てる機能を果たすことで、その活動が持続可能なものになる。今後の着地型観光の展開地域がこのような点に配慮することは、地域への価値付与や地域の持続的な発展を考えるうえで有益である。地域が主体となる着地型観光では、地域資源の活用、旅行の企画・造成、催行のすべてのプロセスで、地域の歴史性に裏打ちされた根源的な魅力が重要な役割を果たす。この根源的な魅力が、地域主体で実施される観光（ツーリズム）の源となり地域の利益を増進する。また、それは着地型観光の質の決定を基礎づける。

これらの地域では、地域の誇る特性が共通の資産として共有され、その特性を知ることが学びのプロセスとして体系化されている。これを支えているのが地域の学習するコミュニティであり、その学びのプロセスは体験を伴うツーリズムに仕立てられる。根源には「地域の慣行」があり、ここにおいて、学びは、コンヴァンシオン経済学が示す試練（テスト）として機能する。

また、和束の茶源郷コア、鳥羽の漁業との共生コア、尾道の商都の歴史・伝統コアは、地域の慣行の源であると同時に、地域内に共有される「コモン」でもある。このような仕組みのなかにあって、ツーリズムは、この地域の根底にあるコモンとそれを支える共通善を学ぶ道具にもなる。前章で考察した体験型教育旅行と同質の効果を持つ。大量集客の拒否や海辺の規制は学びの質を担保し、「茶源郷コア」「漁業との共生コア」「商都の歴史・伝統コア」などのコモンの共通善の機能を顕現する。ツーリズムを介して訪れる者によって発見され引き出される地域の固有性は、ひるがえってコモンを強化する。このようにして強化された地域の共通資産であるコモンは、共通善として、試練（テスト）のための評価軸になる。

茶業や漁業や街並みなど地域固有の魅力を学び、これを守り育てることは、観光サービスの中身や価格を地域が優位かつ主導的に決めることにつながるが、そのもととなる地域固有の魅力は地域にとっての共通資産（コモン）であり、それは地域を支える「コンヴァンシオン」（慣行）になる。これらの要素が組み合わさって、着地型観光における地域主体性を支え、地域へと価値を付与しているのである。

地域への価値付与の考察

今後の研究の方向性を考える

10

本書では、非物質的転回という現代資本主義の特性をふまえながら、コンヴァンシオン経済学に依拠し、都市・地域の再生、その萌芽の特徴について考察してきた。この結果、地域の固有性、学び、テスト、コモンなどがキーワードになり、地域を価値づける都市・地域の再生の形、価値づけのプロセスや構造などが明らかになってきた。

本章では、各章を振り返りながら、これまでの考察をまとめ、地域への価値付与研究の意義を改めて確認するとともに、今後の研究の視座を定める。

1 地域への価値付与研究の意義

1-1 本書の二つの問い

本書には大きく二つの問いがあった。第一に、衰退した地域のなかで新しい展開が生まれつつあり、それらの新しい変化が地域の再生と密接に関連し合いながら変化している。この変化をどのように理解すればよいのか、オルタナティブな都市・地域再生の萌芽の特性は何かという問いであった。そして、第二に、移住者の集積やツーリズムの振興など新たな傾向があり、変化している尾道のこの複合的な変化の特性について、その変化を促す根源にある力とその変化のプロセスの両面から明らかにすることであった。このように、本書は、非物質的な転回という現代資本主義の特性をふまえたうえで、2010年代により明確な像を描き始めた地域を新たに特色づける動き、すなわち、この都市・地域再生の萌芽を、広島県尾道市の事例を中心に地方の中小都市・地域に焦点をあてた事例研究を通して、地域への価値付与の観点から明らかにすることを目的とした。

1-2 本書の考察から得られた知見

1）地域の固有性が地域の価値に変わる

そこで、本書の考察から得られた知見を以下にまとめる。第一に、変化の根源には、地域で共有された地域の固有性があり、それがツーリズムの持つ学びの機能によってテストされ、引き出され顕在化することによって、改めて地域に価値を付与するということが確認できた（第8章）。また地域の学習するコミュニティはこれを支え、その結果、地域に共通資産（コモン）が形成され、それが地域の固有性へと還元され、意味が強化されるという循環が生じていた（第9章）。この地域への価値付与の循環の構造が、都市・地域再生の萌芽を特徴づけている、といえる。加えて、「生産の世界」論を用いた質の規定による試練（テスト）により、尾道の異なる諸資源が相互参照しあいながら一つの流れへと結びつけられ、それが地域に価値を付与していることも示した（第5章）。

これは、第二の問いに対する答えであり、地方の中小都市・地域における地域再生に向けた複雑で複層的な変化のプロセスを、「生産の世界」論から説明し（第5章）、また、「豊穣化の経済」の「言説提示」（presentation）により、「市場の力」と「紡ぐ物語」から、「豊穣化」へと向かう力がどこにあり、それがどこに向かうかを可視化することで、変化の動態をより精緻に、細かく分析することができた（第6章）。これらにより、異なる複数の地域における価値付与の循環の仕組みと、同一地域内の複数の産業間の相互参照による価値付与という異なる次元での地域への価値付与の仕組みを明らかにした（第7章）。

2）空き家再生

考察の端緒は、尾道における空き家再生である。そこでは、傾斜地における再生活動を通じ、なぜ若い移住者がこの地域へ集まってくるのかを問うことになった。尾道への移住者の集積の要因を探るなか、同様な集積で全国的にも注目を集めている丹波篠山市（歴史地区）や神山町（中心地域）との比較考察から、共通の特色が浮かび上がってきた。これらの地域に若い移住者を引きつける共通の魅力とは、第一に地域の歴史・伝統・文化であり、第二にこの地域を尊ぶ価値観の共有であった。豊田雅子の呼びかけに呼応して移住者の集積が起こった尾道（☞53頁）とは異なり、神山では地域による移住者の逆指名により、また、丹波篠山では空間のゾーニングによるなど、具体的な手法や経緯の違いはあるが、地域の固有性とその価値の共有が集積の源になった点では共通する。加えて、三つの事例は、ともに地域内で共有されている価値観やイメージに共感する特定の指向性をもった移住者を集め、同時に移住者へ副業的な仕事をつくるという、第三の共通項を持ち、これが地域を持続的な発展へと導いていた（第3章）。

この集積を象徴する地域の固有性とその価値の共有は、地域が主体となって行う着地型観光においても重要な要素であった。宇治茶の代表的な産地である和束町や真珠で知られる鳥羽市においては、旅行の内容を決める質の決定と、旅行商品の価格を決める価格の決定の主導権はともに地域にあった。それは二つのゲストハウスをオープンさせ、NPOの五つの柱の一つである観光（ツーリズム）をスタートさせた「尾道空き家再生プロジェクト」も同様であった。茶畑や漁業との共生、ヒューマンスケールのまちづくりなど各々の地域の誇れる資産が、地域の固有性を表象した。これらが地域内のコミュニティで共有されコモンを形成し、着地型観光において質の決定と価格の決定を主導的に行う源となった（第9章）。

3）サイクルツーリズム・体験型教育旅行・着地型観光

このような地域の人々の営みや生業の魅力は、しまなみ海道におけるサイクルツーリズムの広域連携においても共有され、瀬戸内の空間的な広がりのなかで、尾道と今治を結ぶ地域に新たな価値を付与していた。とりわけ、「シクロツーリズムしまなみ」が、しまなみ海道のサイクルツーリズムのコンテンツ開発を牽引した。起点になったのは、しまなみ海道に連なる島々の姿であり、人々の暮らしであった。それは、芸予地震の災害支援を通し、山本優子（☞83頁）が直に知った「地域の魅力」であった。山本は島々の豊かな自然や農漁業の魅力を一つひとつていねいに地図に載せ、それを島の魅力として発信した。この過程で可視化されたのが地域の固有性であり、鳥羽や和束と同様に、地域の共通資産でありコモンである。このコモンを媒介に、サイクリストと地域の人々は結びつけられた。コモンを通し相互交流の場や機会を設けるのが、山本の狙いでもあった。そして、この地域の価値を引き出し、地域へ価値付与しコモンの形成を促したのが、ツーリズムや地域の学習するコミュニティであった。そこで、再発見され確認された地域の固有性は、訪れた者、受け入れた者、双方にとっての共通資産（コモン）となった。「シクロツーリズムしまなみ」において、サイクリストと地域の人々を結びつけたのも、この地域を知り関係を結ぶツーリズムであった。また、それらを「シクロツーリズムしまなみ」は、地域の学習するコミュニティとして支えた（第4章）。

この地域の価値を引き出す学びは、体験型教育旅行において、とくに顕著に表れていた。人や暮らしなど地域の固有性の共有・伝播により、訪れた者と受け入れた者が相互に感動し、そして、この体験・交流のなかで生まれた地域の固有性の再発見が、地域へ新たな価値を付与し、それが再び地域内へ循環した。地域の伝統・文化・産業にふれ、そこに暮らす人々と交流し、現地で実際に見て話を聞きやってみるという体験は、訪れる者と地域の住民との距離を縮め、あるいは消失させ、緊密な交流により相互に強い親近感と信頼感をめばえさせた。加えてこうした体験を通じ、歴史や自然、人や暮らしといった地域の固有性、ないしは地域の価値を構成する諸要素が、真正なものとして共有され伝播された。それらは、体験・交流により、相互に共振・共鳴することで、そこで学ぶ者に深い感動を与え、地域の人々に誇りと自信を与えた（第８章）。

これは、着地型観光の事例研究においても確認されている。地域の根源的な魅力は地域の固有性であり、和束町では、宇治茶最大の産地としての800年の茶業の歴史・伝統・文化（茶源郷コア）であった。尾道傾斜地では、商都850年の歴史に裏打ちされた人と人が往来する文化・伝統（商都の歴史・伝統コア）であり、また、鳥羽は豊富な海産物が織りなす漁業と地域との共生文化（漁業との共生コア）が存在した。これは、地域の固有性が集合的に表象されたものである。この茶源郷コア、商都の歴史・伝統コア、漁業との共生コアは、訪れる者を往来させ、さらには住みつかせるような力を備えた地域の根源的な魅力であった。そして、和束町で示したように、この茶源郷コアをベースに、農業としての茶業800年の歴史と伝統のすばらしさを知ってもらうこと（学習）を起点に、茶摘み体験などの学習を発展させる形で茶畑ツアーなどの観光（ツーリズム）につなげ、訪れる者に農業の魅力を伝えた。この体験が訪れる者に感動を与え関心を高め、それがさらに訪問者の新たな学習動機を促した。農業から学習へさらには観光（ツーリズム）への流れがループになり正の循環が形成され、おのおの独立した事業者でありながら暗黙裡に茶源郷コアを共有しつつ、地域の学習するコミュニティとして相互に結びつき、この正の循環を促進する役割を担った。この根源には地域の慣行があり、学びは、コンヴァンシオン経済学が示す試練（テスト）として機能した。また、和束の「茶源郷コア」、鳥羽の「漁業との共生コア」、尾道の「商都の歴史・伝統コア」は、地域の慣行の源であり、地域内に共有されるコモンであった。このなかで、ツーリズムやその学びは、この地域の根底にあるコモンとそれを支える共通善を発見する機能を果した。大量集客の拒否や海辺の規制は、コモンの共通善の機能の顕現である。ツーリズムを介して訪れる者によって発見され引き出される地域の固有性はコモンを強化し、強化された地域の共通資産のコモンは、共通善として、試練（テスト）のための評価軸になった。地域の学習するコミュニティがこれらを支援した（第9章）。

このように、本書においては、地域の固有性と、それをテストで引き出す学びの機能と、その結果形成されるコモンという3者の関係性から、地域の価値付与の循環の仕組みを明らかにした。

4）諸資源の相互参照による地域への価値付与

このなかで、さらに重要なのは、冒頭で示した地域内の異なる諸資源の相互参照による地域への価値付与である。尾道においては、若い移住者の集積やサイクルツーリズムによる地域の活性化が確認された。それにより、造船不況で衰退後の尾道が、再び観光面から注目を浴びる存在になりつつあることを確認した。空き家再生、造船、観光（ツーリズム）のそれぞれは、尾道においておのおの個々独立に発展を遂げたものである（第3章～第7章）。

本書の考察で明らかになったのは、異なる諸資源が相互の参照により一つに結びつけられ「個人間の世界」へ収斂されることで地域としての魅力を発現・形成したことである（第5章）。これにより、2010年代の尾道への若い移住者の集積やサイクルツーリズムの歩みが相互に参照されながら、もともとは異なるさまざまな世界から一つの世界へと収斂するなかで、互いの活動を結びつけ発展していることを見出した。底流には、いずれも「個人間の世界」に由来する尾道への愛着（アタッチメント）と関わり（コミットメント）があり、これが尾道地域に固有な価値を付与する礎になっていた（第5章）。ここでは、空き家再生等の担い手たちが発する声（発言）や行動が重要な役割を果たした。これにより、若い移住者の集積研究やサイクルツーリズムの広域連携研究など（第3章、第4章）、個々の研究ではわからなかったこれらの地域内の諸活動の関係性が示された。

5）質の規定における試練（テスト）の考察

また、質の規定における試練（テスト）も考察した。たとえば、日本遺産の認定は、価値を特定しその根拠を示すための試練（テスト）の一つとして理解され、この文脈で、尾道学の蓄積も地域の価値を証明する試練（テスト）の役割を果たしていた。また、移住者たちも語り部になってこの価値付与を強化した。移住者は、まちの観察者であると同時に、尾道の表象の生産・発信者でもあり、彼（女）らの活動も地域の新たな価値付与に寄与した。利用者からのフィードバックで更新される

「ガンツウ」のサービスも、尾道・瀬戸内ならではの価値の提供として地域へ価値を付与した。これは、地域の価値を引き出す、学びの試練（テスト）としての機能にも関わりその意味を補強した（第5章）。

6）「ツネイシグループ」のまちづくりへの接近と「豊穣化の経済」

さらには、「ツネイシグループ」の中核をなす常石造船の特徴を、今治造船との対比により考察し、その特徴をふまえ広島県尾道市における「ツネイシグループ」のまちづくりへの接近の特性を「豊穣化の経済」の観点から明らかにした。今治造船は、造船業に特化・注力し地域雇用に寄与する一方、今治タオルなど他産業やまちづくりとは深い関係を結ぶには至っていなかった。これに対し、造船業を海外展開する「ツネイシグループ」は、環境、観光など地域に根差したさまざまな事業を行い、グループの基本理念である「まちづくり・船づくり・人づくり」の三位一体の「地域との共生」の考え方を基本に、まちづくりと近しい関係を持った。そして、「ツネイシグループ」の尾道におけるまちづくりへの接近は、尾道の今の活性化を象徴するサイクルツーリズムや、とくに空き家再生と強い関係を結び、個々の事業は相互に参照され由来の物語を紡ぎ記憶を強化する中で、唯一のサンプル性を備えた。また、そのまちづくりへの接近は、地域との共生のエートスをもとに、尾道の観光地としての選択肢の幅を広げ豊穣化の素地を作るとともに、尾道に新たな投資を呼び込むきっかけを作り、「ツネイシグループ」のまちづくりへの接近は、「コレクション形態」として尾道に「豊穣化」をもたらし、尾道に新たな価値を付与した（第6章）。

2 コモンの両義性がもたらすコンフリクトの乗り越え

2-1 コモンの両義性

次にコモンの両義性について整理しておこう。先に、地域の根源的な魅力が地域にとっての共通の資産（コモン）であることを指摘した。また、ハーディンの「コモンズの悲劇」（Hardin 1968）にみられるように、現代の資本主義は地域の共通の資産であるコモンを私的に囲い込み収奪してきたのに対し、和束（わづか）、鳥羽、尾道の三つの地域における取組みは、この収奪されたコモンを共通資産として回復する活動であった。エコツーリズムなどの取組みは、主に、自然資源としてのコモンに貢献するものであるが、これらの3地域で考察される共通資産（コモン）は、自然資源だけでなく地域の文化や歴史的な継承物を含むより射程の広い概念であった（第9章）。

社会と経済の両立をめぐり、コモンは両義性の問題を抱える。認知資本主義においては、かつての物へ帰属していた独占が場所や表象へ移り、チェンバレンの独占理論（Chamberlin 1933）が価格から場所や表象へ適用されるに至っている。アメリカのシリコンバレーにおけるIT産業の集積やフランスのトゥールーズの航空機産業の集積が典型例であるが、これは、大規模な都市・地域に限ったものではなかった。たとえば、固有の伝統や文化、デザイン思考や技術、暗黙知やノウハウなど、他の地域がまねることのできない特性を生かし、個性あるものを生産する集積地域は、規模の大小を問わず増加の一途を辿っている（Scott 2017：138）。また、場所や表象の独占による地域の魅力については、比較的小・中規模の都市・地域における伝統工芸品やオーガニックな農産物の加工品、地域の遺産や祭りの再活性化、地域の環境資源やツーリズムなどにも表れており、ヨーロッパにおける比較的小さな都市・地域やルーラルエリアにおける創造性に関する論考でも確認されている（Bell & Jayne 2010, Lewis & Donald 2010, Waitt & Gibson 2009）。このように、規模の大小を問わず、都市・地域において、地域の固有性は、独占的なメリットを生む源泉となっていた。歴史・伝統、文化、自然、デザインや技術、ノウハウなど地域の特性が地域の本物さを発現し、地域のコモンを充実させ地域の価値を高める。このため、この地域の固有性（コモン）は、両義性を帯びる。佐無田（2020）が指摘する生活の質を求める側面と地域の魅力を商品化する側面である。資本の独占レントの運動でコモンは容易に侵食されるということであり（ハーヴェイ 2013）、両義性に伴いコンフリクトが生起する。

2-2　コンフリクトに対する正の相克解消

1）鳥羽・和束・尾道のケース

この点について、本書の考察地域では、正の相克解消が認められた。たとえば、鳥羽において、江崎貴久が「魚を取りすぎないレギュレーション」を課し、「漁業との共生空間」を構築したことはその一例である。漁業が衰退する一方、観光の独占レントで大いに潤った鳥羽は、バブル崩壊で1991年の699万人をピークに、2018年には431万人と、観光客が268万人減少した。これを、江崎たちは「漁業との共生空間」による地域主体の着地型観光への転換により、鳥羽の経済に適正規模の均衡状態を創出して再生した。乱獲を戒め、かつ、かつて観光が置き去りにした漁業と共生することで、鳥羽における漁業と観光のコンフリクトの空間は、それを乗り越える空間へと変質した。

茶の京都を代表する和束(わづか)町において、山下が茶畑観光における旅行業者の過度な要求を退けたのも、和束町の「茶畑空間」(コモン)を独占レントから守る空間へと変える行為と捉えてよい(第9章)。また、ジェントリフィケーションに対しては、尾道の市街地では、豊田たちが進める「ヒューマンスケールのまちづくり」とは相入れないとし、彼(女)らの力の及ぶ範囲で、ジェントリフィケーションによる移住者の立ち退きの抑止に高い意識を持っていた(第3章)。これも正の相克解消の動きの一つであり、ハーヴェイの「希望の空間(one of the key spaces of hope)」(ハーヴェイ 2013：115)になぞらえることも可能である。

2) 地域の固有性をいかした経済循環の確立

また、丹波篠山や神山、尾道傾斜地などでも見られたように、小さいながらも、地域の固有性をいかしながら、それにそぐう経済循環を確立することも正の相克解消の一つのきざしといえる。なぜなら、その経済循環は、独占レントに対しある種の防波堤になるからである。そもそも丹波篠山の歴史地区の取組みは、丸山集落の再生が原点にある(ノオト 2015)[1)]。いわゆる限界集落の観光(ツーリズム)による再生である。丸山集落においても、訪れた者による集落の失われた価値を再発見するプロセスが生まれている。本書で考察した地域の価値を引き出す学びの機能は丸山集落においても発現されている。たとえば、歴史地区の「水守」としての丸山集落の来歴を訪ね、その地域の歴史を掘り起こすことにつながっている(深谷 2017)[2)]。この丸山集落再生の試みは旧城下町の歴史地区の再生へ応用され歴史地区の活性化を促した。歴史地区においては空き家再生・リノベーションを中核に据え、その再生を契機としてさまざまな者を地域へ吸引した。そして、サテライトオフィスなど移住と観光(ツーリズム)をバランスさせながら、宿泊施設、カフェ、レストランといった観光産業、工房などクラフト産業、製材所など林

---

1) 第3章注22) 参照。

2) 丹波篠山を紹介するwebサイト「丹波篠山 動画で味わう日本遺産」(https://www.japanheritage.sasayama.jp/　2024年1月26日閲覧)でも、「丸山集落は、1794年に畑地区の奥畑から城の水守として移住してきたのが始まりで、約260年の歴史を持ちます。過疎と高齢化が進み12戸のうち7件が空き家になっていたところ、2007年から古民家改修が行われ、民泊やレストランとして利用されるようになりました。地元住民がNPOなどの支援を受け、地域再生のモデル事業として展開しています」と紹介されている。

業、野菜・マルシェなど食文化産業などをうまくマッチングさせ、歴史地区内に小さな経済循環を構築した（第3章）。

また、今治における、ゲストハウス「シクロの家」を起点に波方のゲストハウスとサンライズ糸山の簡易宿泊所を結んだ三角地帯の小さな経済循環（第4章）や、「尾道空き家再生プロジェクト」による、商店街の「あなごのねどこ」と傾斜地の「みはらし亭」をつなぐゲストハウスのネットワークによる、小さな経済循環などの輪と和は、両義性に伴うコンフリクトの調整機能を持っていた（第3章）。コモンの共通善の機能が働き、正の相克解消がなされている地域であるからこそ、それが人を引きつけ、地域の魅力を高め、オルタナティブな社会・経済の萌芽において移住・起業・生業の先進的な地域として、よく知られる地域となったともいえる。その意味で地域のコモンの両義性に伴うコンフリクトの調整機能を持つということはたいへん重要なのである。

3　本書の学術的な貢献と今後の研究の方向性

3-1　本書で行なった考察のまとめ：地域への価値付与の循環構造

本書においては、広島県尾道市を主な対象とする事例研究から、都市・地域再生の萌芽の特性についての考察を行った。知識・情報・コード・情動など非物質的な生産・消費が鍵となる現代資本主義における地域への価値付与の仕組みを明らかにする試みである。

地域の価値は、誰によってどのようにして生み出されるのか。また、新たに発見され生み出された地域の価値はどんな意味を持つのか。本書の考察によれば、それは、共通の計算空間における構成的な慣行によりテストされ、質の規定を経て地域内に再度還流される。そして、その還流された価値は、地域の共通資産（コモン）として、地域内に集積・蓄積された。先にふれたように、尾道の例では、尾道学や日本遺産の認定の根拠となる歴史的な事実や解釈が、質の規定における解釈・判定のもとになった。また、若い移住者たちは、新たな価値の発掘者であり伝達者でもあった。それは、体験型教育旅行において地域を訪れた児童・生徒たちが発掘・伝達したものに等しく、それらの地域の価値は、地域の人たちにも共有・還元され、地域の共通資産（コモン）となった。

とりわけ、ツーリズムは、地域の固有性の発見・伝達を有効に媒介した。ツーリズムは、真正な経験を求める行為といえた（マキァーネル 2012）。また、地域の学習するコミュニティも地域の魅力を引き出し伝える重要な役割を担った。このなかで、ツーリズムの学びは、慣行の試練（テスト）、質の規定、価値形成と同様な機能を果たした。

本書においては、都市・地域再生の萌芽の特性とは何かを問い、地域の固有性がツーリズムの学びの機能によってテストされ引き出され顕在化され、その結果、形成されたコモンが地域の固有性へ還元されその意味が強化されること、すなわち、このシンプルな地域への価値付与の循環の構造が、都市・地域再生の萌芽を特徴づけ、地域を魅力的なものにすることを明らかにした。

3-2　本書から得られる四つの知見

このような考察を経て、本書で得た結論は次のとおりである。

第一に、本書の中心となる、地域内の異なる諸資源の相互参照による地域への価値付与である。尾道において、空き家再生、サイクルツーリズム、造船など、本来出自の異なる諸資源が、地域内で相互に参照されながら、「個人間の世界」で一つに結びつけられていることの発見である。この「個人間の世界」への収斂が尾道へ新たな価値を付与し、尾道の今の活気を象徴するものとなっていた。「生産の世界」論を援用し、諸資源の慣行を考察することによって、従来の創造都市論の枠組みでは明らかではなかった、ある都市・地域が創造都市へと向かう際のその動態の一端を描くことができた。創造都市論においては、理論と実証データが弱いと指摘されていたが（河島 2011）、本書では、これを乗り越え、異なる諸資源を生産の世界の可能世界と慣行との整合性の試練（テスト）で検証することにより、地域の経済特性をふまえ、地域の価値付与の観点から、実際の事例に基づき、尾道の変化の意味を解き明かした。この点に関しては、「生産の世界」論に高い評価を寄せるボルタンスキーとエスケールも、その貢献は、「フランスにおいても、ワイン、香水、宝石、ファッションなどの製品販売の成長に表れている」（Boltanski & Esquerre 2020：55）と地場産業に限定的である、と指摘している。このため、きわめて先駆的な試み（立見 2019：83）として、これまで主にワインやジーンズやタオルなど特定の地場産業の分析に用いられてきた「生産の世界」論であったが、これを本書では地域の異なる産業間の相関分析へ拡張し、「生産の世界」論の分析枠組を地域の価値分析とリンクさせたことになる（第５章）。

加えて、「豊穣化の経済」の分析枠組による地域への価値付与分析に道筋をつけるとともに（第６章）、「生産の世界」論の分析枠組みと「豊穣化の経済」の分析枠組とを組み合わせることにより、地域分析の深耕が図られることを明らかにした。すなわち、「生産の世界」論は、異なる諸資源の遷移を比較検証するのに優れているが、「豊穣化の経済」の分析枠組は、ある「生産の世界」内で起こる豊穣化の動態を描くのに有用だった。このため、今後の都市・地域分析において、「都市・地域への価値付与」の過程や、その結果得られる「都市・地域への価値付与」の内容を考察する際には、この二つの理論枠組を組み合わせ分析することが有効であることが明確になった（第7章）。これにより、非物質的な転回によって、境界域が曖昧になりその性質が把握しにくくなった認知資本主義においても、よりていねいで精緻な都市・地域分析が可能になる。

第二に、地域への価値付与の前提となる地域の固有性の明確化である。本書では、都市・地域の社会・経済的な変容について、移住・起業・生業など新たな経済活動を特色づける若い移住者の集積（第3章）、サイクルツーリズム（第4章）、着地型観光（第9章）、体験型教育旅行（第8章）という四つの異なる切口からアプローチし、先行研究が示す地域の固有性を原点に戻って問い直した。それぞれの事例において、人々を地方の都市や地域へ引き寄せているその根源にあるものを探り、共通項として、いずれの地域も地域の固有性がその根源にあることを見出した。そして、この地域の固有性が地域内の共通資産（コモン）として共有されることで地域内の諸力を結束させ、それが、地域コミュニティの運動のエネルギー源になることが確認された。

第三に、この地域への価値付与を促す要因を紐解くなかで、それを解く鍵が学びの機能にあることを明らかにした。地域の固有性は、この学びの機能により地域の魅力として発見・発掘され、学びは地域の魅力を引き出し伝える仕組みとしても機能した。とりわけ、ツーリズムは、この発見・伝達の有効な媒介となった。また、地域の学習するコミュニティも地域の魅力を引き出し伝える上で重要な役割を果たした。NPO、企業、複数の企業体、地域協議会などのさまざまな団体である。ツーリズムやその学びはまた、地域の根底にあるコモンとそれを支える共通善を発見する機能も果した。

学びはまた、慣行（コンヴァンシオン）のテスト、質の規定、価値形成と同様に機能した。尾道において、相互参照により異なる資源を結びつける作用には、日本遺産や尾道学（第5章）、移住者（第3章）などが貢献した。日本遺産の認定は、価値を特定しその根拠を示すためのテストの一つであり、尾道学の蓄積も地域の価値を証明するテストの役割を果たした。移住者の眼差しもある種、テストとして機能したが、着地型観光（第9章）や体験型教育旅行（第8章）における訪問者の眼差しも同様に作用したといえる。

第四に、地域が主体的に取り組む着地型観光に関する事例研究において、地域におけるコモンの形成が共通に見出された（第9章）。また、体験型教育旅行において、再発見ないしは確認された地域の固有性も、訪れた者だけでなく、受け入れた者にとっても共通資産（コモン）となった（第8章）。コモンは地域の慣行の源であり、ツーリズムを介して訪れる者により新たに発見され引き出される地域の固有性はコモンを強化した。強化された地域の共通資産であるコモンは、試練（テスト）のための評価軸になるとともに、地域内においてある種の規範の役割を果たし、共通善として、過剰なサービスを抑制・排除する機能を担った。

また、地域の学習するコミュニティが地域内に形成した小さな経済循環は、独占レントによるコモンの侵食を防いだ。小さな経済循環の輪と和が、コモンの両義性に伴うコンフリクトの調整機能をもつことが、本書の事例研究から明らかになった。

以上四つの点から地域への価値について考察する共通の理論枠組を得て、衰退地域の再生、とくに2010年代から顕著になった地域活性化の新たな現象を理解することができた。

3-3　今後の研究について

これらの成果は、今後の都市・地域再生や地域の価値の研究へ寄与するが、今後の方向性として、第一に、地域への価値付与研究を理論、実証両面からより精緻化することがある。地域の価値を問う研究は、ようやく研究者の関心を集め始めた比較的新しい挑戦的な研究領域であるが、本書の地域の固有性、学び・テスト、コモン形成の循環からなる研究成果は、今後の地域研究に役立つ。これらは価値づけ研究（valuation studies）のなかで、今後、コンヴァンシオン経済学を理論的・実証的により練り上げるなかで、達成していく必要がある。

手始めに着手したいのは、「まえがき」冒頭で示した小豆島などの島嶼地域の考察である。本書で示した地域の「個人間の世界」への収斂は、小豆島など瀬戸内国際芸術祭の舞台となる島々にも同様に看取できるものであり、その意味では、瀬戸内全体が一つの「コレクション形態」を形成し、豊穣化の経済の特徴を備えていると見なすことも可能である。瀬戸内という地理的・空間的なスケールにおける「豊穣化の経済」の考察については、現在、人文地理学の先生方と共同で進めている「価値づけの地理学」の研究のなかで、その深耕を図っていきたい。

第二に、コモンの両義性に伴うコンフリクトの調整機能の研究の深化である。考察地域においては、地域内に形成されたコモンは、そのコモンの両義性に伴うコンフリクトに対し、いずれも、抑止力として働いていた。地域への価値付与の循環構造により新たな地域の固有性が付加されコモンを強化し、それが地域の魅力をさらに高め、共通善として、これを損なう動きを抑制・排除する力を発揮したからである。かつての高度経済成長期のような、独占レントがあからさまにコモンを掘り崩すような例は少なくなったとはいえ、個々にみれば、コモンの両義性のなかで独占レントがコモンを侵食する例は少なくない。あるいは、両者が拮抗する地域もあるだろう。これに答えを出すには、コンフリクトの事例をていねいに検証していく必要がある。

第三に、コンフリクトの調整機能を持つ諸力の考察である。冒頭で示した人口約3万人の小豆島には、芸術祭開催が契機になって、1年で300人、この10年で3000人を超える人々が移住した。尾道と同様に、移住者たちの営む生業が小豆島を活性化させ、地域の共通資産としてのコモンに厚みを与えている。本書における「小さな経済循環」を担うコミュニティの団体は、マルクスが考えたアソシエーションの概念に近く、今後そういった観点からの比較考察も必要となるだろう。

第四として、資本主義における新しい経済の模索がある。キーワードは「連帯経済」である（ラヴィル 2012, 井上 2021）。たとえば、立見ら（2021）ではフランスを研究し、社会連帯経済を公共空間における共通善の経済と捉え、そのよって立つ原理と法体系が説明されている。同書では、リールでの実践事例も紹介されている。連帯経済は、ソーシャルビジネスにも近しい関係を持ち（池本・松井 2015）、いずれも、本書でも述べたようなアソシエーションによって小さな経済循環が形成されている。適用されるのは都市だけとは限らない。農村地域も対象になる（小田切 2022）。スペインのつながりの経済とも関わり、工藤（2020）では、ワーカーズ・コープなどの取組みが紹介されている。このように、アソシエーション、連帯経済＝つながりの経済＝小さな経済循環、コモンはボロメオの環のようにつながっている。

これら四つの視点から、今後も地域への価値付与について研究を進め、地域を価値づける都市・地域の実相をさらにクリアに把握していきたい。

あとがき

本書は、大阪市立大学で過ごした大学院生時代から甲南大学に職を得て今日に至るまでに取り組んできた研究成果をまとめたものである。中心には、2022年3月に大阪市立大学大学院経営学研究科から取得した博士号（商学）のもととなった博士論文がある。

§

そもそも広島県の一職員にすぎなかった筆者が、研究者としての道を歩むことができたのは、縁あって2017年4月、大阪市立大学創造都市研究科へ進んだことにあった。この前期博士課程で、尾道研究に取り組むきっかけになったのが、後期博士課程で副査を担っていただいた藤塚吉浩先生のワークショップだった。そこでは筑波大学の池田真利子先生が「ベルリン歴史的街区における創造性」の話をされた。その講義において池田先生は、ベルリンの壁が崩れアーティストによる占拠の中から生まれてくる創造性とその後に起こるジェントリフィケーションの実態を豊富な事例を用いて活写された。10日後の5月29日、まちづくりプロジェクトiD尾道代表の村上博郁氏が尼崎で講演し、尾道のまちづくりを語る前提として触れたのが、「ベルリンのアーティストによる文化的占拠」の体験だった。

しまなみ海道のサイクリングが世界的にも注目されるなか、尾道には若い移住者の集積による魅力的な店舗群が並び、商店街は昭和レトロと平成が融合し独特の「尾道スタイル」が芽吹き始めていた。2015年頃のことだった。ここに着目したのが、まち・ひと・しごと創生本部で、尾道は、しまなみ海道でつながる今治とともに地方創生の目玉として期待された。担当参事官からのオファーで実現したのが村上氏との面談で、それが後日のワークショップへつながった。こうして、「尾道」「アーティストによる文化的占拠」「ジェントリフィケーション」という諸要素が不思議な一致を見るなかで研究テーマは絞られていった。尾道になぜ若い移住者が集まるのか、サイクルツーリズムはいかなる理由で振興が図られているのか、それらはどのように連関するのかという問いである。この時期、日本観光学会関西支部の現地研修に尾道が選定され、観光学の専門家たちからさまざまな角度から有益な知見を得ることができたのも幸運だった。

2017年後期からは、立見淳哉先生のコンヴァンシオン経済学と「生産の世界」論の講義が始まった。児島ジーンズに今治タオル、いずれも地域を代表する生産物で、産地を取り巻く環境の変化に合わせた産地の慣行の変化の動態を考察し、その経済調整の結果を考察するものだった。ともに尾道に近しい地域で私自身の興味関心と重なり合うトピックが多かった。これが契機となり、立見先生の指導を仰ぎつつ尾道の変化を「生産の世界」論で考察し、その内容を同年10月の経済地理学会関西支部の例会で発表する機会をいただいた。その際コメントをいただいたのが鈴木洋太郎先生で、これがきっかけで経営学研究科とご縁が生まれ、副査として鈴木先生にも指導を仰ぎながら本格的に研究を開始した。

経営学研究科では吉村典久先生（現在は、関西学院大学）門下の森口文博、中川亮平両氏にも知己を得た。これがきっかけで、吉村ゼミでも学ばせてもらうことになった。また2020年度からは、今は京都大学で教鞭をとられている山田仁一郎先生が在外研究明けで合流され、吉村・山田合同ゼミでの賑やかで活気のある活発な議論の中で、数々の研究上のヒントや大きな刺激をいただいた。経営学会や組織学会などへの参加のほか、ゼミ後の吉村先生を囲む反省会では演習室でのディスカッションとは異なる視点からの研究上の心得や姿勢を知ることができた。

一方、所属の立見ゼミでも、キム・テフン先輩や太田均先輩、同期の山城裕之氏とともに、ビショップの『人工地獄』やボルタンスキーとシャペロの『資本主義の新たな精神』などの読書会を進めつつ、芸術・文化による都市の活性化、新たな観光まちづくりの推進、都市住民の生活の変化など、異なる視点から幅広い研究テーマの成果をご呈示いただいた。その結果、多様な視点から数多くの建設な助言で切磋琢磨することができた。両ゼミのさまざまな支援や刺激、励ましに心より感謝申し上げたい。

また、立見先生のご縁で、パリ第4大学（ソルボンヌ大学）で教鞭をとられ、ル・モンド紙のコラムニストとしても活躍されたジャンマルク・ルギャール先生の特別講義を2017～2019年度の夏期、3年連続で受講することができたのも幸運だった。さらに、2018年度には、ギエメット・ドゥラルキエ先生（リール大学）のコンヴァンシオン経済学特講を受け、コンヴァンシオン経済学の理解を深めることができた。そして、ドゥラルキエ先生やルギャール先生からもさまざまな視点から有益な助言をいただいた。

それにしてもなんと恵まれた研究環境であったことか。藤塚先生には、初期段階に加え、博士論文をまとめる段階においても研究の基礎を叩き込んでいただいた。

また、鈴木先生からは問いと答えのなかから本質を見出す研究の真髄を、立見先生からは、問いと答えの間を回遊しながら解にたどり着く諦めない研究姿勢を教えて頂いた。旧大阪市立大学の自由闊達な研究環境は得難い財産だった。これらすべての学恩に心から感謝の意を表したい。

そして、本書の中核をなす事例研究は、現地のさまざまな方々のご協力なくては成立しなかった。その謝辞は、博士論文において既に述べたので本書ではあえて繰り返さないが、感謝の気持ちに変わりはない。そして、出版に関して、ナカニシヤ出版の米谷龍幸様にはご迷惑のかけっぱなしであった。初めての単著の実現に向けた適宜・適切な指南にお礼を述べたい。

また本書のもとになった論文の査読にあたられた先生方すべての研究の向上に対する真摯な叱咤激励に心より感謝申し上げる。査読コメントをふまえ修正を繰り返し論文が掲載される仕組みにおいて査読者の知識もまた論文に注ぎ込まれる。そのことに対しても敬意を表したい。なお、本書の至らぬ点の責任はすべて筆者にあることはいうまでもない。

そして忘れてはならないのが、2020 年 4 月からお世話になっている甲南大学である。とりわけ、理事長の長坂悦敬先生には、学園全般から学生の指導まで大学人としての基礎的な素養をご指南いただいた。ひとかたならぬご厚情に心からお礼を述べたい。受入時の経営学部長の三上和彦先生、ご後任の北居明先生、商学パーツのキャップの西村順二先生にはとくにお世話になった。学部用務を密着指導いただいている馬場大治先生には頭があがらない。そのほか折にふれてご指導いただいた他の先生方や経営学部事務室のみなさまにも感謝したい。またゼミや講義を通し関わってくれた学生すべてが、研究のさらなる深耕を促してくれた。彼（女）らにもありがとうの言葉を贈りたい。本書の出版も伊藤忠兵衛出版助成に負っており、その感謝の意味も込め今後も研究・研鑽につとめ、本書を含めその成果の全てを惜しみなく学生へと注いでいく所存である。その還元こそが使命と心得ている。

紙幅の関係ですべての名前をあげることができなかったが、最後に執筆にご助力いただいたすべてのみなさまのご恩に心から感謝の意を表して本書を締めくくりたい。

2024 年 1 月
著者

文　献

アーリ, J.・ラースン, J. 著, 加太宏邦訳（2014）：『観光のまなざし〔増補改訂版〕』法政大学出版局.（Urrj, J. & Larsen, J.（2011）：*The tourist Gaze 3.0*. Sage.）

青木茂編（1975）：『新修尾道市史（第 4 巻）』尾道市役所.

青木茂編（1977）：『新修尾道市史（第 6 巻）』尾道市役所.

青山裕子・マーフィー, J. T.・ハンソン, S. 著, 小田宏信・加藤秋人・遠藤貴美子・小室譲訳（2014）：『経済地理学キーコンセプト』古今書院.（Aoyama, Y., Murphy, J. T. & Hanson, S.（2011）：*Key concepts in economic geography*. Sage.）

秋山岳志（2012）：『自転車が街を変える』集英社.

朝日新聞社（2017）：神山町の挑戦――人々はなぜ神山に引きつけられるのか？『朝日新聞』大阪本社夕刊（2016 年 10 月 3 日～ 12 月 17 日連載計 52 回）.

芦澤美智子（2018）：マルチステークホルダー・パートナーシップの長期継続を支える信頼の構築――常石造船セブ造船所の 20 年の軌跡から.『横浜市立大学論叢社会科学系列』70(3)：81–100.

荒井良雄・岡本耕平・田中和子・堤研二・藤井正・藤田裕嗣・村山祐司・山本健兒編（1997）：『人文地理学辞典』朝倉書店.

アリストテレス著, 高田三郎訳（1971）：『ニコマコス倫理学〈上〉』岩波書店.

池田真利子（2014）：文化的占拠の葛藤と都市変容における自由空間としての役割――旧東ベルリン地区タヘレスを事例として.『地理学評論』87A(3)：224–247.

池ノ上真一・花岡拓郎・石黒侑介・石森秀三編（2016）：『尾道型ディスティネーション・マネジメントってなに？――多様な地域遺産を生かす観光まちづくり戦略　CATS 叢書』10, 北海道大学観光学高等研究センター.

池本幸生・松井範惇編著（2015）：『連帯経済とソーシャルビジネス――貧困削減、富の再配分のためのケイパビリティ・アプローチ』明石書店.

石川和男（2021）：福井県眼鏡産業の生成・展開と断続的環境変化――地域産業集積における事業活動の継続.『専修大学社会科学研究所月報』698・699：27–54.

石森秀三（2008）：観光立国時代における観光創造.『大交流時代における観光創造』70：1–20.

磯野巧・杉本興運・飯塚遼・池田真利子・小池拓矢・太田慧（2017）：東京都における訪日教育旅行の地域的特性――受入態勢と外国人児童生徒の観光行動の分析を通して.『地理空間』10(3)：180–194.

伊藤洋志（2012）：『ナリワイをつくる――人生を盗まれない働き方』東京書籍.

井上良一（2021）：『社会的連帯経済への道――［続］未踏の時代の経済・社会を観る』社会評論社.

今井雅和（2014）：「比較劣位」下の競争優位――常石造船を中心に.『専修マネジメント・ジャーナル』4(1)：1–14.

今治市教育委員会（2010）：『今治史談会』今治市.

岩原紘伊（2016）：NGO が「翻訳」するコミュニティ・ベースド・ツーリズム――インドネシア・バリ島における環境NGO を事例として.『アジア太平洋討究』27：241–258.

岩本晃一・飯村亜紀子（2014）：地場産業地域――愛媛県今治地域, 松原宏編著『地域経済論入門』103–116. 古今書院.

岩本晃一（2015）：「独り勝ち」のドイツから日本の「地方・中小企業」への示唆――ドイツ現地調査から.『RIETI ポリシー・ディスカッション・ペーパー』15-P-002.

植木慎哉・新田悟朗・林田大作（2010）：市民活動による空き家再生に関する研究――広島県尾道市斜面市街地を対象として.『日本建築学会近畿支部研究報告集計画系』50：485–488.

内田奈芳美（2020）：都市のオーセンティシティのゆらぎと解釈.『地域経済学研究』38：17–26.

内波聖弥（2013）：グローバル競争下における造船業の立地調整と産業集積――愛媛県今治市を中心として.『経済地理学年報』59(3)：269-290.
内波聖弥（2017）：日本の造船業集積の維持メカニズム. 松原宏編著『知識と文化の経済地理学』76-90. 古今書院.
江崎貴久（2012）：海女さんになりたい？　観光から感幸へ地球が循環するエコツーリズム賞. コレゾ財団〈http://www.corezo.org/home/coreorecipient/2012/ezakikiku（2017年12月1日閲覧）（2024年1月12日現在アクセス不可）〉.
江崎貴久（2016）：地域を幸せにするエコツアー 離島ブームを超え、人を呼び込む.『月刊事業構想（2016年12月号）』〈http://www.projectdesign.jp/201612/natural-treasure/003278.php（2024年1月12日閲覧）〉.
NPO法人観光力推進ネットワーク・関西・日本観光研究学会関西支部共編（2016）：『地域創造のための観光マネジメント講座』学芸出版社.
NPO法人グリーンバレー・信時正人共著（2016）：『神山プロジェクトという可能性――地方創生、循環の未来について』廣済堂出版.
尾家建生・金井萬造編著（2008）：『これでわかる！着地型観光――地域が主役のツーリズム』学芸出版社.
大阪市立大学都市研究プラザ編（2017）：『包摂都市のレジリエンス――理念モデルと実践モデルの構築』水曜社.
小田切徳美編（2022）：『新しい地域をつくる――持続的農村発展論』岩波書店.
越智正樹（2019）：教育旅行民泊における平準化と個性維持――観光アクター間での価値規範の共創について.『西日本社会学会年報』17：33-46.
小野瀬拡・山口浩（2020）：寺院経営における企業スポンサーの役割に関する一考察――神勝寺と常石グループの事例から.『Journal of global media studies』26：1-21.
尾道空き家再生プロジェクト（2016）：『みはらし亭再生記』村上オフセット印刷.
尾道市（2018）：平成29年尾道市観光統計について〈https://www.city.onomichi.hiroshima.jp/soshiki/27/19830.html（2019年6月30日閲覧）（2024年1月12日現在アクセス不可）〉.
尾道市歴史文化まちづくり推進協議会（2018）：日本遺産――尾道水道が紡いだ中世からの箱庭的都市〈https://japan-heritage.bunka.go.jp/ja/stories/story014/（2024年1月12日閲覧）〉.
オルレアン, A. 著, 坂口明義訳（2013）：『価値の帝国――経済学を再生する』藤原書店.
海事都市尾道推進協議会（2010）：海とともに発展する尾道〈https://www.city.onomichi.hiroshima.jp/kaijitoshi/development/index.html（2024年1月12日閲覧）〉.
海津ゆりえ（2011）：地域主導型観光――ホストが主役, 山下晋司編『観光学キーワード』164-165. 有斐閣.
香川眞編（2007）：『観光学大事典』木楽舎.
片岡八重子（2010）：尾道市空き家バンクの取り組みと展開.『住宅』59(11)：53-60.
勝矢倫生（2008）：徳川期尾道の経済構造――問屋商事の展開を中心に.『尾道地域総合研究センター叢書』2：89-118.
加藤和暢（2011）：サービス経済化の地理学をめざして.『経済地理学年報』57(4)：320-335.
金井萬造・峯俊智穂（2017）：着地型観光の手法から地域連携交流事業としての展開へ向けた考察――地域活性化と観光事業の地域レベルでのDMO形成.『第32回日本観光研究学会全国大会学術論文集』253-256.
亀山嘉大（2001）：地域特化、都市の多様性と都市の成長・衰退.『経済地理学年報』47(3)：178-195.
河島伸子（2011）：都市文化政策における創造産業――発展の系譜と今後の課題.『経済地理学年報』57(4)：295-306.
川野英二（2020）：現代資本主義と都市空間の再編――L・ボルタンスキーにおける「社会的なもの」と「空間的なもの」.『iichiko』147：96-109.
川端基夫（2021）：商品の使用価値と市場のローカルな規範感覚.『経済地理学年報』67(4)：223

–234.
観光庁（2011）：『スポーツツーリズム推進基本方針――スポーツで旅を楽しむ国・ニッポン』観光庁.
観光庁（2017）：『観光の現状等について（平成29年9月15日）』〈https://www.mlit.go.jp/common/001202104.pdf（2024年1月12日閲覧）〉.
観光庁（2020）：訪日外国人旅行者数・出国日本人数〈https://www.mlit.go.jp/kankocho/siryou/toukei/in_out.html（2024年1月12日閲覧）〉.
菅野幸子（2004）：Ⅱ. フランス／甦るナント――都市再生への挑戦.『文化による都市の再生――欧州の事例から――報告書（2004年3月）』31–53. 国際交流基金.
神原勝成（2007）：常石造船の将来ビジョン――次の百年に向けて.『日本船舶海洋工学会誌』10：67–70.
北川愛二郎（2017）：インバウンドを見据えた農村振興の現状と課題――「農泊」で地域活性化へ.『農村計画学会誌』36(2)：165–168.
北濱幹士（2015）：地方中心都市におけるスポーツツーリズムの取り組みの検討.『東海大学短期大学紀要』49：19–26.
工藤律子（2020）：『ルポ　つながりの経済を創る――スペイン発「もうひとつの世界」への道』岩波書店.
粂野博行（2009）：産地型集積の解体と変化――堺の自転車産業を事例として. 渡辺幸男・周立群・駒形哲哉編著『東アジア自転車産業論――日中台における産業発展と分業の再編』129–154. 慶応義塾大学出版会.
粂野博行・渡辺幸男（2009）：日本国内自転車産業の変化. 渡辺幸男・周立群・駒形哲哉編著『東アジア自転車産業論――日中台における産業発展と分業の再編』53–108. 慶応義塾大学出版会.
蔵本祐大・十代田朗・津々見崇（2018）：わが国の国際グリーン・ツーリズムの受入態勢に関する研究.『観光研究』30(1)：19–28.
小出雅俊（2017）：新観光ビジョンへの視点――その概要と課題.『静岡産業大学情報学部研究紀要』19：137–149.
ゴーン, C. 著, 中川治子訳（2001）：『ルネッサンス――再生への挑戦』ダイヤモンド社.
古倉宗治（2014）：『実践する自転車まちづくり――役立つ具体策』学芸出版社.
国連世界観光機構（2017）：『UNWTO Tourism Highlights 2017 Edition 日本語版』〈https://www.e-unwto.org/doi/epdf/10.18111/9789284419296（2024年1月12日閲覧）〉.
兒玉剣・十代田朗・津々見崇（2015）：我が国における広域的サイクルツーリズム推進の実態に関する研究.『都市計画論文集』50(3)：1130–1136.
後藤和子（2018）：観光と地域経済――文化観光の経済分析を中心に.『地域経済学研究』34：41–47.
後藤陽一編（1982）：『広島県の地名――日本歴史地名大系35』平凡社.
小森星児（1977）：ロンドンの都市問題と都市政策5　住宅問題の社会地理学（下）.『都市問題研究』29(7)：108–122.
近藤隆二郎編著（2013）：『自転車コミュニティビジネス――エコに楽しく地域を変える』学芸出版社.
才原清一郎（2015）：観光客視点からの着地型観光の課題の考察.『日本国際観光学会論文集』22：21–27.
坂本清（2012）：フォードシステムと分業の機能の科学化（1）.『経営研究』63(3)：133–160.
作野広和（2016）：地方移住の広まりと地域対応――地方圏からみた「田園回帰」の捉え方.『経済地理学年報』62(4)：324–345.
佐藤真弓（2010）：『都市農村交流と学校教育』農林統計出版.
佐々木雅幸（1997）：『創造都市の経済学』勁草書房.
佐々木雅幸（2010）：創造都市論の新展開. 大阪市立大学大学院創造都市研究科編『創造の場と都市再生』1–28. 晃洋書房.

佐々木雅幸（2012）:『創造都市への挑戦――産業と文化の息づく街へ』岩波書店.
佐々木雅幸（2014）: 創造農村とは何か、なぜ今、注目を集めるのか. 佐々木雅幸・川井田祥子・萩原雅也編著『創造農村――過疎をクリエイティブに生きる戦略』10-27. 学芸出版社.
佐々木雅幸（2018）: クリエイティブツーリズムと創造人材.『観光研究』29(2): 114-117.
佐々木雅幸（2019）: 創造都市・創造農村の到達点と新地平. 佐々木雅幸・敷田麻実・川井田祥子・萩原雅也編『創造社会の都市と農村――SDGsへの文化政策』9-36. 水曜社.
佐々木雅幸・総合研究開発機構編（2007）:『創造都市への展望――都市の文化政策とまちづくり』学芸出版社.
笹島秀晃（2012）: 創造都市と新自由主義――デヴィッド・ハーヴェイの企業家主義的都市論からの批判的視座.『社会学年報』41: 79-89.
笹島秀晃（2016）: ニューヨーク市SoHo地区における芸術家街を契機としたジェントリフィケーション――1965-1971年における画廊の集積過程に着目して.『社会学評論』67(1): 106-121.
佐無田光（2020）:「地域の価値」の地域政策論試論.『地域経済学研究』38: 43-59.
猿渡広・安武敦子（2014）: 市街地における空き家の流通支援と移住者属性――尾道市・南島原市の事例から.『日本建築学会研究報告 九州支部』53: 169-172.
澤内大輔・倉岡恭子・桟敷孝浩・渡久地朝央・山本康貴（2009）: 農業体験型修学旅行に対する高校生の評価.『農林業問題研究』45(1): 133-136.
ジェイコブズ, J. 著, 山形浩生訳（2010）:『アメリカ大都市の死と生』鹿島出版会. (Jacobs, J. (1961): *The death and life of great American cities.* Random House.)
宍戸学（2014）: 学習型観光を利用した教育観光のフレームワーク研究. 科学研究費助成事業（基盤研究（C））研究成果報告書（課題番号: 23614026）: 1-63.
自転車産業振興協会編（1973）:『自転車の一世紀――日本自転車産業史』ラティス.
自転車産業振興協会（2017）:『自転車統計要覧第51版』自転車産業振興協会.
篠原匡（2014）:『神山プロジェクト――未来の働き方を実験する』日経BP社.
島野安雄（2020）: 港町・尾道における浅井戸地下水の水質特性.『研究紀要』88: 99-116.
下島康史（2010）: 着地型観光の現状と課題.『余暇学研究』13: 72-81.
謝思全（2009）: 台湾自転車産業の発展――グローバル企業の誕生. 渡辺幸男・周立群・駒形哲哉編著『東アジア自転車産業論――日中台における産業発展と分業の再編』243-268. 慶応義塾大学出版会.
周立群（2009）: 中国側編者まえがき アジア地域における自転車産業の移転. 渡辺幸男・周立群・駒形哲哉編著『東アジア自転車産業論――日中台における産業発展と分業の再編』i-viii. 慶応義塾大学出版会.
新海宏美（2016）: 日本型グリーン・ツーリズムの現状と課題.『経済集志』85(4): 207-215.
ズーキン, S. 著, 内田奈芳美・真野洋介訳（2013）:『都市はなぜ魂を失ったか――ジェイコブズ後のニューヨーク論』講談社.
須賀忠芳（2013）:「学ぶ観光」としての修学旅行の意義とその課題――福島県立会津高等学校の取り組みから.『日本国際観光学会論文集』20: 97-104.
菅沼明正（2015）: 着地型観光への取り組みが持つコミュニティ構築機能の社会学的考察――熊本県水俣市の民間教育旅行機関による体験プログラム開発活動を事例として.『観光研究』26(2): 95-105.
杉山武志（2015）:「創造農村」に関する概念的検討に向けて――地理学的視点からの提起.『人文地理』67(1): 20-40.
鈴村源太郎（2009）: 小中学生の体験教育旅行受け入れによる農村地域活性化.『農林水産政策研究』15: 41-59.
鈴村源太郎・中尾誠二（2017）: 農山漁村における少人数分宿型教育旅行受入組織の適正規模に関する考察.『農業経済研究』88(4): 426-431.
曽宇良（2010）: 安心院町におけるグリーンツーリズムの展開とその地域の意義に関する研究.『観光研究』22(1): 25-30.

高橋要一（2016）：『凪――しまなみ　尾道自転車』啓文社.
高松郷子（2019）：観光と平和――コミュニティ・ベースド・ツーリズム（CBT）における主体「コミュニティ」についての考察　パレスチナの事例から.『日本国際観光学会論文集』26：117–125.
高山啓子（2017）：アートイベントと観光まちづくり――瀬戸内国際芸術祭と地域社会.『川村学園女子大学研究紀要』28(3)：1–12.
竹内信夫（2018）：我が国の観光振興（主にインバウンド）政策の歩み.『和洋女子大学紀要』59：59–67.
竹内正人・竹内利江・山田浩之編著（2018）：『入門 観光学』ミネルヴァ書房.
立見淳哉（2004）：産業集積の動態と関係性資産――児島アパレル産地の「生産の世界」.『地理学評論』77(4)：159–182.
立見淳哉（2006）：産業集積地域の発展におけるローカルな慣行.『創造都市研究：大阪市立大学院創造都市研究科紀要』2(1)：1–16.
立見淳哉（2007）：産業集積への制度論的アプローチ――イノベーティブ・ミリュー論と「生産の世界」論.『経済地理学年報』53(4)：369–393.
立見淳哉（2015）：フランスのショレ・アパレル縫製産地の変容――制度・慣行の役割.『地理学評論』88(1)：1–24.
立見淳哉（2019）：『産業集積と制度の地理学――経済調整と価値づけの装置を考える』ナカニシヤ出版.
立見淳哉（2020）：資本主義、連帯経済、そして「田園回帰」――『資本主義の新たな精神』を縦糸として.『iichiko』147：110–127.
立見淳哉・長尾謙吉・三浦純一編（2021）：『社会連帯経済と都市――フランス・リールの挑戦』ナカニシヤ出版.
立見淳哉・山本泰三・須田文明・北川亘太（2019）：価値づけと遂行性――制度経済学のプラグマティックな展開.『季刊経済研究』39(1・2)：1–3.
立見淳哉・山本泰三（2022）：価値と価値づけの理論的検討――コンヴァンシオン経済学における展開.『季刊経済研究』40(1-4)：48–66.
谷岡武雄（1978）：傾斜地利用の歴史地理学的視点――地中海沿岸地域との比較において（尾道市の機能と構造――傾斜地に広がる都市の地理学的研究）.『立命館文學』391–393合併号：1–14.
田林明編著（2013）：『商品化する日本の農村空間』農林統計出版.
田林明編著（2015）：『地域振興としての農村空間の商品化』農林統計出版.
田村秀昭（2020）：農泊と観光――岡山県吉備中央町実践事例とともに.『安田女子大学紀要』48：267–276.
ちゅうごく産業創造センター（2009）：『瀬戸内海地域における造船・舶用工業の持続的発展のための方策調査報告書』（平成21年3月）.
塚本僚平（2013）：地場産業の産地維持とブランド化――愛媛県今治タオル産地を事例として.『経済地理学年報』59(3)：291–309.
筒井一伸編（2021）：『田園回帰がひらく新しい都市農山村関係――現場から理論まで』ナカニシヤ出版.
つるけんたろう（2014）：『0円で空き家をもらって東京脱出！』朝日新聞出版.
鶴見和子（1989）：内発的発展論の系譜. 鶴見和子・川田侃編『内発的発展論』43–64. 東京大学出版会.
寺岡寛（2012）：『瀬戸内造船業の攻防史』信山社出版.
トウェイン, M.・ウォーナー, C. D. 著, 柿沼孝子訳（2001）：『金メッキ時代 上・下』彩流社.
豊田雅子（2014）：特集　まちづくりのタイムライン　尾道空き家再生プロジェクト.『建築雑誌』129：20–21.
長尾謙吉・立見淳哉（2003）：産業活動の資産としての都市――大都市の関係性資産と産業再生. 安井國雄・富澤修身・遠藤宏一編著『産業の再生と大都市――大阪産業の過去・現

在・未来』253-270. ミネルヴァ書房.
長坂政信（1989）：高校海外修学旅行の実態と地理教育の役割.『新地理』37(2)：26-35.
中島智（2010）：持続可能な共生社会を目指す観光ビジネス――地域の人びとが創り、育むツーリズムの諸相. 谷口知司編著『観光ビジネス論』167-184. ミネルヴァ書房.
中島正博（2012）：過疎高齢化地域における瀬戸内国際芸術祭と地域づくり――アートプロジェクトによる地域活性化と人びとの生活の質.『広島国際研究』18：71-89.
永田乃倫子（2009）：地方都市への移住者の役割に着目した地域マネジメントのあり方――広島県尾道市と長野県飯山市を対象として.『東京工業大学大学院学位論文梗概集（修士）』40.
中村良平（2008）：都市・地域における経済集積の測度（上).『岡山大学経済学会雑誌』39(4)：99-121.
成田孝三（1981）：アメリカにおける都市再生の動向と問題点――ジェントリフィケーションを中心として. 吉岡健次・崎山耕作編『大都市の衰退と再生』233-262. 東京大学出版会.
成田孝三（1987）：『大都市衰退地区の再生――住民と機能の多様化と複合化をめざして』大明堂.
成田孝三（2005）：『成熟都市の活性化――世界都市から地球都市へ』ミネルヴァ書房.
西川琴平・具承桓（2021）：産業構造調整期における造船企業行動と成長パス――設備処理期に対する中手専業造船企業行動を中心に.『京都マネジメント・レビュー』38：161-192.
西村佳哲（2003）：『自分の仕事をつくる』晶文社.
西山志保（2019）：創造都市における都市ガバナンスの可能性.『グローバル都市研究』12：17-27.
日本修学旅行協会（2019）：『教育旅行年報「データブック 2019」』.
日本船主協会（1971）：『海運統計要覧（1971）』.
日本造船工業会（2022）：造船関係資料 2022 年 3 月〈https://www.sajn.or.jp/data（2024 年 1 月 12 日閲覧）〉.
ネグリ, A.・ハート, M. 著, 水嶋一憲監訳, 幾島幸子・古賀祥子訳（2012）：『コモンウェルス――「帝国」を超える革命論 上・下』NHK 出版.（Hardt. M & Negri. A.（2012）：*Commonwealth.* Belknap Press of Harvard University Press.）
ノオト（2015）：集落丸山が教えてくれたこと 一般社団法人ノオト vol.02.『コロカル』〈https://colocal.jp/topics/lifestyle/renovation/20150520_48602.html（2024 年 1 月 12 日閲覧）〉.
野口悠紀雄（2015）：『戦後経済史――私たちはどこで間違えたのか』東洋経済新報社.
野嶋剛（2012）：『銀輪の巨人――ジャイアント』東洋経済新報社.
野尻亘（2015）：コンヴァンシオン理論と経済地理学――「生産の世界」論を中心として.『人間文化研究』2：87-140.
ハーヴェイ, D. 著, 水岡不二雄訳（1991）：『都市の資本論――都市空間形成の歴史と理論』青木書店.（Harvey, D.（1985）：*The urbanization of capital: Studies in the history and theory of capitalist urbanization.* Johns Hopkins University Press.）
ハーヴェイ, D. 著, 森田成也・大屋定晴・中村好孝・新井大輔訳（2013）：『反乱する都市――資本のアーバナイゼーションと都市の再創造』作品社.（Harvey, D.（2012）：*Rebel cities: From the right to the city to the urban revolution.* Verso.）
ハイデッガー, M. 著, 関口浩訳（2002）：『芸術作品の根源』平凡社.
ハイデン, D. 著, 後藤春彦・篠田裕見・佐藤俊郎訳（2002）：『場所の力――パブリック・ヒストリーとしての都市景観』学芸出版社.（Hayden, D.（1995）：*The power of place: Urban landscapes as public history.* MIT Press.）
パイン, J.・ギルモア, J. H. 著, 電通「経験経済」研究会訳（2000）：『経験経済――エクスペリエンス・エコノミー 価格競争よさらば。「経験」という価値の演出が企業を高収益組織に変える』流通科学大学出版.

橋爪紳也（2015）：『ツーリズムの都市デザイン――非日常と日常の仕掛け』鹿島出版会.

長谷井涼子（2020）：15歳で広島県・大崎上島の高校へ。「帰りたかったことも…でも頑張ったから今の自分になれた」. SUUMOジャーナル（2020.3.31）〈https://suumo.jp/journal/2020/03/31/171577/（2024年1月12日閲覧）〉.

パットナム, R. D. 著, 河田潤一訳（2001）：『哲学する民主主義――伝統と改革の市民的構造』NTT出版.

パットナム, R. D. 著, 柴内康文訳（2017）：『われらの子ども――米国における機会格差の拡大』創元社.（Putnam, R. D.（2016）：*Our kids: The American Dream in crisis.* Simon and Schuster.）

バティフリエ, P. 著, 海老塚明・須田文明監訳（2006）：『コンヴァンシオン理論の射程――政治経済学の復権』昭和堂.（Batifoulier, P. ed.（2001）： *Théorie des conventions.* Economica.）

馬場正尊・Open A 編（2016）：『エリアリノベーション――変化の構造とローカライズ』学芸出版社.

原口紘一（2008）：空き家活用に着目した斜面市街地の住環境再生に関する研究――広島県尾道市を事例として.『東京工業大学大学院学位論文梗概集（修士）』39.

原田保・関谷忠（2014）：瀬戸内ブランド再生に向けたコンテクストデザイン.『日本経営診断学会論集』14：8-13.

ピオリ, M. J.・セーブル, C. F. 著, 山之内靖・永易浩一・石田あつみ訳（1993）：『第二の産業分水嶺』筑摩書房.

ビショップ, C. 著, 大森俊克訳（2016）：『人工地獄――現代アートと観客の政治学』フィルムアート社.（Bishop, C.（2012）：*Artificial hells: Participatory art and the politics of spectatorship.* Verso.）

日立造船（1985）：『日立造船百年史』日立造船.

平井純子（2011）：着地型観光の現状とその課題――北海道・道東を事例に.『駿河台大学論叢』42：135-148.

広島県（2011）：瀬戸内海の道構想（中間報告）（平成23年3月）.〈https://www.pref.hiroshima.lg.jp/soshiki/78/1306742356416.html （2019年6月30日閲覧）（2024年1月12日現在アクセス不可）〉.

広島県マネジメント研究会編著（2016）：『しごとの「強化」書――成果志向の行政経営』ぎょうせい.

広島県立文書館（2009）：『県庁・ギャラリー展示「藩から県へ――広島県の誕生」』（平成21年9月7日～25日）展示図録.

深谷信介（2017）：日本トコトコッ／＃14　みずもり. 博報堂WEBマガジン センタードット〈https://www.hakuhodo.co.jp/magazine/42299/（2024年1月16日閲覧）〉.

藤田昌久・クルーグマン, P.・ベナブルズ, A. J. 著, 小出博之訳（2000）：『空間経済学――都市・地域・国際貿易の新しい分析』東洋経済新報社.

藤塚吉浩（1994）：ジェントリフィケーション――海外諸国の研究動向と日本における研究の可能性.『人文地理』46(5)：496-514.

藤塚吉浩（2017）：『ジェントリフィケーション』古今書院.

ブライマン, A. 著, 能登路雅子監訳・森岡洋二訳（2008）：『ディズニー化する社会――文化・消費・労働とグローバリゼーション』明石書店.（Bryman, A.（2004）：*The Disneyization of society.* Sage.）

フロリダ, R. 著, 井口典夫訳（2008）：『クリエイティブ資本論――新たな経済階級（クリエイティブ・クラス）の台頭』ダイヤモンド社.（Florida, R.（2002）：*The rise of the creative class: And how it's transforming work, leisure, community and everyday life.* Basic Books.）

フロリダ, R. 著, 小長谷一之訳（2010）：『クリエイティブ都市経済論――地域活性化の条件』日本評論社.（Florida, R.（2005）：*Cities and the creative class,* Routledge.）

フンク, カロリン（2008）：「学ぶ観光」と地域における知識創造.『地理科学』63(3)：160-173.

ベッシー, C. 著, 須田文明訳（2020）：コンヴァンシオン経済学と資本主義の変容――豊穣化について.『総合政策』21：129–143.
ベル, D. 著, 内田忠夫・嘉治元郎・城塚登・馬場修一・村上泰亮・谷嶋喬四郎訳（1975）：『脱工業社会の到来――社会予測の一つの試み　上・下』ダイヤモンド社.
坊安恵・中村貴子（2013）：体験教育旅行における受入農家民泊の普及過程に関する研究――滋賀県東近江市愛東地区を事例として.『農林業問題研究』49(2)：409–414.
ボードリヤール, J. 著, 今西仁司・塚原史訳（2015）：『消費社会の神話と構造［新装版］』紀伊國屋書店.
ホックシールド, A. R. 著, 石川准・室伏亜希訳（2000）：『管理される心――感情が商品になるとき』世界思想社.
ボルタンスキー, L.・シャペロ, E. 著, 三浦直希・海老塚明・川野英二・白鳥義彦・須田文明・立見淳哉訳（2013）：『資本主義の新たな精神 上・下』ナカニシヤ出版.
ボルタンスキー, L.・テヴノー, L. 著, 三浦直希訳（2007）：『正当化の理論――偉大さのエコノミー』新曜社.
マキァーネル, D. 著, 安村克己・須藤廣・高橋雄一郎・堀野正人・遠藤英樹・寺岡伸悟訳（2012）：『ザ・ツーリスト――高度近代社会の構造分析』学文社.
増田寛也編著（2014）：『地方消滅――東京一極集中が招く人口急減』中央公論新社.
松尾豊（2015）：『人工知能は人間を超えるか――ディープラーニングの先にあるもの』KADOKAWA.
松永桂子（2012）：『創造的地域社会――中国山地に学ぶ超高齢社会の自立』新評論.
松永桂子（2014）：「創造的地域社会」の時代――農山村の自立とコミュニティ. 佐々木雅幸・川井田祥子・萩原雅也編『創造農村――過疎をクリエイティブに生きる戦略』28–49. 学芸出版社.
松永桂子（2015）：『ローカル志向の時代――働き方、産業、経済を考えるヒント』光文社.
松永桂子（2017）：ローカル志向と都市・地域社会.『都市計画』66(3)：28–31.
松永桂子（2019）：新しい働き方と地域経済――ローカル志向や田園回帰から考える.『地域経済学研究』37：55–68.
松永桂子（2020）：産業構造転換と都市再生にみる「地域の価値」――イタリア・トリノを事例に.『地域経済学研究』38：27–42.
マッハルプ, F. 著, 高橋達男・木田宏共監訳（1969）：『知識産業』産業能率短期大学出版部.
松見敬彦・大崎海星高校魅力化プロジェクト編著（2020）：『教育の島発高校魅力化＆島の仕事図鑑――地域とつくるこれからの高校教育』学事出版.
松村敏（2019）：備後造船業の展開と地域経済・関連産業.『商経論叢』55(1・2)：49–67.
真野洋介・片岡八重子編著（2017）：『まちのゲストハウス考』学芸出版社.
馬淵悠生（2017）：愛媛県の高等学校における修学旅行の特性.『新地理』65(2)：33–47.
三品和広（2011）：GM 中興の祖　経営者資本主義の優位性を示す「集中講義：企業を考える(16)」.『日本経済新聞』2011 年 6 月 20 日朝刊.
三菱UFJ リサーチ＆コンサルティング（2018）：『農泊に関する実態調査――「農泊」で地域活性化へ』1–17.
三宅芳夫（2021）：自由と平等のサピエンス史――そして資本主義の持続不可能性.『世界』941：135–150. 岩波書店.
宮本憲一（1998）：『公共政策のすすめ――現代的公共性とは何か』有斐閣.
宮本憲一（2000）：『日本社会の可能性――維持可能な社会へ』岩波書店.
宮本憲一（2007）：『環境経済学 新版』岩波書店.
ムーア, G. A. 著, 川又政治訳（2014）：『キャズムver.2［増補改訂版］――新商品をブレイクさせる「超」マーケティング理論』翔泳社.
村上雅康（1973）：『造船工業地域の研究――相生・因島両地区の場合』大明堂.
村上雅康（1986）：戦後日本における主要造船所の展開.『人文地理』38(5)：428–444.
村田和繁（2018）：クリエイティブ産業としての観光――クリエイティブツーリズムを中心として.『観光研究論集』16：59–64.

望月徹（2017）：和束町を茶源郷へ導く新たな潮流について――若い移住者による和束町変容のメカニズム.『第32回日本観光研究学会全国大会学術論文集』（2017年12月）：261–264.
望月徹（2018）：尾道中心市街地への若い移住者集積のメカニズム――商都850年の歴史・伝統・文化を継承するヒューマンスケールのまちづくり.『日本国際観光学会論文集』25：69–83.
望月徹（2019）：しまなみ海道におけるサイクルツーリズム振興の一考察――その広域連携の構造と機能について.『日本国際観光学会論文集』26：127–136.
望月徹（2021）：「生産の世界」論の観点からみた「地域への価値付与」の試み――広島県尾道市を事例として.『経済地理学年報』67(1)：1–23.
望月徹（2022）：「豊穣化の経済」の分析枠組による「地域への価値付与」考察の有用性――広島県尾道市の事例を用いて. 甲南大学経営学会編『新時代の経営学――甲南大学経営学部開設60周年記念論集』182–192. 千倉書房.
森崎美穂子（2018）：和菓子の真正性をめぐる多様な価値づけの登場――最近の萌芽的変化を事例に.『創造都市研究　大阪市立大学大学院創造都市研究科紀要』17・18合併号：53–72.
森重昌之（2008）：地域づくりの基盤となる自律的観光とその公共性.『日本計画行政学会第31回全国大会研究報告論文集』：149–152.
森重昌之（2009a）：着地型観光による地域づくりに必要な地域の条件.『北海道大学大学院国際広報メディア・観光学院院生論集』5：103–111.
森重昌之（2009b）：地域主導の観光を通じた「より開かれた共同体」の形成.『国際広報メディア・観光学ジャーナル』8：49–65.
森重昌之（2009c）：観光を通じた地域コミュニティの活性化の可能性――地域主導型観光の視点から見た夕張市の観光政策の評価.『観光創造研究』5：1–20.
諸富徹（2016）：資本主義経済の非物質主義的転回. 諸富徹編『資本主義経済システムの展望』285–311. 岩波書店.
諸富徹（2020）：『資本主義の新しい形』岩波書店.
八木京子（2021）：瀬戸内（瀬戸内しまなみ海道地域）の事例. 池上重輔編著『インバウンド・ルネッサンス――日本再生』190–216. 日本経済新聞出版.
八坂和吏・大方優子・吉田健一郎・藤田有佑・鈴木美緒（2017）：自転車を活用したまちづくりに関する研究――サイクルツーリズム向けの情報提供のあり方について.『経営情報学会春季全国研究発表大会予稿集』193–196.
矢島拓弥・後藤春彦・山崎義人・遊佐敏彦（2011）：自転車利用者の観光地における行動実態――「回り道行動」に着目して.『日本建築学会計画系論文集』76（670）：2387–2394.
安福恵美子編著（2016）：『「観光まちづくり」再考――内発的観光の展開へ向けて』古今書院.
矢作弘（2019）：「創造都市」が生む未曽有の格差社会――アマゾンのニューヨーク進出騒動から読む.『世界』919：190–198. 岩波書店.
山口岳志（1981）：Gentrification考.『東京大学教養学部人文科学科紀要』73：41–52.
山﨑朗・鍋山徹編著（2018）：『地域創生のプレミアム（付加価値）戦略――稼ぐ力で上質なマーケットをつくり出す』中央経済社.
山下晋司編（2011）：『観光学キーワード』有斐閣.
山島哲夫（2014）：瀬戸内海に浮かぶアートの島　直島――アートによる地域づくりについて.『宇都宮共和大学都市経済研究年報』14：90–96.
山田伊澄（2008a）：農業・農村体験による子どもの気分状態変化に関する分析.『農林業問題研究』44(1)：181–185.
山田伊澄（2008b）：農業体験学習による子どもの意識・情感への影響に関する実証分析――実施場所の異なる都市地域の3つの小学校を対象として.『農林業問題研究』44(2)：326–336.
山村高淑（2017）：創造性とコンテンツ・ツーリズムをめぐる若干の随想.『CATS叢書』11：25–32.
山村高淑・石川美澄（2012）：北海道のコミュニティ・ベースド・ツーリズム振興に果たす小規模宿泊施設の役割に関する実証的研究――農山漁村地域の民宿と都市部のゲストハウス

との比較分析. 北海道開発協会開発調査総合研究所編『助成研究論文集』229–248.
山本茂（1977）：機械工業の地域構造――造船工業. 北村嘉行・矢田俊文編著『日本工業の地域構造』144–153. 大明堂.
山本泰三編（2016）：『認知資本主義――21 世紀のポリティカル・エコノミー』ナカニシヤ出版.
山本泰三（2021）：価値づけと利潤のレント化――現代資本主義への視角.『経済地理学年報』67(4)：213–222.
山本泰三（2023）：価値づけ／計算――慣行と配置にもとづく機制についてのノート.『現代思想』51(2)：204–214.
除本理史（2020）：現代資本主義と「地域の価値」――水俣の地域再生を事例として.『地域経済学研究』38：1–16.
除本理史・佐無田光（2020）：『きみのまちに未来はあるか？――「根っこ」から地域をつくる』岩波書店.
吉川浩（2011）：観光地の立地店舗における「ミュージアム化現象」の要因――「尾道傾斜地域」における古民家利用による複合店舗形成のメカニズム.『観光研究』22(2)：33–42.
吉村克己（2015）：老舗旅館女将が「手作り」エコツアーで鳥羽を変える！『プレジデントオンライン（2015 年 10 月 21 日）』〈http://president.jp/articles/-/16465（2024 年 1 月 12 日閲覧）〉.
吉村恒夫（2019）：倉敷・児島地域のデニム産業について.『繊維製品消費科学』60(8)：616–620.
吉本光宏（2004a）：欧州のCreative City のチャレンジ――ビルバオとナントの事例から.『文化経済学』4(1)：75–80.
吉本光宏（2004b）：I スペイン ビルバオ市における都市再生のチャレンジ――グッゲンハイム美術館の影に隠された都市基盤整備事業.『文化による都市の再生――欧州の事例から――報告書（2004 年 3 月）』1–29. 国際交流基金.
米田晶（2015）：着地型観光研究の現状と課題.『経営戦略研究』9：21–32.
ラヴィル, J-. L. 著, 北島健一・鈴木岳・中野佳裕訳（2012）：『連帯経済――その国際的射程』生活書院.
ラトゥール, B. 著, 伊藤嘉高訳（2019）：『社会的なものを組み直す――アクターネットワーク理論入門』法政大学出版局.（Latour, B.（2005）：*Reassembling the social: An introduction to actor-network-theory*. Oxford University Press.）
ランドリー, C. 著, 後藤和子訳（2003）：『創造的都市――都市再生のための道具箱』日本評論社.（Landry, C.（2000）：*The creative city: A toolkit for urban innovators*. Earthscan Publications.）
リヒトホーフェン, F. 著, 海老原正雄訳（1943）：『支那旅行日記』慶應書房.
リフキン, J. 著, 柴田裕之訳（2015）：『限界費用ゼロ社会――「モノのインターネット」と共有型経済の台頭』NHK 出版.
ロジャース, E. M. 著, 三藤利雄訳（2007）：『イノベーションの普及』翔泳社.
渡部薫（2014）：ガバナンス論としての創造都市の可能性と実現のプロセス――熊本市での取り組みを事例として.『日本都市社会学会年報』32：45–64.
渡部恭久（2015）：民泊を核とした修学旅行誘致――南島原市農林漁業体験型民泊事業の事例から.『調査研究情報誌ECPR』36：56–62.
Amin, A.（1994）：*Post-Fordism: a reader*. Blackwell Publishers.
Amin, A. & Howell, P.（2016）：*Releasing the commons: Rethinking the futures of the commons*. Routledge.
Bell, D. & Jayne, M.（2010）：The creative countryside: Policy and practice in the UK rural cultural economy. *Journal of Rural Studies*, 26(3)：209–218.
Boltanski, L. & Esquerre, A.（2015）：Grappling with the economy of enrichment. *Valuation Studies*, 3(1)： 75–83.
Boltanski, L. & Esquerre, A.（2017）：Enrichment, profit, critique: A rejoinder to Nancy Fraser. *New Left Review*, 106： 67–76.

Boltanski, L. & Esquerre, A. ／Porter, C. (trans.) (2020) : *Enrichment: A critique of commodities*. Polity Press.
Calder, D. (2019) : *Street theatre and the production of postindustrial space: Working memories*. Manchester University Press.
Carter, D. K. (2016) : *Remaking post-industrial cities: Lessons from North America and Europe*. Routledge.
Cazals, C. (2012) : Examining the conventions of voluntary environmental approaches in French agriculture. *Cambridge Journal of Economics,* 36(5) : 1181–1198.
Chamberlin, E. H. (1933) : *The theory of monopolistic competition*. Harvard University Press.
Comedia (1991) : Making the most of Glasgow's cultural assets: The creative city and its cultural economy: Final report. Glasgow Development Agency.
Corrado, C., Hulten, C. & Sichel, D. (2005) : Measuring capital and technology: An expanded framework. In C. Corrado, J. Haltiwanger, & D. Sichel (eds.), *Measuring capital in the new economy,* 11–46. University of Chicago Press.
Corrado, C., Hulten, C. & Sichel, D. (2009) : Intangible capital and U.S. economic growth. *Review of Income and Wealth,* 55(3) : 661–685.
Corrado, C., Haskel, J., Jona-Lasinio, C. & Iommi, M. (2012) : Intangible capital and growth in advanced economies: Measurement methods and comparative results. *SSRN Electronic Journal,* (6733) : 1–56.
Davidson, M. & Lees, L. (2005) : New-build 'gentrification' and London's riverside renaissance. *Environment & Planning A,* 37(7) :1165–1190.
Diaz-Bone, R. (2011) :The methodological standpoint of the "économie des conventions." *Historical Social Research,* 36(4) : 43–63.
Diaz-Bone, R. (2018) : Economics of convention and its perspective on knowledge and institutions. In J. Glückler et al.(eds.), *Knowledge and institutions,* 69–88. Springer.
Duxbury, N. (2004) : *Creative cities: Principles and practices*. Canadian Policy Research Networks.
Florida, R. (2018) : *The new urban crisis: How our cities are increasing inequality, deepening segregation, and falling the middle class and what we can do about it*. Basic Books.
Fraser, N. (2016) : Enrichment: The new form of capitalism ? A reply to Boltanski and Esquerre. *New Left Review,* 106 : 57–65.
Gale, D. E. (1980) : Neighborhood resettlement: Washington, DC., In S. B. Laska, & D. Spain (eds.), *Back to the city: Issues in neighborhood renovation*, 95–115. Pergamon Press.
Glass, R. (1964) : Aspects of change. In Centre for Urban Studies (ed.), *London: Aspects of change*, xiii–xlii. MacGibbon & Kee.
Granovetter, M. (1973) : The strength of weak ties. *American Journal of Sociology,* 78(6) : 1360–1380.
Hardin, G. (1968) : The tragedy of the commons. *Science,* 162 : 1243–1248.
Hardin, R. (1971) : Collective action as an agreeable n-prisoners' dilemma. *Science,* 16(5) : 472–481.
Heinich, N. (2020) : A pragmatic redefinition of value(s): Toward a general model of valuation. *Theory, Culture & Society,* 37(5) : 75–94.
Hernández, J., Lopez, E. & García, S. (2017) : Clasificación de las Denominaciones de Origen vinícolas en la tipología de los mundos de producción: una aplicación al caso español. *Cuadernos Geográficos,* 56 (2) : 263–282.
Jeggle, C. (2011) : Pre-industrial worlds of production: Conventions, institutions and organizations. *Historical Social Research,* 36(4) : 125–149.
Kawaguchi, N. (2019) : A bifurcation of rural gentrification?: An experience of Sasayama, Hyogo. *Urban Scope,* 10 : 85–92.

Klingmann, A. (2007) : *Brandscapes: Architecture in the experience economy.* MIT Press.
Lewis, N. & Donald, B. (2010) : A new rubric for 'creative city' potential in Canada's smaller cities. *Urban Studies,* 47(1) : 29–54.
Olson, M. (1965) : *The logic of collective action: Public goods and theory of groups.* Harvard University Press.
Ostrom, E. (1990) : *Governing the commons: The evolution of institutions for collective action.* Cambridge University Press.
Peck, J. (2005) : Struggling with the creative class. *International Journal of Urban & Regional Research,* 29(4) : 740–770.
Pratt, A. C. (2008) : Creative cities: The cultural industries and the creative class. *Geografiska Annaler: Series B Human Geography,* 90(2) : 107–117.
Raven, C. & Pinch, S. (2003) : The British kit car industry: Understanding 'a world of production'. *European Urban & Reginal Studies,* 10(4) : 343–354.
Rodríguez, S. & López, E. (2017) : The Spanish wine protected designations of origin in the worlds of production: Disparity of technological and commercial conventions. *Economía Agraria y Recursos Naturales,* 17(1) : 101–125.
Scott, A. J. (1988) : *New industrial spaces: Flexible production organization and regional development in North America and Western Europe.* Pion.
Scott, A. J. (2014) : Beyond the creative city: Cognitive-cultural capitalism and the new urbanism. *Regional Studies,* 48(4) : 565–578.
Scott, A. J. (2017) : *The constitution of the city: Economy, society, and urbanization in the capitalist era.* Palgrave Macmillan.
Smith, N. (1996) : *The new urban frontier: Gentrification & the revanchist city.* Routledge.
Storper, M. (1997) : *The regional world: Territorial development in a global economy.* The Guilford Press.
Storper, M. & Salais, R. (1997) : *Worlds of production: The action frameworks of the economy.* Harvard University Press.
Straete, E. (2004) : Innovation and changing 'worlds of production': Case-studies of Norwegian dairies. *European Urban & Reginal Studies,* 11(3) : 227–241.
Vatin, F. (2013) : Valuation as evaluating and valorizing. *Valuation Studies,* 1(1) : 31–50.
Waitt, G. & Gibson, C. (2009) : Creative small cities: Rethinking the creative economy in place. *Urban Studies,* 46(5・6) : 1223–1246.
Zukin, S. (1982) : *Loft living: Culture and capital in urban change.* Johns Hopkins University Press.
Zukin, S. (2008) : Consuming authenticity: From outposts of difference to means of exclusion. *Cultural Studies,* 22(5) : 724–748.

事項索引

人名索引

望月徹（もちづき とおる）
甲南大学経営学部経営学科特任教授。
大阪市立大学大学院経営学研究科グローバルビジネス専攻博士課程終了。博士（商学）。広島県観光課長・大阪事務所長などを経て、2020年より現職。
専門は経済地理学。主著に、『多様な組織から見る経営管理論』千倉書房、『新時代の経営学』千倉書房、COMMUNITY BUSINESS：Searching for a Regional Concept, Border Inc Publishing（いずれも共著）など。

地域を価値づけるまちづくり
尾道を蘇らせた移住者・空き家再生・ツーリズムの分析

2024年2月29日　初版第1刷発行

著　者　望月 徹
発行者　中西 良
発行所　株式会社ナカニシヤ出版
〒606-8161　京都市左京区一乗寺木ノ本町15番地
Telephone　075-723-0111
Facsimile　075-723-0095
Website　https://www.nakanishiya.co.jp/
Email　iihon-ippai@nakanishiya.co.jp
郵便振替　01030-0-13128

印刷・製本＝ファインワークス／装幀＝白沢 正

ISBN978-4-7795-1782-2